PETRA KÄSSER

Der fehlerhafte Arbeitsvertrag

Schriften zum Sozial- und Arbeitsrecht

Band 46

Der fehlerhafte Arbeitsvertrag

Von

Dr. Petra Käßer

DUNCKER & HUMBLOT / BERLIN

Gedruckt 1979 bei Buchdruckerei A. Sayffaerth - E. L. Krohn, Berlin 61
Printed in Germany

ISBN 3 428 04450 9

Christian Andreas

Vorwort

Der Problematik des fehlerhaften Arbeitsvertrages — schon fast ein Standardthema des Individualarbeitsrechts — wurde in den letzten Jahren ein relativ geringes Interesse entgegengebracht. Nachdem sich der Sturm um die „faktischen Verträge" gelegt hat, wird das Thema auch in den neueren Lehrbüchern recht stiefmütterlich behandelt. Die Behelfe der Rechtsprechung im Einzelfall werden als geltende Grundsätze hingenommen. Tatsächlich jedoch zeigt es sich hier in geradezu eklatanter Weise, wie weit das Individualarbeitsrecht hinter der Entwicklung des modernen Schuldrechts zurückliegt. Die vorliegende Arbeit dient dem Ziel, diese Konkordanz für den fehlerhaften Arbeitsvertrag wiederherzustellen.

Als tragende Säulen erscheinen dabei die Lehre vom gesetzlichen Schutzpflichtverhältnis, die Theorie der Vertrauenshaftung und ein modernes Verständnis des Bereicherungsrechts. Baut man die Argumentation nicht — wie die überwiegende Meinung — auf einem vagen personenrechtlichen oder Gemeinschaftscharakter des Arbeitsverhältnisses auf, sondern legt eine klare Typologie des Arbeitsvertrages zugrunde, so kommt man mit dem Instrumentarium des Schuldrechts dort zu Anspruchsgrundlagen, wo sich die herrschende Lehre mit vom Gesetz abweichenden „Regeln" behilft, deren Anwendung in der überwiegenden Zahl der Fälle so unbefriedigend ist, daß nochmals „Ausnahmen" gebildet werden müssen.

Die Arbeit wurde im Dezember 1978 von der Juristischen Fakultät der Universität München als Dissertation angenommen. Herrn Professor Dr. *Canaris,* der die Arbeit angeregt und betreut hat, möchte ich auch an dieser Stelle für wissenschaftliche Förderung und Anregung danken. Er hat mir neben meiner Assistententätigkeit in großzügiger Weise Zeit zur Anfertigung der Arbeit gewährt. — Schließlich möchte ich Herrn Senator E. h. Ministerialrat a. D. Prof. Dr. *Broermann* für die Aufnahme meiner Schrift in sein Verlagsprogramm und für sein freundliches Entgegenkommen Dank sagen.

München, im März 1979 *Petra Käßer*

Inhaltsverzeichnis

2. Teil

Lösungswege in Rechtsprechung und Literatur für die Probleme der fehlerhaften Arbeitsverträge 53

3. Teil

Anspruchsgrundlagen für die Abwicklung fehlerhafter Arbeitsverträge 95

Einleitung

Die Problematik der fehlerhaften Arbeitsverhältnisse ist jedenfalls so alt wie das Bürgerliche Gesetzbuch. Kaum ein Arbeitsrechtler versäumte es, die Diskussion durch einen eigenen Beitrag weiterzuführen oder zu ergänzen; dennoch blieb sie über die Jahrzehnte hinweg stets gleich kontrovers, war juristischen Modeerscheinungen immer in besonderem Maße ausgesetzt. Der heutige Stand der Diskussion läßt sich skizzenhaft etwa so umschreiben: Einer Rechtsprechung, die von Fall zu Fall Lösungen nach Praktikabilitätsgesichtspunkten sucht und so nur eine recht vordergründige Kontinuität erreicht hat, steht ein zwar reichliches, aber oft nur an Einzelproblemen orientiertes Angebot von „dogmatischen Gebäuden“ gegenüber. Das Ziel der Arbeit ergibt sich damit von selbst: Mit dem Blick auf alle möglichen, wesentlichen Fallgestaltungen soll der Versuch unternommen werden, durch eine Klärung im Grundsätzlichen eine überschaubare Zahl von Regeln zu finden, die der Rechtsanwendung zu Maßstäben und Vorhersehbarkeit im Rahmen des Erreichbaren verhelfen.

Es stehen Probleme des *allgemeinen* Vertragsrechts und des speziellen *Arbeits*vertragsrechts zur Erörterung. Regeln und Methoden des Schuldrechts sind damit — ausschließlich zwar, aber auch in ihrer ganzen Breite — Maßstäbe für Lösungen. Diese können gleichzeitig als Diskussionsbeitrag für verwandte Probleme bei der fehlerhaften Gesellschaft verstanden werden, ohne daß hier in irgendeiner Form darauf eingegangen werden könnte.

Die Darstellung kann nicht das Ziel haben, gleichsam photographisch und vollständig alle zum Thema bereits vertretenen Meinungen wiederzugeben und einer einzelnen Untersuchung zu unterziehen; das wäre ebenso ermüdend für den Leser wie unergiebig für die Sache. Die Arbeit entwickelt sich vielmehr an folgenden Grundgedanken: Ausgangspunkt aller Diskussion um die fehlerhaften Arbeitsverträge ist das Gefühl, die Anwendung allgemeiner Regeln auf diese Fälle sei „unbefriedigend“, nicht „ausreichend“, „der Sachlage nicht angemessen“ oder wie immer es bezeichnet wird. Die Frage, ob das tatsächlich zutrifft und wenn ja in welchem Umfang, läßt sich allein dann beantworten, wenn zuvor die Besonderheiten ermittelt werden, die den Arbeitsvertrag von anderen Schuldverträgen wirklich unterscheiden. Im ersten Teil soll daher herausgearbeitet werden, was die spezifische Rechtsnatur des Arbeitsvertrages ausmacht. Im zweiten Teil sind dann die vorgeschlagenen Lösungswege auf ihre grundsätzliche Vereinbarkeit mit diesem Maßstab sowie ihre methodische Haltbarkeit hin zu untersuchen; an Hand der verschiedenen denkbaren Fallgruppen wird sich sodann (im dritten Teil) zeigen, mit welchen Anspruchsgrundlagen tatsächlich gearbeitet werden kann.

1. TEIL

Die Natur des Arbeitsverhältnisses

Die Stellung des Arbeitsvertrages im System unseres geltenden Zivilrechts ist seit je umstritten. Verfolgt man sie nur einmal bis zur Entstehung des BGB zurück, so spannt sich der Bogen von der kritischen Stellungnahme O. v. Gierkes[1] zum 1. Entwurf aus dem Jahre 1889 bis zu den neuesten Arbeitsrechtslehrbüchern und Kommentaren[2]. Ebenso kontinuierlich blieb die Diskussion um die Theorie von Arbeitsvertrag und Arbeitsverhältnis stets verknüpft mit dem Problem der Behandlung fehlerhafter Arbeitsverträge[3], sei es, daß man ein eigenständiges dogmatisches Gebilde in Gestalt des sog. „faktischen Arbeitsvertrages"[4] oder das „Arbeitsverhältnis auf Grund Eingliederung" schuf[5], um hieran die Folgen wirksamer Verträge anknüpfen zu können; sei es, daß man eine eigene Dogmatik des Arbeitsvertrages weitgehend zu leugnen und mit dem allgemeinen Schuldrecht und Bereicherungsrecht zu arbeiten versuchte[6]. Und in der Tat sind die Probleme, die sich aus der Fehlerhaftigkeit ergeben, ohne den Rückgriff auf die Natur des Arbeitsvertrages nicht lösbar: Jedem, der sich um eine Lösung bemüht, steht wohl zuerst der oben von v. Gierke zitierte, immer wieder abgewandelte, letztlich aber inhaltlich gleich geäußerte Satz[7]

---

[1] *Otto v. Gierke*, Entwurf S. 192: „Wie wenig die Gleichsetzung solcher die ganze Lebensstellung bestimmenden Bindungen mit den Schuldverhältnissen des täglichen Verkehrs dem wirklichen Sachverhalt entspricht, zeigt sich schon in der Unanwendbarkeit der meisten über ‚Schuldverhältnisse im allgemeinen' getroffenen Bestimmungen auf diese besonderen Gattungen von Vertragsverhältnissen. Man durchmustere den Allgemeinen Teil des Obligationenrechts im Entwurf und man wird finden, daß die meisten hier aufgestellten Sätze zwar für Geldschulden und Verbindlichkeiten zu einer Sachleistung passen, dagegen für die persönlichen Verpflichtungen aus Dienst- und Gesellschaftsverhältnissen jeder Bedeutung entbehren."

[2] Vgl. etwa *Palandt / Putzo*, Anm. 1 d, e vor § 611; *Schaub*, Handbuch S. 93; *Zöllner*, Studienbuch S. 95 ff.

[3] Auch *Zöllner*, Studienbuch S. 93 ff. behandelt beide Probleme in einem Kapitel. Aus der älteren Literatur sei hier nur *Haupt* zitiert, der seine Schrift auch mit der Rechtsnaturproblematik beginnt (vgl. Faktische Vertragsverhältnisse S. 1).

[4] *Haupt*, Faktische Vertragsverhältnisse.

[5] *Nikisch*, Grundformen; *ders.*, Anstellungsvertrag; *ders.*, Arbeitsvertrag; *ders.*, Arbeitsrecht § 19.

[6] z. B. *Beuthien*, RdA 69 S. 161 ff.

[7] *Gamillscheg*, AcP 176 S. 199; *Bydlinski*, Arbeitsrechtskodifikation: „... die Frage, wie weit sich diese Vorschriften eine besondere Prüfung darauf ge-

vor Augen: „Die Regeln der allgemeinen Vorschriften des BGB ‚passen nicht‘.“

Ob sich dies — was zunächst einmal nichts anderes als ein „erster Eindruck“ ist — bestätigt, ob tatsächlich das BGB über weite Strecken unanwendbar ist, was schließlich und vor allem „zu Recht“ gelten solle, läßt sich nur Schritt für Schritt aus der Natur des Arbeitsverhältnisses[8] und seiner Stellung in der Systematik des geltenden Zivilrechts[9] entwickeln.

---

fallen lassen müssen, ob sie im Arbeitsrecht ‚passen‘, ..., wird man nach den Regeln der juristischen Methodenlehre beantworten müssen“; *Hueck*, ZAkDR 38 S. 298 (299): „unerfreuliche Folgen“; *Mayer-Maly*, JZ 61 S. 205 ff., 207, der zugleich darauf hinweist, daß es methodisch unzulänglich ist, sich sofort nach dieser Feststellung vom BGB abzuwenden. (Der Aufsatz erschien im Rahmen der unten bei und in Fn. 9 behandelten Kodifikationsproblematik.) Vgl. auch *Dersch*, RdA 58 S. 441.

[8] *Farthmann*, RdA 58 S. 338: „Dieser Problemkreis (sc. Anfechtung im Arbeitsrecht) ist deshalb von ganz besonderer Bedeutung, weil hier die verschiedenen Auffassungen vom Wesen des Arbeitsverhältnisses in einer systematisch wie praktisch gleicherweise bedeutsamen Art hervortreten.“ Ebenso *Siebert*, Fakt. Vertragsverhältnisse S. 68, in der Einleitung zum faktischen Arbeitsverhältnis: „Die Entscheidung dieser Frage (sc. Geltung der Regeln des Allg. Teils des BGB über Nichtigkeit und Anfechtbarkeit) verlangt eine prinzipielle Auseinandersetzung mit dem Wesen des Arbeitsverhältnisses. ...“

[9] Jedenfalls für das Arbeitsvertragsrecht wäre jeder andere Weg schlicht widersinnig. Zwar gab es in den letzten Jahren eine durchaus lebhafte Diskussion um die grundsätzlichere Frage der Nähe oder auch Ferne des Arbeitsrechts zum Zivilrecht und zum BGB überhaupt. Diese Fragestellung wird aber allein dadurch verständlich, daß es sich ausnahmslos um Beiträge zur Kodifikation des Arbeitsrechts handelt und mithin primär um die Frage, wie und vor allem wo diese Kodifikation vorgenommen werden soll. (Vgl. z. B. *Bydlinski*, Arbeitsrechtskodifikation S. 19; *Beitzke*, JBl. 59 S. 153 ff.; *Mayer-Maly*, JZ 61 S. 205 ff.; *Gamillscheg*, AcP 176 S. 197 ff.; *ders.*, Gedanken S. 71 ff.; *Richardi*, Arbeitsrecht und Zivilrecht passim; *Schnorr von Carolsfeld*, RdA 64 S. 297; *Wiethölter*, Funk-Kolleg S. 284; von einem ganz anderen Ausgangspunkt: *Siebert*, Arbeitsverhältnis S. 68 ff.) Wenn die eine Seite argumentiert, die „gewandelten Verhältnisse“ (*Gamillscheg*, AcP 176 S. 203) hätten schon jetzt eine Loslösung vom Zivilrecht bewirkt, aus der postulierten „Eigenständigkeit“ des Arbeitsrechts müsse abgeleitet werden, daß es *nur* den allgemeinen Grundgedanken unserer Rechtsordnung und der Gerechtigkeit überhaupt unterworfen sein könne (*Schnorr von Carolsfeld*, RdA 64 S. 297), wenn behauptet wird, die sozialen Implikationen des Arbeitsrechts seien anders nicht zu verwirklichen, so muß man dem mit den Vertretern der Gegenmeinung entgegnen, daß hier teils allein durch die ideologische Brille geschaut wird (so z. B. bei *Wiethölter*, Funk-Kolleg S. 284; vgl. dazu *Richardi*, Arbeitsrecht und Zivilrecht S. 8), teils mit der „technischen“ Loslösung vom BGB gleich auch der Zusammenhang der gesamten Privatrechtsordnung über Bord geworfen wird. Letztlich entscheidend ist aber, daß es sich in Wahrheit im Arbeitsvertragsrecht um Probleme handelt, die jedenfalls ähnlich auf anderen Gebieten des Schuldrechts ebenso vorkommen (*Richardi*, ebd. S. 24, der Sondergesetze geradezu als Hemmnis dafür betrachtet, daß soziale Gedanken in die Systematik des BGB Einlaß finden), und daß die Privatrechtsordnung sehr wohl ein reiches Instrumentarium auch zur integrierenden Rechtsfortbildung bietet. Im einzelnen muß in diesem Rahmen verwiesen werden auf die Ausführungen von *Bydlinski*, Arbeits-

I. Theorien von Arbeitsvertrag und Arbeitsverhältnis

So unerläßlich die Darstellung der hierzu vertretenen Meinungen ist, so unmöglich und letztlich wohl auch unergiebig wäre es — quasi in Lexikonmanier —, alle erschienene Literatur im einzelnen zu erörtern. Es soll vielmehr nur zusammenfassend aufgezeigt werden, welche historische Entwicklung die „Theorie des Arbeitsvertrags“ seit Bestehen des BGB durchgemacht hat und welche Standpunkte hauptsächlich vertreten wurden und werden.

1. Die Entwicklung vor dem 2. Weltkrieg

Um den Stand der heutigen Diskussion auch in seiner Entwicklung verstehen zu können, sei zunächst kurz dargelegt, welche Gedanken die noch ganz junge Arbeitsrechtswissenschaft in der Zeit vom Erlaß des BGB bis hin zum 2. Weltkrieg zur dogmatischen Erfassung des Arbeitsverhältnisses entwickelt hat. Dies erscheint in doppelter Weise als gerechtfertigt: Einmal hatte die damalige Diskussion schon bald alle auch heute noch ins Feld geführten Gesichtspunkte erkannt, und zum anderen bietet sich der zeitliche Einschnitt deshalb an, weil — wahrscheinlich bedingt durch die damalige Gesetzgebung, besonders durch das Gesetz zur Ordnung der nationalen Arbeit (AOG) vom 20. 1. 1934 — der Gemeinschaftsgedanke im Arbeitsverhältnis in den Vordergrund trat[10], dessen Abbau nach 1945 auch zu einer gewissen Neuorientierung führte.

Im BGB wurden bekanntlich für den Arbeitsvertrag keine gesonderten Regeln aufgestellt; er ging als Unterfall des Dienstvertrages in §§ 611 ff. BGB auf. Dies mag vielleicht als Abkehr von der römischrechtlichen Dienstmiete aus damaliger Sicht eine gewisse positive Seite gehabt haben[11], gleichwohl wurde diese Regelung aber schon vor 1900 heftig angegriffen und zwar aus verschiedenen Richtungen: Otto v. Gierke[12] baute seine Theorie vom Arbeitsverhältnis aus deutsch-recht-

---

rechtskodifikation S. 54 ff.; *Mayer-Maly*, JZ 61 insbes. S. 209; *Richardi*, Arbeitsrecht und Zivilrecht insbes. S. 26 f. Vgl. auch *Hueck*, Lehrbuch § 24 I, S. 141.

[10] Das will keineswegs sagen, daß die Betonung des Gemeinschaftsgedankens nationalsozialistischem Gedankengut entstammt. Er wurde hier nur als willkommenes Element vorgefunden und im AOG und der sich anschließenden Diskussion übernommen. Es war also eher das Unglück des Gemeinschaftsgedankens, daß er gerade damals in seiner Blüte zur Verfügung stand. So richtig *Wiedemann*, Arbeitsverhältnis S. 4 ff., 25, der mit Recht auch auf Art. 165 WRV verweist. Dagegen aber z. B. *Ernst Wolf*, Arbeitsverhältnis S. 41 ff.; *Simitis*, Faktische Vertragsverhältnisse S. 388; skeptisch *Pinther*, AuR 61 S. 227.

[11] So *Wiedemann*, Arbeitsverhältnis S. 1.

[12] Der Entwurf eines Bürgerlichen Gesetzbuches und das Deutsche Recht, 1889; Die soziale Aufgabe des Privatrechts, 1889 S. 30 ff.; Festschrift für Brunner S. 36 ff.: Die Wurzeln des Dienstvertrages; Deutsches Privatrecht

licher Tradition auf einem — seiner Meinung nach durchgehend nachweisbaren — personenbezogenen Element auf[13]. Dabei wird der deutsch-rechtliche Treuevertrag zur Wurzel[14] und gleichzeitig zum Leitbild des modernen Dienstvertrags in dem Sinne, daß der Arbeitsvertrag einen personenrechtlichen Einschlag habe, aus dem beiderseitige Treuepflichten abzuleiten seien[15].

Schon bald stand die überwiegende Meinung auf dem von v. Gierke mit vorbereiteten Standpunkt, das Arbeitsverhältnis sei ein personenrechtliches Gemeinschaftsverhältnis[16], gekennzeichnet durch besondere persönliche Bindung — das „beide Teile bindende Treueband"[17] —, daraus resultierende besondere Treuepflichten und schließlich dadurch, daß die Leistung in persönlicher Abhängigkeit[18] vom Arbeitgeber zu erbringen sei. Damit löste man sich einerseits von der deutsch-rechtlichen Auffassung, das Arbeitsverhältnis gehöre in die Nähe des Familienrechts[19], begriff den Arbeitsvertrag vielmehr als Schuldvertrag nach §§ 611 ff. BGB, betonte aber gleichzeitig, daß diese rechtliche Qualifikation den vorgefundenen Tatsachen in mannigfacher Weise nicht hinreichend gerecht werde[20]. So wurden insbesondere Für-

---

Bd. I S. 261, Bd. III S. 590 ff.; IherJb. Bd. 64 S. 355 ff.; neuerdings dazu *Jobs*, ZfA 72 S. 305 ff.

[13] Vgl. Festschrift für Brunner S. 36 ff.; Die soziale Aufgabe des Privatrechts S. 3.

[14] *Ballerstedt*, RdA 76 S. 5 ff., 9 bezeichnet das freilich als ein „Beispiel von Dogmengeschichte miserabelster Art". Dem soll hier nicht weiter nachgegangen werden. Vgl. aber auch die Zweifel von *Wiedemann*, Arbeitsverhältnis S. 1 f. am Gegenwartsbezug der Gierkeschen Stellungnahmen.

[15] Vgl. zum folgenden auch die Darstellungen bei *Hueck*, Lehrbuch S. 128 ff.; zur Treuepflicht *Nikisch*, Arbeitsrecht S. 445 ff.

[16] Vgl. *Oertmann*, Deutsches Arbeitsvertragsrecht S. 21, 23, der noch ausdrücklich betont, ein personenrechtliches Element liege auch bei den Arbeitsverhältnissens vor, wo keine häusliche Gemeinschaft bestehe; hier ist der Einfluß v. Gierkes besonders deutlich. Vgl. weiter die Nachweise bei *Wiedemann*, Arbeitsverhältnis S. 3 Fn. 7. Vgl. auch RG 106, 272 (allerdings, wie eine Reihe damaliger Entscheidungen, im Zusammenhang der Entwicklung der Lehre vom Betriebsrisiko).

[17] *Hueck*, Lehrbuch, noch in der 7. Aufl. S. 129.

[18] Daß sich das Bewußtsein in die Richtung gewandelt hat, die Schutzbedürftigkeit der abhängigen Arbeitnehmer zu erkennen, zeigt auch der Erlaß zahlreicher Arbeitsschutzgesetze in der Zeit nach 1918: z. B. über Tarifverträge, Frauenarbeit, Arbeitszeit etc.

[19] Vgl. die Darstellung bei *Oertmann*, Dt. Arbeitsvertragsrecht S. 20 ff. Diese Meinung vertrat damals auch *Potthoff* (ArbR 1922 S. 275 ff.; Arbeitsrecht, Das Ringen um werdendes Recht 1931; Das Deutsche Arbeitsrecht 1935): Das Arbeitsverhältnis sei kein Rechtsverhältnis des Schuldrechts, sondern ein „sozialrechtliches Organisationsverhältnis" als ein Teil des Personenrechts (neben dem Familienrecht und dem Beamtenrecht). Vgl. dazu auch *Siebert*, Arbeitsverhältnis S. 34. Der Gedanke bleibt erstaunlich lange lebendig, so noch *Frey*, AuR 1953 S. 170; vgl. den Gedankengang von *Lange*, AcP 145 S. 129 ff., wo es an sich um Fragen des Eherechts geht.

[20] *Oertmann*, Deutsches Arbeitsvertragsrecht S. 42.

sorge- und Treuepflichten, die sich aus dem Dienstvertragsrecht des BGB schlecht herleiten ließen, auf diese personenrechtlichen Elemente gegründet[21]. Mehr und mehr ergab sich eine stärkere Betonung der *Bindung* (und damit des Gemeinschaftsgedankens), die zwischen Arbeitgeber und Arbeitnehmer bestehe[22], was vom deutsch-rechtlichen Ausgangspunkt dieser Meinung her unmittelbar einleuchtet: Dem stark historisch geprägten Rechtsverständnis waren Treuepflichten in erster Linie aus enger persönlicher Bindung verständlich[23]. Als schließlich im AOG von 1934, insbesondere in dessen § 2 Abs. 2 Satz 2[24], betriebliche Treue und Gemeinschaft[25] einen so hohen Stellenwert erhielten, wurde der Gemeinschaftsgedanke zum ganz beherrschenden Element[26]. Er wurde fortgeführt im Akademieentwurf eines Gesetzes über das Arbeitsverhältnis von 1938, dessen § 1 das Arbeitsverhältnis als „das auf Ehre, Treue und Fürsorge gegründete Gemeinschaftsverhältnis" bezeichnete, „in dem ein Gefolgsmann seine Arbeitskraft für einen Unternehmer in dessen Betrieb oder sonst in dessen Dienst einsetzt"[27].

Daß diesem Gedanken in der Form der betrieblichen Gemeinschaft eine so überragende Bedeutung eingeräumt wurde, begünstigte jedoch noch eine ganz andere Entwicklung[28]: Die völlige Loslösung von der Rechtsgeschäftslehre des BGB in Günter Haupts Lehre von den „faktischen Vertragsverhältnissen"[29] und in Arthur Nikischs „Eingliederungstheorie"[30]. Beide verzichten zur Begründung eines wirksamen Arbeits*verhältnisses* auf einen Vertragsschluß durch übereinstimmende Willenserklärungen (§ 145 BGB), mit dem Unterschied, daß Nikisch[31] der Begründung des Arbeits*verhältnisses* durch *Eingliederung* einen auf die Verpflichtung zur Einstellung bzw. zur Einordnung in den Be-

[21] *Oertmann*, Deutsches Arbeitsvertragsrecht S. 21; *Staudinger / Nipperdey*, 9. Aufl. 1928, vor § 611 Rdz. II 6 c.

[22] Vgl. RAG 15, 46 ff., 49; RAG 22, 18 ff., 20; ähnlich RAG, ARS 37 S. 230 ff., 236; 43 S. 167 ff., 169.

[23] Diese Ableitung lag damals noch zusätzlich deshalb nahe, weil das übrige Arbeitsrecht gerade erst in den Anfängen lag und zur Stütze der Argumentation noch nicht herangezogen werden konnte.

[24] Vgl. die Kommentierung von *Hueck / Nipperdey / Dietz*, AOG zu diesem Paragraphen.

[25] Freilich mit allen ideologischen Implikationen.

[26] *Siebert*, Arbeitsverhältnis z. B. S. 15: „Gemeinschaftsgedanke" als Gegensatz zum „Interessendenken".

[27] Dazu *Hueck*, ZAkDR 38 S. 298 ff.; weit ausholend *Wolf*, Arbeitsverhältnis S. 46 ff.

[28] Vgl. *Nikisch* schon 1926, in: Grundform.

[29] *Haupt*, Faktische Vertragsverhältnisse, 1943.

[30] *Nikisch*, Die Ordnung der nationalen Arbeit in Deutschland, 1935; Arbeitsvertrag und Arbeitsverhältnis, 1941; vgl. auch *Siebert*, Arbeitsverhältnis S. 52.

[31] Arbeitsrecht S. 158 ff., 172 ff.

trieb des Arbeitgebers gerichteten — evtl. auch nichtigen — Arbeitsvertrag regelmäßig vorausschickt, während Haupt[32] die Begründung eines Rechtsverhältnisses durch die Tatsache des Arbeitens als gleichwertigen Entstehungstatbestand neben § 145 (und die Begründung eines Vertragsverhältnisses durch Hoheitsakt) stellt. Beide Lehren haben in der wissenschaftlichen Diskussion nicht nur auf dem Gebiet des Arbeitsrechts bis weit in die 60er Jahre einen erstaunlich großen Raum eingenommen[33].

2. Das Arbeitsverhältnis als „personenrechtliches Gemeinschaftsverhältnis" mit besonderen Treue- und Fürsorgepflichten

Diese Beschreibung des Arbeitsverhältnisses, so liest man überwiegend[34], stelle die herrschende Lehre über die Natur des Arbeitsverhältnisses dar. Näher betrachtet ist dies — auch als bloße Beschreibung — nur insofern richtig, als in dieser Wendung tatsächlich eine Vielzahl mehr oder weniger divergierender Theorien zu einem Bündel zusammengefaßt werden. Löst man dieses Bündel, so ergeben sich im wesentlichen 4 unterschiedliche Standpunkte:

— Der *Gemeinschaftsgedanke* erhält zentrale Bedeutung (heute wird meist eine in Bezug auf den Gemeinschaftsgedanken als „gemäßigt" zu bezeichnende Theorie vertreten, die vom „personenrechtlichen Gemeinschaftsverhältnis" spricht);

— Wesentliches Merkmal ist die *Personenbezogenheit;*

— Die *Schutzbedürftigkeit* des Arbeitnehmers steht im Mittelpunkt;

— Der Charakter als *Dauerschuldverhältnis* wird hervorgehoben.

Diese Standpunkte werden mit unterschiedlicher Rigorosität vertreten. Teils wird ein Element zum allein tragfähigen erklärt, teils die anderen aus dem überwiegenden entwickelt, im Allgemeinen daraus die besonderen Treue- und Fürsorgepflichten sowie weitere das BGB mehr oder weniger abrogierende Rechtsfolgen hergeleitet. Dies soll im folgenden einzeln dargestellt werden, jeweils mit besonderem Augenmerk darauf, auf welchem methodischen Weg und mit welchem Ziel aus diesen Theorien weitere rechtliche Folgen abgeleitet werden.

---

[32] Faktische Vertragsverhältnisse S. 19 ff., 28.

[33] Vgl. nur *Nikisch,* Festschrift für Dölle S. 79 ff.; *Haupt,* Faktische Vertragsverhältnisse; *Simitis,* Faktische Vertragsverhältnisse.

[34] Vgl. *Dersch,* RdA 58 S. 441: „heute nicht mehr bestritten" — im Gegensatz zu *Farthmann,* der dies gerade in RdA 58 S. 338 ff. tut; *Schwerdtner,* Fürsorgetheorie S. 16 Fn. 17 zählt fast die gesamte einschlägige Literatur als h. M. auf.

3. Die Betonung des Gemeinschaftsgedankens

a) Die Lehre Huecks

Mit dem AOG verschwand auch die Ansicht, das Charakteristikum des Arbeitsverhältnisses sei *allein* in der „Gemeinschaft" zu sehen[35]. Als „personenrechtliches Gemeinschaftsverhältnis" erhält der Begriff eine andere Wendung. Charakteristisch hierfür ist die Darstellung Huecks[36] über die Natur des Arbeitsverhältnisses: Der Arbeitnehmer habe seine Leistung „in Person zu erbringen"[37], „in persönlicher Abhängigkeit vom Arbeitgeber" zu arbeiten. „Über bloße schuldrechtliche Pflichten hinausgehend" entstehe eine „enge persönliche Beziehung", die beide Teile zur Treue verpflichtet. Dieses „beide Teile verbindende Treueband" mache das Arbeitsverhältnis zum Gemeinschaftsverhältnis, der Arbeitsvertrag werde zum personenrechtlichen, gemeinschaftsbegründenden Vertrag[38]. Bezeichnenderweise konkretisiert Hueck seine „Definition" im folgenden zwar in vielfacher, jedoch nur negativer Hinsicht[39]: Das Merkmal „personenrechtlich" bedeutet keineswegs, daß die Person zum Objekt des Vertrages werde. In dreifacher Hinsicht grenzt er das Merkmal „Gemeinschaft" ein: Sie verlange keine tatsächliche persönliche Zusammenarbeit, keine absolute Gleichheit der Interessen — obgleich er in nicht unerheblichem Umfang gleichgerichtete Interessen sieht —, und schließlich entkleidet er den Begriff des Moralisch-Werthaften, indem er — zweifelsohne mit Recht — eine „Gesinnungsgemeinschaft" nicht als notwendiges Element der das Arbeitsverhältnis charakterisierenden Gemeinschaft für erforderlich erachtet. Mit diesen Klarstellungen suchte sich Hueck gegen die immer stärker aufkommende Kritik an der Formel vom personenrechtlichen Gemeinschaftsverhältnis[40] zu verteidigen und schlug im Sinne einer

---

[35] Vgl. z. B. die Änderung der Ansicht von *Hueck*, ZAKDR 38 S. 298 ff. zu Lehrbuch 7. Aufl. S. 128 ff.; vgl. auch *Nikisch*, Arbeitsvertrag (1941) und Lehrbuch S. 161 ff.; *Siebert*, Faktische Vertragsverhältnisse S. 68 ff. *Schwerdtner* dagegen (Fürsorgetheorie S. 32) ist der Meinung, der Gedanke bestehe in der alten Form fort, wobei er alle Autoren von Hueck (1947) bis Wiedemann zu meinen und damit eine klare Begriffsbestimmung aus den Augen zu verlieren scheint.

[36] Lehrbuch 7. Aufl. S. 129 f.

[37] Alle Zitate S. 129.

[38] S. 129; vgl. auch *Nikisch*, Arbeitsrecht S. 6 ff., 31 f., 162 f., 169, 497: entsprechend seiner Eingliederungstheorie begründet das *Arbeitsverhältnis* (nicht der Arbeitsvertrag) die personenrechtliche Gemeinschaft, aus der sich dann die spezifischen Treue- und Fürsorgepflichten ergeben.

[39] S. 130 f., wie auch alle folgenden Zitate.

[40] Vgl. bis damals *Farthmann*, RdA 60 S. 5 ff.; *Mavridis*, RdA 56 S. 444 ff.; *Neumann*, RdA 51 S. 2 ff.; *Ramm*, Anfechtung S. 18 ff.; *Schnorr v. Carolsfeld*, Arbeitsrecht S. 161; *Staudinger / Nipperdey / Mohnen*, Rdz. 10, 34, 35, 300 vor § 611; *Ballerstedt*, JZ 53 S. 389 ff., 390, der das „Gemeinschaftsverhältnis" gar damals schon für aufgegeben hielt; freilich meinte er wohl,

Weiterentwicklung eine Begriffsbestimmung vor, die inhaltlich seiner Meinung entsprach, auf die Worte „personenrechtliche Gemeinschaft" aber „wegen ihrer Unbestimmtheit"[41] verzichtet: „... das Arbeitsverhältnis sei ein über den Austausch von Arbeit Lohn hinausgehendes Rechtsverhältnis eigener Art, das die Beteiligten zu Treue und Fürsorge verpflichtet"[42].

Festzuhalten bleibt: Hueck leitet aus der persönlichen Verbundenheit von Arbeitgeber und Arbeitnehmer das „Gemeinschaftsverhältnis" ab[43], das seinerseits wechselseitige Treue- und Fürsorgepflichten zeitigt. Eine explizite Fortführung dieser Lehre im Sinne einer Ableitung weiterer Rechtsfolgen im konkreten Fall des fehlerhaften Arbeitsvertrages erfolgt nur insoweit, als Hueck[44] aus dem Gemeinschaftscharakter heraus die Möglichkeiten einer Abweichung von den allgemeinen (für Austauschverhältnisse geschaffenen) Vorschriften eröffnet. Diese Möglichkeit sieht er insbesondere bei Anfechtung und Nichtigkeit als gegeben an. So kann er auch unter Ablehnung der Eingliederungstheorie von der automatisch eintretenden ex-tunc-Nichtigkeit grundsätzlich loskommen.

b) Die Lehre Nikischs

Dogmatisch brauchbar und logisch folgerichtig war der Gemeinschaftsgedanke nur bei der Lehre von Nikisch[45]: Die durch die Eingliederung begründete Gemeinschaft zeitigt alle Rechtsfolgen, da man ja die Verpflichtungskraft des Faktischen grundsätzlich schon anerkannt hat. Hierin liegt die — wenn auch inhaltlich abzulehnende — Wertentscheidung, die zwar nötig ist, um dem Gemeinschaftsgedanken Bedeutung abzugewinnen, aber freilich von den Gegnern der Eingliederungstheorie nicht nachvollzogen werden *kann*. Das ist ein gewichtiger Grund, warum der Gemeinschaftsgedanke heute eine so geringe dogmatische Relevanz hat.

Sucht man nämlich über die Standardwerke von Hueck und Nikisch hinausgehend nach einer positiven Inhaltsbeschreibung des personenrechtlichen Gemeinschaftsverhältnisses, so bleibt dies weitgehend ergebnislos. Wo diese Theorie in der Literatur als h. M. bezeichnet wird, geschieht das entweder in der Art eines begründungslosen Postulats oder nur, um sofort Bedenken geltend zu machen[46]. Stellt man noch in

---

mit der Ausrottung der Überstrapazierung des Begriffs im Anschluß an das AOG sei er insgesamt überholt.

[41] S. 131.

[42] S. 131.

[43] bzw. überspringt er in der letzten Aussage dieses Glied.

[44] S. 124, 132 f., 184.

[45] Vgl. *Nikisch,* Arbeitsrecht S. 161 ff.

[46] So z. B. *Mavridis,* RdA 56 S. 444.

Rechnung, daß sowohl das Hueck'sche Lehrbuch als auch das von Nikisch seit langen Jahren keine Neuauflage erlebt haben, so findet sich heute praktisch niemand mehr, der — so er das Problem ernsthaft erörtert — die Theorie vom personenrechtlichen Gemeinschaftsverhältnis noch zu stützen vermöchte[47].

c) *Die Lehre Wiedemanns*

Soweit ersichtlich hat sich in der Literatur Wiedemann[48] als letzter darum bemüht, dem Gemeinschaftsgedanken Inhalt und Bedeutung zu verleihen. Freilich — und hierin darf Wiedemann keineswegs falsch verstanden werden — steht er der Idee an sich skeptisch gegenüber[49]. Seine Absicht geht allein dahin, doch noch einen brauchbaren Kern[50] nachzuweisen. Zunächst unabhängig vom Arbeitsverhältnis sieht er ein *„ontologisches Gesetz der Rechtsbildung"* darin[51], „daß die Rechtsordnung und nicht etwa nur das Sittengesetz mit zunehmender Intensität der zwischenmenschlichen Beziehungen stärkere Verhaltensanforderungen stellen muß"[52]. Aufbauend auf einem Gedanken Huecks[53] scheint auch für Wiedemann die wechselseitige Treuepflicht das zentrale Merkmal der Gemeinschaft zu sein. Nur aus dieser Argumentation wird die Einordnung des Arbeitsverhältnisses durch Wiedemann verständlich: Der Arbeitsvertrag zielt nicht etwa auf „Begründung einer Gemeinschaft"[54], er ist primär und vor allem auf Leistungsaustausch gerichtet[55]. Keine innere Verbundenheit[56] zwischen Arbeitgeber und Arbeitnehmer ist dem Arbeitsvertrag immanent, sondern allenfalls „Bindung als

---

[47] *Wiedemann* stellt in gewisser Weise eine Ausnahme dar, dazu anschließend unter c). Auch *Säcker*, JuRA 70 S. 165 ff., 177 hält sie bereits für totgesagt. *Jobs*, ZfA 72 S. 305 ff., 342 dagegen führt den Begriff des Arbeitsverhältnisses als „personenrechtliches Betriebsgemeinschaftsverhältnis" auf Otto v. Gierke zurück, nennt ihn „rechtlich zeitlos" und bezeichnet ihn auch heute noch als h. M.

[48] *Wiedemann*, Arbeitsverhältnis S. 25 ff.

[49] S. 25, 26, 33; so interpretiert ihn auch *Söllner*, AuR 68 S. 242 ff., 243 richtig entgegen *Schwerdtner*, Fürsorgetheorie S. 33 Fn. 93.

[50] S. 25, 26: „... es müssen sich Rechtsnormen nachweisen lassen, die an die Existenz einer Gemeinschaft und *nur* daran anknüpfen. Dazu wird man sich auf die *Merkmale* des Gemeinschaftsverhältnisses und seine *rechtlichen Wirkungen* besinnen" (letzte Hervorhebungen v. Verf.).

[51] S. 27 (Hervorhebung v. Verf.).

[52] So sinngemäß S. 28.

[53] Treuegedanke S. 12 ff.: Gliederung der rechtlichen Beziehungen: enges Zusammenleben — schuldrechtliche Vertragsbeziehungen — allgemeine Bürgerpflichten; dieser Gliederung entspricht ein gleichmäßiges Gefälle von Verhaltensanforderungen beginnend mit der Treuepflicht.

[54] S. 33.

[55] S. 35.

[56] S. 34.

geistige Wertentscheidung"[57]. Diese entsteht mit Eingehen des Vertrages und ist unabhängig von Dauer und sonstigen Umständen der Leistung der Arbeit. Gemeinsamen Zweck (abgesehen vom gemeinsamen arbeitstechnischen Erfolg[58]) und Interessengemeinschaft lehnt Wiedemann als Merkmale ab. Er stellt sich wohl eine schrittweise Konkretisierung des gemeinschaftlichen Einschlags vor, eine Entwicklung „spezifischer Rechtspflichten aus der Treuepflicht[59] ... im Zuge der Institutionalisierung der Generalklausel".

Gleichzeitig wehrt sich Wiedemann entschieden dagegen, aus dem Element „Gemeinschaft" das arbeitsrechtliche Schutzprinzip herzuleiten[60]; dieses basiere ausschließlich darauf, daß „unselbständige, abhängige Arbeit" geleistet würde. Das Schutzprinzip bilde neben den Elementen „Austauschverhältnis" und „Gemeinschaftsverhältnis"[61] *eines der drei* Strukturelemente des Arbeitsverhältnisses, die nicht nur Ordnungselemente darstellten, sondern in ihrem Zusammenspiel selbst Ordnung bildeten und rechtliche Wertentscheidungen offenbarten[62]. Man muß sich das wohl annäherungsweise nach dem Muster des Wilburg'schen beweglichen Systems vorstellen.

d) Kritik an der Lehre vom Gemeinschaftsverhältnis

So wenig ergiebig die Suche nach konkreten Inhalten und konsequenten Verfechtern der sog. h. L. war, so erfindungsreich gibt sich ihre Kritik bis heute[63]. Man wirft ihr vor, sowohl „theoretisch unhaltbar" zu sein als auch „mit den jetzigen soziologischen Gegebenheiten" nicht übereinzustimmen[64].

In welcher Weise die „Gemeinschaft" *als Rechtsbegriff* zu verstehen sei, kann die h. L. nach der Meinung ihrer Kritiker nicht darlegen. Eine Gemeinschaft i. S. der §§ 741 ff. BGB oder des Gesellschaftsrechts könne nicht gemeint sein, hierfür fehle es an der Verfolgung eines gemeinsamen Zweckes und am gleichgerichteten Interesse[65]. „Gemeinschafts-

[57] S. 34.

[58] S. 34.

[59] S. 28 (ebenso die folgenden Zitate).

[60] S. 33 unter Berufung auf Ramm.

[61] Letzteres im „reduzierten" Wiedemann'schen Sinne.

[62] S. 47; 67.

[63] Daß sie oft weit über das Kritisierte hinausschießt, betont auch *Zöllner*, Studienbuch S. 96.

[64] *Ramm*, Anfechtung S. 22; *Ballerstedt*, RdA 76 S. 1 ff.; *Mayer-Maly*, JZ 61 S. 205 ff.; *Söllner*, Arbeitsrecht S. 209; *Mavridis*, RdA 56 S. 444 ff.; *Pinther*, AuR 61 S. 225 ff.; *Schwerdtner*, Fürsorgetheorie S. 40 ff.; *Fabricius*, Leistungsstörungen, S. 23 ff.; *Säcker*, JuRA 70 S. 165 ff., 177; *Wolf*, Arbeitsverhältnis S. 1 ff., 33; *Larenz*, Schuldrecht II S. 243.

[65] *Farthmann*, RdA 60 S. 6 nennt die Interessen geradezu gegenläufig, indem er die Erzielung von Gewinn durch den Arbeitgeber und Lohn durch

mäßiges Verhalten“[66] oder Wiedemanns „innere Einstellung im Sinne eines geistigen Wertgerichtetseins“[67] seien rechtlich nicht faßbare Begriffe[68]. Ferner wird eingewandt, der Begriff sei großenteils ein verbales Relikt nationalsozialistischer Rechtsauffassung[69], oder umgekehrt sei die Gemeinschaft zwar als rechtspolitisches Ziel häufig angestrebt, jedoch nie verwirklicht worden[70].

Mit noch größerer Schärfe gehen die Autoren vor, die über diese dogmatischen Bedenken hinaus den Begriff an den *tatsächlichen* Gegebenheiten des heutigen Arbeitslebens messen[71]. Von dieser Seite wird zunächst das Beiwort „personenrechtlich“ angegriffen. Abgesehen davon, daß es ein solches umfassendes „Personenrecht“ gar nicht gebe, sei hier eine persönliche Verbundenheit vorausgesetzt, die meist nicht existiere, weil der Arbeitgeber eine juristische Person, in einem Großbetrieb „unsichtbar“ oder durch eine Reihe ihrerseits angestellter Vorgesetzter ersetzt oder bei mittelbaren Arbeitgebern gar nicht direkt greifbar sei[72]. Besonders Ramm schließt diese Verbundenheit von vornherein zunächst für alle Fälle des § 123 BGB aus, da eine „beiderseitiges Vertrauen voraussetzende Verbundenheit“ ohne „umfassende Kenntnis nicht vorstellbar sei“[73]. Außerdem lasse sich heute immer mehr eine

---

den Arbeitnehmer als wesentliche Merkmale gegenüberstellt; er macht es sich damit wohl etwas zu einfach. Vgl. *Mayer-Maly*, JZ 61 S. 208 Fn. 38; auch *Wolf*, Arbeitsverhältnis S. 35 f., leugnet die Interessenparallelität, da der Arbeitnehmer nicht Mitunternehmer sei und das Risiko nicht mittrage. *Schwerdtner*, Fürsorgetheorie S. 56 meint, eine freie Wirtschaftsordnung „setze den Interessengegensatz geradezu voraus“ („der Konflikt ist ... strukturell gegeben“) und verweist zur Begründung auf die Zulässigkeit von Streik und Aussperrung, auf Torkontrollen, Leibesvisitationen und Betriebsjustiz.

[66] So die Meinung von *Hueck*, Lehrbuch S. 131; *Nikisch*, Arbeitsrecht S. 169.

[67] S. 30.

[68] *Söllner*, AuR 68 S. 243: Sie hat „keinen juristischen Stellenwert“; *Wolf*, Arbeitsverhältnis S. 35, nennt Wiedemanns Auffassung vom Gemeinschaftsgedanken kurzerhand „verworren“, ohne selbst gerade sehr entwirrend zu wirken.

[69] *Ramm*, Anfechtung S. 19, 22; *Pinther*, AuR 61 S. 225 ff., 226; *Wolf*, Arbeitsverhältnis S. 41 ff.

[70] *Farthmann*, RdA 60 S. 7.

[71] Vgl. dazu die kontroversen Ansichten von *Hueck*, Lehrbuch S. 130 Fn. 9 a einerseits und *Schwerdtner*, Fürsorgetheorie S. 49 andererseits; in anderem Zusammenhang auch *Wiedemann*, Arbeitsverhältnis S. 94; *Fabricius*, Leistungsstörungen S. 26 f.

[72] *Ramm*, Anfechtung S. 21; *Schwerdtner*, Fürsorgetheorie S. 41; *Farthmann*, RdA 60 S. 7.

[73] S. 19. Auch aus dem Bestehen des Arbeitskampfrechts wird (so *Schwerdtner*, Fürsorgetheorie S. 48 f.) auf die Nichtexistenz einer Gemeinschaft geschlossen. Sie auf individueller Ebene anzunehmen, führt nach Schwerdtner zu „sozialpsychologischen Unverträglichkeiten“ auf der kollektiven Ebene.

Tendenz zur „Versachlichung höherer Dienstleistung“ und zur „Entpersönlichung der niederen Dienstleistungen“ erkennen[74]. Und schließlich lasse gerade der Tatbestand der Subordination es „als unzweckmäßig erscheinen“, das Arbeitsverhältnis als Gemeinschaftsverhältnis zu bezeichnen[75].

Auch wer das Arbeitsverhältnis daran mißt, was die *Soziologen* unter „Gemeinschaft“ verstehen[76], kommt durchweg zu dem Ergebnis, daß das dort geforderte „Gefühl der Zusammengehörigkeit“, die „Wir-Form des Bewußtseins“, das „vertrauliche Zusammenleben“, kurz das notwendig beherrschende irrationale Element im heutigen Arbeitsverhältnis nicht anzutreffen ist[77]. So sieht z. B. Schwerdtner[78] die „Rechtsposition des Arbeitnehmers gerade dadurch als geschwächt an, daß er kein Eigentum an den Produktionsmitteln besitzt“, und fügt ausführliche Zahlen über die Verteilung der Vermögensverhältnisse in der Bundesrepublik an.

Von anderer Seite wird die Vorstellung vom personenrechtlichen Gemeinschaftsverhältnis als theoretisch oder auch praktisch *schädlich* bezeichnet. Schwerdtner nennt diese Vorstellung eine „gut verpaßte Ideologie“[79]. Statt die „zwangsläufig gegebene persönliche Abhängigkeit“[80] des Arbeitnehmers zu mildern, führe sie zu einer Zementierung von über den Arbeitnehmer ausgeübter Macht. Schon die Konstruktion von Treue- und Fürsorgepflichten (an Stelle von Leistungspflichten im Austauschverhältnis) sei nichts als eine Herabwürdigung der Freiheit der Person des Arbeitnehmers[81]; auch dürfe man den sog. Fürsorgepflichten des Arbeitgebers keinen besonderen Stellenwert einräumen, denn mit ihnen seien häufig auf Arbeitnehmerseite „neue

---

[74] *Ramm*, Anfechtung S. 24; vgl. *Schwerdtner*, Fürsorgetheorie S. 42. Dies hat bei *Ramm* aber durchaus keine klassenkämpferische Bedeutung, sondern soll im Gegenteil Ausdruck für Auflösung von Herrschaft sein. Vgl. im Gegensatz dazu die „Verdinglichung“ bei *Simitis*, Faktische Vertragsverhältnisse S. 68 ff.

[75] *Zöllner*, Studienbuch S. 97.

[76] Vgl. die Darstellungen bei *Pinther*, AuR 61 S. 225 ff.; *Mavridis*, RdA 56 S. 4 ff.; *Schwerdtner*, Fürsorgetheorie S. 49 ff.

[77] So zuerst *Mavridis*, RdA 56 S. 444 ff., 445; später auch *Pinther*, AuR 61 S. 225 ff., 228; *Ramm*, Anfechtung S. 22; *Schwerdtner*, Fürsorgetheorie S. 49 ff., der besonders weit ausholend auf den Charakter von Ehe und Gesellschaft eingeht und sich für seine zusammenfassend ablehnende Stellungnahme (S. 56) auf Tocqueville beruft, dessen diesem mancherorts zugeschriebene prophetischen Gaben er damit vielleicht doch überschätzt.

[78] S. 57 f.

[79] Überschriften auf S. 66 und 69.

[80] S. 72.

[81] S. 87: Der Gemeinschaftsgedanke macht den Betrieb zur Heimat des Arbeitnehmers; vgl. auch *Wolf*, Arbeitsverhältnis S. 35 u. S. 37 f.

Pflichten gekoppelt"[82], wofür Schwerdtner allerdings die Nennung durchschlagender Beispiele schuldig bleibt. In Wahrheit sei also gar nicht die Entwicklung der Tatsachen über den Begriff hinweggegangen[83], sondern er diene seit je nur zur Verschleierung einer konstanten Herrschafts- und Machtstruktur[84].

In dem Einwand Ramms[85], die Lehre vom personenrechtlichen Gemeinschaftsverhältnis sei gerade in Fällen des § 123 BGB unergiebig, steckt schließlich der letzte große Vorwurf, der dieser Lehre gemacht wird: Über die Tatsache hinaus, daß die Formel für die adäquate Erfassung des Arbeitsverhältnisses inhaltlich nicht brauchbar sei, versage sie — teilweise oder ganz — auch in der praktischen Anwendung[86]. Aus dieser Lehre könne man auf methodisch einwandfreiem Weg keine Rechtsfolgen ableiten. Freilich stellt diese Kritik gleichsam das getreue Spiegelbild dessen dar, was von den Vertretern der sog. h. M. vorgebracht wird: Sie beschränkt sich auf pauschale und allgemein gehaltene Ablehnung — mit einer gewissen Ausnahme: Wiedemann. Wirft ihm Söllner begriffsjuristische Methoden vor[87], so bescheinigen ihm Löwisch und Rödig, er befinde sich im „Einklang mit Strömungen der zeitgenössischen Methodenlehre"[88], bemängeln aber gleichzeitig, daß die „Strukturelemente" nicht konkret genug seien, um der Rechtsfindung unmittelbar dienlich sein zu können[89]. Die „sachlogischen Strukturen" seien im Grunde nur soziologische Beobachtungen, nicht von gesetzessystematischen Betrachtungen begleitet. Auch Wiedemann selbst gelinge nicht die konsequente Rechtsfindung nach seiner methodischen Idee.

---

[82] S. 70; insgesamt S. 66 ff., wo *Schwerdtner* dies unter dem Titel „Ideologiekritik" ausführlich darzulegen bemüht ist. Ebenso *Säcker,* JuRA 1970 S. 177.

[83] So aber *Ramm,* Anfechtung S. 22.

[84] Hier sei nur angemerkt, daß *Simitis,* Faktische Vertragsverhältnisse z. B. S. 52 f., 71 ff., genau den umgekehrten Ansatz für seine soziologischen Erwägungen wählt: Das konsequente Festhalten am Schuldvertrag sei gerade die Manifestierung des „Selbsterhaltungstriebs" der herrschenden Gesellschaftsverhältnisse.

[85] Anfechtung S. 19.

[86] Vgl. *Schwerdtner,* Fürsorgetheorie S. 112 (Zu § 142 BGB) u. S. 44 u. dort Fn. 152; *Wiedemann,* Arbeitsverhältnis S. 25; so wohl auch *Ballerstedt,* RdA 76 S. 9; auch *Farthmann* lehnt es (RdA 60 S. 7) ab, Treue- und Fürsorgepflichten aus der „personenrechtlichen Gemeinschaft" herzuleiten oder auch umgekehrt letztere aus ersteren. In RdA 58 S. 339 wendet sich *Farthmann* auch entschieden dagegen, daß hiermit die Anfechtungsproblematik lösbar sei. In der Begründung stimmt er mit *Ramm* überein.

[87] AuR 68 S. 242 ff., 244.

[88] RdA 70 S. 55 ff., 56.

[89] S. 56; vgl. auch *Ballerstedt,* RdA 76 S. 1 ff., 8 Fn. 15. Bezeichnenderweise äußert sich *Wolf* zu diesem Problemkreis gar nicht und bietet nur Wortspielereien. Zur Kritik an *Wiedemann* vgl. auch unten II. 1. c).

4. Der personenrechtliche Charakter des Arbeitsverhältnisses

Im Bemühen um eine Erfassung der Rechtsnatur des Arbeitsverhältnisses vertritt eine zweite Gruppe die These, maßgeblich sei der *personenrechtliche Charakter* des Arbeitsverhältnisses, und zwar nicht in der Weise, wie er oben meistens lediglich als Ausfluß besonderer persönlicher Verbundenheit verstanden wurde. Vielmehr wird betont, Gegenstand des Arbeitsvertrages sei die Leistung der Arbeitskraft, diese aber untrennbar mit der Persönlichkeit des Arbeitnehmers verbunden. Also stehe in Wahrheit der Mensch als Person in einer Weise inmitten des Vertrages, wie es bei keinem anderen schuldrechtlichen Rechtsverhältnis der Fall sei[90]. Mit Nachdruck hat zuerst Siebert diese These vertreten[91]. Besondere Betonung legen alle Vertreter dieser Meinung auf eine bestimmte systematische Einordnung dieser Personenbezogenheit[92]. Die Schuldverhältnisse seien in zwei Gruppen einzuteilen: Denen mit Vermögensgegenständen als Vertragsobjekte stünden die personenbezogenen gegenüber, sei es in dem Sinne, daß Vertragssubjekt und -objekt zusammenfallen[93], sei es, daß hier ausnahmsweise ein Vertragsobjekt gar nicht vorhanden sei[94], sei es in der zurückhaltenderen Ausdrucksweise der neuesten Lehrbücher, „daß ein Mensch als Person von der Rechtsbeziehung ergriffen sei“[95].

a) Der Einsatz der Person als Merkmal der Personenbezogenheit

Eine besondere, kritisch distanzierte Stellung nimmt in diesem Rahmen Ballerstedt ein[96]. Schon 1953[97] erkannte er als zentralen Punkt

---

[90] Vgl. zunächst *Siebert*, Faktische Vertragsverhältnisse S. 81 ff.; *Farthmann*, RdA 58 S. 338 ff. und RdA 60 S. 5 ff.; Pinther, AuR 61 S. 225 ff., 229; im Anklang auch noch *Hueck* (letzte Formulierung), Lehrbuch S. 131.

[91] Der das personenrechtliche Element als besonders bedeutsam neben die aus der Natur als Dauerschuldverhältnis abgeleitete gesteigerte Bestandsfestigkeit und die Notwendigkeit sozialen Schutzes stellt, S. 81, 82. Obwohl er sich ausdrücklich (Faktische Vertragsverhältnisse S. 82; RdA 58 S. 369) auf v. Gierke und Potthoff beruft, besteht zwischen den Auffassungen dieser Autoren und den Thesen, wie sie seit den letzten Schriften *Sieberts* (aaO.) vertreten werden, ein bedeutsamer Unterschied: Zwar stellten *v. Gierke* und *Potthoff* durchaus die Behauptung in den Mittelpunkt, der ganze Mensch in seiner Persönlichkeit sei erfaßt, aber doch nicht, um ihr daher direkt zu mehr Entfaltung zu verhelfen, sondern um die Gegensätze in der übergeordneten Gemeinschaftsidee zu vereinen (vgl. die heute mit Recht aufgegebene Bezugnahme auf das Familienrecht) — vgl. auch die Einschränkung bei *Siebert*, Faktische Vertragsverhältnisse S. 84.

[92] Wie *Farthmann* sie nennt, um begrifflich vom unklaren und mißverständlichen „Personenrecht“ wegzukommen, RdA 60 S. 8.

[93] *Farthmann*, RdA 60 S. 7.

[94] *Siebert*, Faktische Vertragsverhältnisse S. 83.

[95] *Zöllner*, Studienbuch S. 96.

[96] Ähnlich argumentiert auch *Pinther*, AuR 61 S. 225.

[97] JZ 53 S. 389 ff.

für Erwägungen über die Dogmatik des Arbeitsrechts und somit auch des Arbeitsvertrages die „Personenlehre“[98]. Wenn er sich dabei gegen die landläufige Qualifizierung des Arbeitsvertrages als „personenrechtliches Rechtsverhältnis“ wendet, so deshalb, weil diese auf eine Abstempelung der Person des Arbeitnehmers als „abhängige Person“ hinauslaufe[99], was mit dem Begriff der Person als „Unterpfand der Freiheit“[100] unvereinbar sei. In Anlehnung an Rosenstock[101] führt Ballerstedt aus, eigentlicher Gegenstand des Vertrages sei vielmehr die Arbeitskraft, die freilich unlösbar mit ihrem Träger verbunden sei[102]. Detaillierter wird dieser spezifische Begriff der „Personenbezogenheit“ in einem jüngeren, arbeitsrechtlicher Dogmatik gewidmeten Aufsatz herausgearbeitet: Erscheinen alle Theorien zum Arbeitsverhältnis als dogmatisch und methodisch unfruchtbar[103], so bleibe für den Begriff des Arbeitnehmers als eigentlich wesentlich nicht seine persönliche Abhängigkeit, sondern vielmehr die Tatsache, daß er „*seine* Zeit“ zur Verfügung stelle[104]. Dieses dem Menschen unwiderbringliche und persönlichste Opfer führe zu einem Ungleichgewicht im Arbeitsvertrag; er sei mehr — d. h. zugleich wertungsmäßig anders — als bloßer gegenseitiger Vertrag, denn der Einsatz dieses prinzipiell nicht veräußerlichen Gutes sei durch Entgelt (gleich welcher Höhe) nicht ausgleichbar[105]. Hierin liege die Rechtfertigung der „gesamten arbeitsrechtlichen Normen“. Ballerstedt versteht dies als Anregung für weitere Diskussion; methodische Konsequenzen oder Lösungsversuche für Einzelfälle auszuarbeiten, ist leider nicht Ziel seiner Abhandlungen[106].

Besonderen Wert legt auch Schwerdtner auf die Unterscheidung zwischen einer (von ihm abgelehnten) personen*rechtlichen* und der personen*bezogenen* Natur des Arbeitsverhältnisses. Da „dem modernen Rechtsdenken die unbedingte Rechtssubjektivität des Menschen eine Selbstverständlichkeit“[107] sei, könne diese Person zwar nie Objekt eines Rechtsverhältnisses sein, der Vertragsgegenstand Arbeitskraft sei aber im Gegensatz zu sachbezogenen Verträgen untrennbar mit der Person des Verpflichteten verbunden[108]. Das Arbeitsverhältnis so zu charak-

---

[98] S. 391.

[99] S. 390.

[100] S. 391.

[101] Nachweise über dessen Schriften bei *Ballerstedt,* JZ 53 S. 389 Fn. 3.

[102] S. 390.

[103] RdA 76 S. 5 ff., 9 f.

[104] RdA 76 S. 8.

[105] Alle Zitate RdA 76 S. 8; *Ballerstedt* wendet sich hier auch noch ausdrücklich gegen die These, das rechtliche Ungleichgewicht beruhe auf fehlendem Ausgleich für Arbeitsmehrwert.

[106] RdA 76 S. 7.

[107] Fürsorgetheorie S. 87.

[108] S. 86.

terisieren, sei nichts anderes als ein „Fall des ursprünglichen Anwendungsbereichs der Denkfigur der Natur der Sache“[109] und einer nach dem Grundgesetz gebotenen Betrachtung „im Lichte des allgemeinen Persönlichkeitsrechts“[110].

b) Abhängigkeit als Merkmal der Personenbezogenheit

Im Gegensatz gerade zu Ballerstedt wird jedoch im Zusammenhang mit der Personenbezogenheit überwiegend darauf verwiesen, daß der Arbeitnehmer sich mit dieser seiner Person in eine — mehr oder weniger starke — Abhängigkeit begebe, die sich nicht auf jeden Fall stets in persönlicher Weisungsgebundenheit an den Arbeitgeber selbst äußern müsse[111], vielmehr ganz allgemein als Unterwerfung unter gewisse Regelungsgewalten stärker vorhanden sei als bei anderen Schuldverhältnissen[112].

Fragt man nach den Konsequenzen, die aus der „Personenbezogenheit“ des Arbeitsverhältnisses gezogen werden, so lassen sich zwei Linien verfolgen: Farthmann[113] und Pinther[114] gehen den Weg der Deduktion: aus der Personenbezogenheit[115] ergebe sich das arbeitsrechtliche Schutzprinzip. Diesem räumt Farthmann den Rang einer Rechtsnorm ein, die er nicht nur zur Auslegung, sondern vielmehr primär zur Rechtsfindung heranziehen will. Pinther[116] kommt über die Schutzbedürftigkeit des Arbeitnehmers zu Treue- und Fürsorgepflichten. Andererseits dient die Personenbezogenheit zur näheren Kennzeichnung des Arbeitsverhältnisses als Schuldverhältnis. So geht es z. B. Siebert vorrangig darum, daß man auch mit der Vertragstheorie zu sachgerechten Ergebnissen für die „faktischen Vertragsverhältnisse“ kommt[117].

---

[109] S. 87.

[110] S. 96 f.

[111] Vgl. *Farthmann*, RdA 58 S. 338 ff. und RdA 60 S. 5 ff.; *Fabricius*, Leistungsstörungen S. 27; *Jobs*, ZfA 72 S. 305 ff., 344 unter Berufung auf *Otto v. Gierke*.

[112] So *Zöllner*, Studienbuch S. 97.

[113] RdA 60 S. 8.

[114] AuR 61 S. 229 f.

[115] Bei *Farthmann* in Verbindung mit der Natur der Arbeit als abhängige; letzteres war für ihn in RdA 58 S. 341 noch allein maßgebend.

[116] AuR 61 S. 225 ff.

[117] S. 84: „Der rechtsmethodische und rechtssystematische Wert dieser Erkenntnisse liegt darin, daß nunmehr auch vom Boden der Vertragstheorie her der Weg frei ist, um das Arbeitsverhältnis mit guten rechtsdogmatischen Gründen von denjenigen Nichtigkeits- und Anfechtungsvorschriften des BGB freizustellen, die der Eigenart dieses personenrechtlichen Dauerverhältnisses nicht entsprechen.“ Vgl. auch *Mavridis*, RdA 56 S. 445, der in der Personenbezogenheit kein spezifisches Merkmal des Arbeitsverhältnisses erkennen kann; er sieht lediglich graduell verschiedene Stufen der Verwirklichung dieses Elements durch alle Schuldverhältnisse. Auch er schließt daraus letztlich auf die rein schuldrechtliche Struktur des Arbeitsverhältnisses.

Daß Siebert, soweit es sich um den personenrechtlichen Charakter des Arbeitsverhältnisses handelt, vor allem Wert auf die Natur als Schuldverhältnis legt, erkennt man auch aus seinen anschließenden Ausführungen zur Dogmatik[118]: Fast ausschließlich leitet er seine Ergebnisse aus der Verwirklichung des Schutzprinzips her. Das „Arbeits"-Schuldverhältnis erhält also ein „Sonderattribut", das den Weg zu Lösungen — z. B. der Rückwirkungsfrage bei der Anfechtung — freimachen soll, die die Gegenmeinung aus der Eingliederungstheorie begründet. Nachdem heute Einigkeit über die Natur als Schuldverhältnis herrscht, wird dieser dem Arbeitsverhältnis eigene Charakter wieder zur Begründung besonderer Rechtsfolgen herangezogen: Zöllner[119] führt die Nebenpflichten des Arbeitgebers darauf zurück, daß der Arbeitnehmer mit der Arbeitskraft einen wesentlichen Teil seiner Person zur Verfügung stellt (und er sich mit der Eingliederung in den Betrieb in dessen Gefahrenzone begibt). Für die Lösung der Probleme der fehlerhaften Arbeitsverhältnisse wird die Personenbezogenheit nicht direkt herangezogen: Ballerstedt[120] versteht seine Ausführungen nur als Anregung für die Dogmatik, Farthmann[121] baut zunächst den „Rechtssatz" des Schutzprinzips darauf auf; auch die Lehrbücher von Söllner[122] und Zöllner[123] arbeiten nicht damit; selbst Schwerdtner, der der Bedeutung der Persönlichkeit ein ganzes Kapitel widmet[124], kommt für das fehlerhafte Arbeitsverhältnis[125] nicht darauf zurück.

c) *Kritik an der Lehre vom personenrechtlichen Charakter*

Hier liegt schließlich der Kern der Kritik, die freilich teilweise an den obigen Thesen vorbeigeht, weil sie sich allein gegen einen personen*rechtlichen* Charakter wendet[126]. Wiedemann hält dies für „dunkel" und ein unnützes Vehikel zur Begründung des Schutzgedankens. Wolf[127] wiederum leugnet, daß die These zur rechten Abgrenzung gegenüber anderen Schuldverhältnissen geeignet sei: Gegenstand des Vertrags seien nicht Sachen und Personen, sondern stets Leistungen, die immer von Personen zu erbringen seien. Denjenigen, die aus der Würde der

---

118 S. 87 ff.

119 Studienbuch S. 124; vgl. auch *Fabricius*, Leistungsstörungen S. 27; *Söllner*, Lehrbuch S. 220.

120 RdA 76 S. 1 ff.

121 RdA 60 S. 8; vgl. auch *Pinther*, AuR 61 S. 229 f.

122 S. 206 f.

123 S. 93 ff.

124 Fürsorgetheorie S. 96 ff.

125 S. 109 ff.

126 Besonders *Wiedemann*, Arbeitsverhältnis S. 36 ff.; ausdrücklich unterscheidet *Schwerdtner*, Fürsorgetheorie S. 85 ff., der nur die personen*rechtliche* Seite als „dunkel" und „Rückfall in Statusdenken" ablehnt.

127 S. 37 f.

Person argumentieren[128], wirft er vor, zu verkennen, daß diese durch alle Rechtsbeziehungen unwandelbar sei, was freilich die Argumentation geradezu auf den Kopf stellt, denn die Unwandelbarkeit der Würde des Menschen bedingt (leider) eben gerade nicht, daß sie nicht in vielerlei Beziehung Eingriffen verschiedener Stärke ausgesetzt ist.

5. Die Schutzbedürftigkeit des Arbeitnehmers

Daß der Schutzgedanke eine herausragende Stellung in der Diskussion um das Arbeitsverhältnis einnimmt und daß weiterhin kaum ein Autor, der sich mit dem Arbeitsverhältnis befaßt, es unterläßt, auf die besondere Schutzwürdigkeit des Arbeitnehmers in irgendeiner Form hinzuweisen, ist selbstverständlich. Als Beleg für die einhellige Annahme des Schutzprinzips ließe sich die gesamte Literatur und Rechtsprechung zum Arbeitsrecht anführen. Speziell zum Zweck der Gewinnung weiterer Rechtsfolden wird das Schutzprinzip sowohl aus der „personenrechtlichen Gemeinschaft" als auch aus der „Personenbezogenheit" des Arbeitsverhältnisses hergeleitet. Andere Autoren geben dem Schutzprinzip dagegen eigenständige Bedeutung.

So sieht Siebert[129] die Sozialstaatsklausel des Art. 20 GG und die Bestimmungen vieler Länderverfassungen[130] über Angemessenheit und Gleichheit von Arbeitslohn als Grundlage für einen starken Schutz des Arbeitnehmers an, der neben dem schon erwähnten personenbezogenen Charakter zum „grundsätzlichen Ausschluß anfänglicher Nichtigkeit"[131] führt. Ja, die „Entwicklung des modernen Arbeitsrechts" sei nichts anderes als die durch die Schutzbedürftigkeit des Arbeitnehmers begründete Einschränkung der Privatautonomie[132]. Für Ramm[133] erklärt sich dies zusätzlich aus der Antinomie zwischen der rechtlichen Gleichheit der Vertragsfreiheit und der „tatsächlichen Ungleichheit der Lage von Arbeitgeber und Arbeitnehmer"[134].

Indem er sich gegen eine Herleitung aus der verfassungsrechtlichen Sozialstaatsklausel wie aus Werten vom Rang des allgemeinen Persön-

---

[128] So z. B. *Schwerdtner*, Fürsorgetheorie S. 96 ff.

[129] Faktische Vertragsverhältnisse S. 84 ff.; vgl. auch *Ramm*, Anfechtung S. 31.

[130] Vgl. z. B. Art. 168 BayVerf.

[131] S. 84.

[132] So wörtlich bei *Siebert*, Faktische Vertragsverhältnisse S. 85 und *Ramm*, Anfechtung S. 30; sinngemäß *Mavridis*, RdA 56 S. 446.

[133] S. 30.

[134] Auch *Farthmann* stellt in RdA 58 S. 338 ff., 340 noch hauptsächlich auf die Schutzwürdigkeit des wirtschaftlich Schwächeren ab, während er sie in RdA 60 S. 1 ff., 8 aus der Personenbezogenheit ableitet; vgl. auch *Canaris*, BB 67 S. 167; *Zöllner*, Studienbuch S. 94.

lichkeitsrechts wendet[135], unternimmt Wiedemann den verdientsvollen Versuch, das Schutzprinzip für das gesamte Gebiet des Arbeitsrechts tatsächlich aus der Typik dieses schuldrechtlichen Vertrages heraus zu erklären. Er erweitert das Austauschverhältnis über die Leistung von Arbeit und Entgelt hinaus; wer fremdbestimmt arbeitet, stellt für lange Dauer den Wert der selbständigen wirtschaftlichen Dispositionsfreiheit zur Verfügung[136] und baut darauf seine Existenzgrundlage auf[137]. Dem entspricht ein erweiterter wirtschaftlicher Aktionsradius des Arbeitgebers[138]. Somit stellt sich der vom Arbeitgeber gewährte Schutz als „Äquivalent für die Verfügbarkeit der Arbeitskraft" dar[139].

Schließlich wehrt sich auch Mavridis[140] dagegen, die arbeitsrechtlichen Treue- und Fürsorgepflichten und damit das Schutzprinzip dogmatisch vom „normalen" Schuldrecht zu lösen. Kein qualitativer, sondern lediglich ein gradueller Unterschied bestehe zwischen der verschiedenartigen Intensität der Schutzpflichten bei den einzelnen Schuldverträgen. Überall soll die gemeinsame Grundlage das gegenseitige Vertrauensverhältnis[141] sein.

Mavridis versteht seinen Beitrag als Kritik an der Theorie vom Gemeinschaftsverhältnis; leider gibt er keinen Aufschluß darüber, welche dogmatischen Konsequenzen daraus zu ziehen wären. In gewisser Weise läßt auch Wiedemann seine These in der Schwebe, was ihm den sicher zu Unrecht erhobenen Vorwurf eingebracht hat[142], „Einbeziehung ins Austauschverhältnis" bedeute volle Anwendung der §§ 320 ff.[143]. Es geht Wiedemann wohl doch vordringlich um eine typusgerechte „Behandlung" des Arbeitsvertrages, nicht um die Schaffung

---

[135] Arbeitsverhältnis S. 16; ebenso wie gegen die Begründung aus dem Phänomen der „Abhängigkeit" S. 12 ff.

[136] S. 16 f.

[137] S. 15.

[138] S. 16.

[139] S. 16. Beachte die prinzipielle Nähe zum nicht so detailliert ausgeführten Gedanken *Ballerstedts* (RdA 76 S. 5 ff.), die Arbeitsleistung enthalte als persönliches „Opfer" des Menschen das überschießende Element der eigenen unwiderbringlichen Zeit. s. o. S. 30 f.

[140] RdA 56 S. 444 ff., 447.

[141] Alle Zitate S. 447.

[142] *Söllner*, AuR 68 S. 243.

[143] Daß Wiedemann soweit nicht gehen wollte, läßt *Söllner* aber nur indirekt aus der Art seiner Behandlung der Einzelfragen erkennen und kann im Rahmen dieser Arbeit nicht im Detail dargelegt werden. Die Kritik Söllners trifft vielmehr genau das, was *Schwerdtner* kurz darauf (Fürsorgetheorie) in der Zusammenfassung (S. 211 f.) dieses Buches für die „Kommunikation des Arbeitsrechts mit der Wirklichkeit" für unerläßlich hält: „Sogenannte freiwillige Sozialleistungen" — die von der h. M. ja aus dem Schutzprinzip abgeleitet werden — werden zu Hauptflichten. Dies erscheint wohl eher als eine petitio principii aus naheliegendem Grund, denn als richtungweisend für die Arbeitsrechtsdogmatik.

neuer Gegenleistungspflichten. Dies wird auch an seinen Überlegungen[144] zum fehlerhaften Arbeitsvertrag deutlich. Aus der Schutzbedürftigkeit und Schutzwürdigkeit des Arbeitnehmers leitet er ab, daß dieser für die Vergangenheit zu Recht auf den Besitzstand erhaltenen Lohnes vertrauen dürfe, und kommt so zu einer Derogierung von § 142[145]. Auch die übrigen Autoren verwenden das Schutzprinzip ganz überwiegend als Begründung für die Einschränkung der Anfechtungsfolgen[146]. Siebert entnimmt den oben angeführten Verfassungsbestimmungen den „Rechtsgrundsatz“: „Wer in einem Arbeitsverhältnis im Einverständnis mit dem Unternehmer Arbeit leistet, hat Anspruch auf angemessenen Lohn und sonstige angemessene Arbeitsbedingungen.“ Diese lückenlose Rechtsstellung gibt er dem Arbeitnehmer bis zur Auflösung des Rechtsverhältnisses[147].

Da allgemein anerkannt, ist der Schutzcharakter des Arbeitsvertrages keiner nennenswerten Kritik ausgesetzt. Wo sie laut wird[148], gilt sie nicht dem Prinzip als solchem, sondern vielmehr seiner methodischen Überstrapazierung zur Herbeiführung erwünschter Rechtsfolgen.

6. Das Arbeitsverhältnis als Dauerschuldverhältnis

Das Arbeitsverhältnis gehört in die Gruppe der Dauerschuldverhältnisse. So ergibt es sich fast von selbst, daß diese Eigenschaft herangezogen wird, um besondere Probleme im Arbeitsvertragsrecht zu lösen. Siebert[149] nennt den Charakter als Dauerschuldverhältnis als einen der drei maßgebenden Gesichtspunkte[150], aus dem die besondere Bestandfestigkeit folge. Hierauf führt er im wesentlichen[151] bei der Erörterung der Einzelfälle die jeweiligen Einschränkungen der Nichtigkeitsfolgen zurück. Zöllner[152] sieht hierin einen Grund (von mehreren) für die Sonderbehandlung z. B. von Leistungsstörungen und Regelungen über die Beendigung von Arbeitsverhältnissen[153]. Fabricius[154] nennt das

---

[144] S. 75 ff., 78 f.

[145] Soweit *Wiedemann* hierbei differenziert, vgl. unten S. 75 f.

[146] Vgl. z. B. *Siebert*, Faktische Vertragsverhältnisse S. 84 ff.; *Ramm*, Anfechtung S. 30; *Farthmann*, RdA 60 S. 5 ff.; *Zöllner*, Studienbuch S. 94.

[147] S. 85 f.

[148] z. B. *Schwerdtner*, Fürsorgetheorie S. 112 f.; gerade für den Fall der Anfechtung vgl. *W. Blomeyer*, AR-Blattei D. Arbeitsvertrag — Arbeitsverhältnis V, Mängel des Arbeitsvertrages.

[149] Faktische Vertragsverhältnisse S. 81 ff., 97.

[150] Die beiden übrigen Gesichtspunkte sind das „personenrechtliche Element“ und „sozialer Schutz“.

[151] S. 82 ff.

[152] Studienbuch S. 96.

[153] So auch *Staudinger / Nipperdey / Neumann* § 611 Rdz. 96.

[154] Leistungsstörungen S. 27 f. m. w. Nachw. in Fn. 66.

Dauerrechtsverhältnis im Zusammenhang mit § 242 BGB als Grundlage für die Treuepflicht des Arbeitnehmers. Unter einem etwas anderen Aspekt führt Ballerstedt[155] den Zeitfaktor ein: Er sieht in der zeitlichen Dimension gleichsam eine kontinuierliche Verstärkung des Einsatzes der eigenen Person. Im übrigen sind die Erwähnungen der Dauereigenschaft zwar überaus häufig, beschränken sich jedoch meistens auf allgemeine Hinweise[156]. Vielmehr ist sich eine weitverbreitete Kritik[157] einig, daß es sich hier allenfalls um ein Hilfsargument neben einem anderen und eigentlich tragenden handeln kann, wenn man nach Begründungen für eine Sonderbehandlung der fehlerhaften Arbeitsverhältnisse sucht, und zwar ganz unabhängig davon, ob im übrigen etwa die Eingliederungstheorie oder die Vertragstheorie, die Lehre von der personenrechtlichen Gemeinschaft oder sozialrechtliche Thesen vertreten werden.

II. Der Typus des Arbeitsvertrages

Der im vorigen Kapitel erarbeitete Überblick über die in der neueren Literatur und Rechtsprechung vertretenen Theorien zur „Rechtsnatur" des Arbeitsverhältnisses hat uns der am Anfang der Arbeit gestellten Generalfrage nach der Möglichkeit der Rechtfertigung einer Sonderbehandlung des Arbeitsverhältnisses noch nicht wesentlich näher gebracht. Denn die Bemühungen, die teilweise theoretisch aufgebauschten[158] Modelle methodisch nutzbar zu machen, sind rar[159] und, wie sich sogleich erweisen wird, in keinem der verschiedenen Ansätze auch nur annähernd befriedigend. Auf der anderen Seite erfordern es nicht erst die Grundsätze juristischer Methodenlehre, sondern allein schon die Gesetze der Logik, daß eine von den allgemeinen Regeln

---

[155] RdA 76 S. 1 ff.

[156] So z. B. ohne weiterführenden Aspekt *Wolf*, Arbeitsverhältnis S. 97 ff.; auch *Schwerdtner*, Fürsorgetheorie S. 212 bemüht nach vorhergehender Kritik (S. 112 f.) das Dauerrechtsverhältnis nur schlagwortartig. Auch *Beitzke*, Nichtigkeit, dient das Dauerrechtsverhältnis hauptsächlich als Klammer für die Thematik und steht so nur unausgesprochen hinter seinen Ausführungen (insbesondere S. 28 ff.).

[157] So *Ramm*, Anfechtung S. 17 f.; *Schwerdtner*, Fürsorgetheorie S. 112; *Hueck*, Lehrbuch S. 132; *Nikisch*, Faktische Vertragsverhältnisse S. 95.

[158] Dazu zählt nicht nur die in den dreißiger Jahren vertretene, heute völlig überholte übertriebene Gemeinschaftstheorie (Nachweise s. o. unter I. 1.). Daß z. B. auch *Hueck* seine Theorie vom Arbeitsverhältnis zu weit angelegt hat, macht er selbst (Lehrbuch S. 130 f.) deutlich, indem er eine ganze Reihe „negative" Merkmale hinzufügt. Vgl. auch die Kritik, dargestellt unter I. 3. d), die ihrerseits viel zu dem Eindruck der Aufblähung beigetragen hat.

[159] Sieht man von der zu allgemeinen, schlagwortartigen Ableitung von „spezifischen Treue- und Fürsorgepflichten" ab.

abweichende „Behandlung“ der fehlerhaften Arbeitsverhältnisse nur an die Besonderheiten dieses Schuldverhältnisses anknüpfen kann[160].

Dabei muß hier noch dahinstehen, ob eine generelle Anknüpfung an die abstrakte Rechtsnatur des Vertragsverhältnisses — als des Arbeitsverhältnisses schlechthin — möglich ist. Dies würde zu einer Anspruchsnorm führen, die etwa lauten könnte: In *allen* Fällen der Nichtigkeit eines Arbeitsvertrages erhält der Arbeitnehmer für geleistete Dienste X als Vergütung. Es besteht nämlich auch die Möglichkeit, eine *individuell* formulierte Anspruchsgrundlage zu finden. Dies könnte dann der Fall sein, wenn sich die Rechtsnatur des Arbeitsvertrages nicht als starres Gebilde immer der gleichen Elemente erweist, sondern es sich zeigen sollte, daß die Struktur jedes konkreten Arbeitsvertrages sich nach dem unterschiedlichen Grad der Verwirklichung bestimmter Merkmale jeweils anders darstellt.

Der Anknüpfung an die Besonderheit des Schuldverhältnisses können sich übrigens auch diejenigen Autoren nicht entziehen, die für eine Rückabwicklung „allein“ mit den Mitteln des Bereicherungsrechts eintreten[161]; denn angesichts der gegenteiligen Lösungsvorschläge ist dies heute auch nicht mehr ohne Begründung möglich, und außerdem wendet letztlich keiner der betreffenden Autoren das Bereicherungsrecht unmodifiziert an[162].

So ist, was Mayer-Maly[163] sagt, gleichzeitig richtig und zu eng: Der bloße *Hinweis* auf die Eigenart des Arbeitsverhältnisses allein ist zur Rechtsfolgenermittlung untauglich[164], weil er — positiv betrachtet — keine Anspruchsgrundlage neben dem BGB zu schaffen vermag und — negativ betrachtet — auch nicht im BGB vorgesehene Rechtsfolgen zunichte machen kann. Andererseits führen die „neueren gesetzgeberischen Wertungen“ isoliert auch nicht weiter, sondern sind eben nur Hilfsmittel zur typologischen Beschreibung der „Eigenart“ des Arbeitsverhältnisses[165]. Bevor also über die Gangbarkeit irgendeines Lösungsweges entschieden werden kann, sind zunächst die oben erwähnten „Besonderheiten“ des Arbeitsvertrages zu ermitteln.

---

[160] So geht auch *Nikisch*, Faktische Vertragsverhältnisse S. 95 vor; der Gedanke klingt ferner an bei *Fabricius*, Leistungsstörungen S. 3.

[161] *Beuthien*, RdA 69 S. 161 ff.; *Lieb*, Ehegattenmitarbeit S. 86 ff.

[162] *Beuthien* S. 173 modifiziert das Bereicherungsrecht nach dem Vertragstyp.

[163] JZ 61 S. 205 ff., 207. Ähnlich von anderem Ansatz her *Schwerdtner*, Fürsorgetheorie S. 112 f.

[164] So geht aber z. B. *Dersch*, RdA 58 S. 441 vor, dessen Ausführungen auch im übrigen weitgehend überholt sind.

[165] *Mayer-Maly* geht auf diese Fragen nicht näher ein. Dabei ist allerdings zu beachten, daß der Aufsatz die Kodifikationsproblematik zum Thema hat (dazu o. Fn. 9).

1. Die Typologie des Arbeitsverhältnisses

Die erste begriffliche Unklarheit ist dabei gleich zu Beginn auszuräumen: Bei der Frage nämlich, wo eigentlich die Rechtsnatur des Arbeitsvertrages einzuordnen ist, wurde bisher kaum erkannt[166], daß man sich hier auf dem Gebiet der Lehre vom Typus befindet, daß es mit anderen Worten um nichts anderes geht als um die *Erfassung der Typusstruktur* des Arbeitsvertrages[167]. Dies mag zunächst als selbstverständlich und unbedeutend erscheinen. Es wird sich aber erweisen, daß mit Hilfe der Lehre vom Typus aus vielen vagen Äußerungen zur Rechtsnatur des Arbeitsverhältnisses klare Aussagen werden, die zur Lösung der Probleme der fehlerhaften Arbeitsverhältnisse beitragen können.

a) Grundsätze der Typus-Lehre

Zur Typusstruktur unseres Vertragsrechts sind einige grundsätzliche Bemerkungen vorauszuschicken. Leenen[168] hat überzeugend nachgewiesen, daß die Schuldverträge des BGB „an Typen orientierte Regelungen“[169] und keine begrifflichen Bestimmungen darstellen[170]. Grundsätzlich liegt der Unterschied von Typus und Begriff darin, daß die den Typus „kennzeichnenden Züge ... wenigstens zum Teil ... in unterschiedlichen Stärkegraden auftreten und bis zu einem gewissen Grade sich wechselseitig vertreten können“[171].

Maßgeblich ist aber stets der *normative* Typus, also der *im Recht* vorfindbare, nicht der dem Gesetzgeber als Regelungsgegenstand die-

---

[166] Vgl. aber *Löwisch / Rödig*, RdA 70 S. 55 ff., 56 (linke Spalte oben); *Zöllner*, Studienbuch S. 97 spricht im Zusammenhang mit dem Unterordnungscharakter des Arbeitsvertrags von „typusbildender Realität“.

[167] Unbekannt ist die Typusstruktur des Schuldrechts und seine Bedeutung für die Methodik offensichtlich *Ernst Wolf*. In der modernen Lehre vom Arbeitsverhältnis sieht er (Arbeitsverhältnis S. 71 ff.) nur eine Fortsetzung nationalsozialistischer Leerformeln (von „germanische Rasse“ bis „Vertrauensschutz“ und „konkretisieren“, S. 77 Fn. 383) durch ebenso leere Formeln (von „Menschenwürde“ bis „soziales Schutzprinzip“, S. 77 Fn. 384). Dies scheint doch wissenschaftlicher Klarheit zu entbehren. *Wolf* selbst kehrt dann (S. 79 ff.) zu begrifflich-schematischem Denken zurück; er *definiert* den *Begriff* des Schuldverhältnisses, dann den engeren des Dienstverhältnisses, und schließlich kommt er für den engsten Begriff des Arbeitsverhältnisses zu der Definition (S. 98), es sei „ein Gattungsdienstverhältnis, das zu seiner Beendigung eines Beendigungstatbestandes bedarf“. Der Wert solch angestrengter Abstraktion erscheint doch eher fraglich.

[168] Typus.

[169] S. 133.

[170] Vgl. auch *Larenz*, Methodenlehre S. 188 ff.; hier, wie bei *Leenen*, weitere Nachweise zum Diskussionsstand. Vgl. ferner *Larenz*, Schuldrecht II S. 1 ff.; *Herschel*, Festschrift für Kunze S. 225 ff., 236 f.

[171] *Larenz*, Methodenlehre S. 289.

nende empirische, soziale Lebenstypus[172]. Normativer und empirischer Typus sind nun zwar zwei methodisch klar zu unterscheidende Größen; dennoch stehen sie nicht beziehungslos nebeneinander. Auch abgesehen vom Eingriff des Gesetzgebers ist der normative Typus in der Zeit wandelbar[173] und zwar gerade durch das „Hereinbrechen" des empirischen Typus in den normativen Bereich, soweit er die dem Gesetz unausgesprochen zugrunde liegenden Wertungen zu beeinflussen vermag[174]. In welchem Umfang das möglich und zulässig ist, ist eine der schwierigsten Fragen der Typuslehre; schließlich geht es dabei um einen Teilaspekt der Rechtsfortbildungsproblematik. Dies spricht jedoch nicht gegen die Typuslehre als methodologisches Instrument: Sie allein vermag das Phänomen überhaupt zu erfassen[175]. Weiterhin ist, wie bereits angeklungen, der Typus eines Schuldvertrages selbstverständlich ebenso durch den Eingriff des Gesetzgebers wandelbar. Eine inhaltliche Änderung, Ausdehnung oder Einschränkung der in der Gesamtbetrachtung[176] maßgeblichen Normen hat stets auch Auswirkungen auf den Vertragstyp.

Die Typen des besonderen Vertragsrechts sind aber nicht in dem Sinne „geschlossene Typen"[177], daß nun allein der jeweiligen Einleitungsnorm, in unserem Falle also dem § 611 BGB, der entsprechende Typus zu entnehmen wäre; einzubeziehen sind vielmehr auch die jeweils nachfolgenden Regelungen. Für ein Rechtsverhältnis wie den Arbeitsvertrag, der einer großen Anzahl von Normen außerhalb des BGB

---

[172] *Leenen,* Typus S. 179; *Larenz,* Methodenlehre S. 200 ff.; *H. J. Wolff,* Stud. Gen. 52 S. 195 ff., 200. Diese Unterscheidung wird bei der sog. soziologischen Argumentation regelmäßig beachtet.

[173] *Leenen,* Typus S. 179.

[174] *Leenen,* ebd.; *Larenz,* Methodenlehre S. 200 ff.

[175] Vgl. die auf juristischem Gebiet kaum verwendbare Schrift von *Grimmer* über die Normativität des Faktischen. Der Unterschied zwischen normativem und empirischem Typus wird allgemein zu oft verkannt und damit der Eindruck erweckt, auf *beiden* ließe sich mit gleicher Stringenz die Argumentation aufbauen; vgl. die unscharfe Formulierung in RGZ 106, 272. Auch *Löwisch / Rödig,* RdA 70 S. 55 ff., 56 (linke Spalte) vermengen in der Kritik an *Wiedemanns* Strukturelementen ihrerseits normativen und empirischen Typus (ohne daß diese ausdrücklich erwähnt würden). Im übrigen kann hier nur aus einem Teilaspekt ein Schlaglicht auf eine der kompliziertesten Fragen der Rechtstheorie geworfen werden. Zum Umfang der Problematik vgl. etwa die Kontroverse zwischen *Simitis,* Faktische Vertragsverhältnisse S. 43 ff. und *Ballerstedt,* AcP 157 S. 117 ff., 123 ff., 126 in der Besprechung des Buches von *Simitis.*

[176] Zur Typengewinnung durch Gesamtbetrachtung vgl. *Leenen,* Typus S. 177 ff.

[177] *Leenen,* Typus S. 170 f. Vgl. auch die Darstellung zur Gesellschaft von *Koller,* Grundfragen S. 146 f., 152, der ebenfalls eine umfassende Gesamtbetrachtung vornimmt. Auch *Leenen* (S. 180) wählt als ein Beispiel der Gesamtbetrachtung § 618 BGB und schließt daraus gesteigerte Fürsorgepflichten des Arbeitgebers.

neben diesem selbst unterworfen ist, bedeutet dies die Berücksichtigung des gesamten Regelungskomplexes bei der Typusfindung.

b) Typus und „typische Interessenlage"

Der Typus eines Schuldvertrages läßt sich aber noch unter einem ganz anderen Gesichtspunkt als dem (üblicherweise verwendeten) Aspekt der Hauptleistungspflichten konkretisieren: Dieser soll hier als die *typische Interessenlage* bezeichnet werden und ist, soweit ersichtlich, in diesem Zusammenhang bisher kaum nutzbar gemacht worden[178]. Zweifelsohne u. a. auch in Abhängigkeit von der Art der Hauptleistungen offenbaren sich in jedem Schuldvertrag die Interessen der beteiligten Parteien in jeweils ganz typischer Weise. Ebenso, wie anerkannt ist, daß sich Typenreihen[179] von entgeltlichen zu unentgeltlichen Verträgen, vom Kauf zur Miete und zur Schenkung, vom Dienst- zum Werkvertrag bilden lassen, läßt sich auch eine Typenreihe der jeweiligen Interessenlagen bilden. So stehen sich beim Wohnungsmietvertrag die Interessen des Mieters an gesichertem Lebensraum und die des Vermieters an langfristiger Erhaltung des Immobilieneigentums gegenüber. Bei der Schenkung werden die Interessen von einer vertrauensvollen persönlichen Beziehung bestimmt[180].

Die Beispiele mögen genügen, um eine allgemeine Feststellung zu stützen: In jeder Vertragsart herrscht eine für sie spezifische und sie konstituierende Interessenlage vor[181]. Nach Umfang und Kompliziertheit ihrer Struktur kann sie sich ganz verschieden darstellen. Die Struktur des ersten Beispiels (Wohnungsmiete) ist relativ interessen-

---

178 Der Gedanke klingt gelegentlich an, ohne selbständig für die Rechtsfindung nutzbar gemacht zu werden; so in unserem Zusammenhang z. B. bei *Hueck*, Treuegedanke S. 12. — Auch *Canaris*, Vertrauenshaftung S. 481 f. deutet in anderem Zusamenhang an, daß jeder Eintritt in die „Sonderbeziehung" eines schuldrechtlichen Vertrages eine Interessenexponierung bedeutet. Der Begriff darf freilich terminologisch wie inhaltlich nicht mit dem historischen Gut der Interessenjurisprudenz belastet werden. Vgl. auch die Behandlung bei *Charmatz*, Vertragstypen S. 348 ff.

179 Zur Typenreihe allgemein vgl. *Larenz*, Methodenlehre S. 454 ff.

180 Das kommt z. B. zum Ausdruck in den §§ 519, 521 - 523, 528, 530, 534 BGB.

181 Wenn *Charmatz*, Vertragstypen S. 348, meint, nur in den Regelungen des Dienst- und Mietvertrages sei über den mutmaßlichen Parteiwillen hinaus vom Gesetzgeber eine Interessenwertung vorgenommen worden, so ist dem entgegenzuhalten, daß eben nicht nur — wie *Charmatz* meint — der „Parteiwille" typisch ist (und nicht alles in ihn hineininterpretiert werden kann), sondern auch die jeweilige objektive Interessenlage. Dies kommt bei allen Schuldverträgen des BGB zum Ausdruck. Die Aufforderung von *Charmatz* (S. 357) *an den Gesetzgeber*, das Schuldrecht entsprechend den „im Rechtsverkehr vorkommenden Interessenlagen" zu ändern, geht also ins Leere. Mit dieser Betrachtung reduziert er die Bedeutung des normativen Typus auf reine Hauptpflichten.

vielschichtig. Das wird deutlich im Vergleich mit dem zweiten Beispiel (Schenkung) und noch deutlicher im Vergleich mit dem Kaufvertrag. Das Kaufrecht zeichnet sich geradezu durch ein Minimum an „eingebrachten Interessen“ aus: Der Austausch von Ware gegen Geld ist einer der einfachsten Vorgänge im Rechts- und Wirtschaftsleben; den Parteien liegt an einem angemessenen Äquivalent von Ware und Preis — was aber im wesentlichen ihrem eigenen Verhandlungsgeschick obliegt — und im übrigen an reibungsloser Erfüllung der Hauptleistungspflichten. Dies alles ist in Geld wägbar; Störungen im Vertragsgefüge sind durch Zahlung von Schadensersatz oder Wegfall eines Anspruchs relativ leicht auszugleichen. Bereits bei einem Sukzessivlieferungsvertrag wird die Interessenlage dagegen wieder komplizierter[182].

c) Die typische Interessenlage beim Arbeitsverhältnis

Auch die typische Interessenlage ist in einer Gesamtschau zu ermitteln: Unter Berücksichtigung der Art der Hauptleistungen, den Umständen ihrer Erbringung und allen den Arbeitsvertrag betreffenden Regelungen, wobei selbstverständlich nicht alle einzeln auf einen etwaigen Gehalt an spezifischen Interessen untersucht werden können.

Die „typische Interessenlage“ im Arbeitsvertrag zu untersuchen, bedeutet nun nichts anderes, als zu ermitteln, was und wieviel die typischen Vertragspartner aus ihrem eigenen Rechtskreis in diesen Vertrag investieren[183]. Das heißt konkret, es geht um die Bedeutung, die der Vertrag für die wirtschaftliche und/oder persönliche Existenz der beiden typischen Parteien hat. Daß nur der Blick auf die Interessen *beider* Parteien die wahre Interessenlage erkennen läßt, ist zwar eine Selbstverständlichkeit, ist aber dennoch in unserem Zusammenhang der Betonung wert, da sich gerade die Arbeitsrechtswissenschaft oft zu einseitig mit der Stellung des Arbeitnehmers beschäftigt[184]. Daß dabei viele Argumente aufgegriffen werden können, die herkömmlich zur „Rechtsnatur“ des Arbeitsvertrages vorgebracht werden, ist selbstverständlich: Es geht ja gerade darum, aufzuzeigen, daß hier eigentlich die typische Interessenlage beschrieben werden muß.

---

182 Eine in die gleiche Richtung zielende Andeutung findet sich bei *Wilburg*, AcP 163 S. 346 ff., 373.

183 *Canaris*, Vertrauenshaftung S. 481 Fn. 36 spricht insofern, wie bereits erwähnt, von „freiwilliger Interessenexponierung“. Anders als es aber wohl *Canaris* versteht, steht die folgende Betrachtung unter dem ausschließlichen Blickwinkel der Typusstruktur. Der Gedanke klingt auch bei *Schwerdtner*, Fürsorgetheorie S. 113 an, der die Problematik des fehlerhaften Arbeitsvertrags allerdings im Rahmen seiner weitgreifenden Untersuchung viel zu pauschal und zu wenig präzise erörtert.

184 Das ist zwar die problematischere Fragestellung, aber nicht die einzige.

Unhaltbar ist dabei zunächst die These, das Arbeitsverhältnis stelle ein *Gemeinschaftsverhältnis* dar, und zwar gleichgültig, ob es daneben noch als „personenrechtlich" bezeichnet wird. Da es um die Erfassung des normativen Typus geht, sind alle Versuche, die „Gemeinschaftsidee" aus dem soziologischen Begriff der Gemeinschaft zu begründen wie sie daraus zu widerlegen[185], von vornherein zum Scheitern verurteilt[186]. Ganz abgesehen davon haben aber die oben[187] genannten Autoren recht, wenn sie keine Verwirklichung dieses Gemeinschaftsbegriffs im Arbeitsverhältnis finden.

Unergiebig ist in diesem Zusammenhang auch die um Treue- und Fürsorgepflichten kreisende Argumentation[188]: Diese bestehen natürlich zweifelsohne, gründen sich aber nicht auf eine „Gemeinschaft" zwischen Arbeitgeber und Arbeitnehmer[189], sondern — unter typologischen Gesichtspunkten, speziell dem der Schutzbedürftigkeit des Arbeitnehmers — auf der die Existenzgrundlage berührenden Bedeutung des Arbeitsvertrages einerseits[190] und andererseits auf den technischen Gegebenheiten am Arbeitsplatz. Umgekehrt führen die Treue- und Fürsorgepflichten aber auch zwischen Arbeitgeber und Arbeitnehmer nicht eine Gemeinschaft herbei, die qualitative Unterschiede zu jeder „normalen" Vertragsgemeinschaft aufweist.

Damit ist aber die Theorie vom „Treueband" endgültig für die juristische Argumentation unbrauchbar geworden. Sie stellt in viel zu starkem Maße auf das persönliche Verhältnis zwischen zwei Vertrags*partnern* ab und entfernt sich dabei vom Vertrag selbst, indem sie ihn mit moralischen Werten befrachtet. Dieses Relikt arbeitsrechtlicher Dogmengeschichte sollte auch im Interesse der Einheitlichkeit unseres Schuldrechts aus der Argumentation endgültig verschwinden[191]. Selbst

---

[185] Nachweise s. o. Fn. 76 f.

[186] Es wird hier noch einmal deutlich, daß allein die auf einer Eingliederung basierende Theorie besonders von *Nikisch* folgerichtig mit dem Gemeinschaftsgedanken arbeiten konnte und daß er diese nicht hätte überleben dürfen.

[187] Fn. 71 ff.

[188] Vgl. statt aller *Hueck*, Lehrbuch S. 131.

[189] So wurden sie aber in der Tradition der Lehre vor 1945 und der Eingliederungstheorie verstanden, und zwar auch von den Kritikern. Wie hier *Larenz*, Schuldrecht II S. 243 f.

[190] Unter dogmatischen Gesichtspunkten dagegen ergeben sie sich — jedenfalls für den fehlerhaften Vertrag — aus dem sog. gesetzlichen Schutzpflichtverhältnis.

[191] Ebenso insbesondere *Fabricius*, Leistungsstörungen S. 27 f.; vgl. i. Ergebnis ebenso, freilich in ganz anderem Zusammenhang, *Wiedemann*, Arbeitsverhältnis S. 30. Tatsächlich besteht in den letzten Jahren eine deutliche Tendenz hin zur gesetzesnahen, emotionslosen Betrachtung. Für die Diskussion um die „Rechtsnatur des Arbeitsvertrages" vgl. nur die Darstellung in den neuesten Lehrbüchern von *Söllner* (S. 208 ff.) und *Zöllner* (S. 93 ff.), auch *Ballerstedt*, RdA 76 S. 1 ff. Sozialphilosophische Argumenta-

Wiedemann[192] mißt dem Gemeinschaftscharakter noch eine zu bedeutende Rolle zu, obwohl seine Auseinandersetzung damit sicher die bislang fundierteste ist[193]. Wenn Wiedemann aber von „Bindung als geistiger Wertentscheidung“[194] spricht und im Wege einer „Institutionalisierung der Generalklausel“[195] von den die Gemeinschaft seiner Meinung nach charakterisierenden Treuepflichten zu Rechtssätzen zu gelangen meint, so läßt sich hieraus letztlich eben doch nicht mehr als die in *jedem* Vertrag übliche Bindung herleiten. Soweit schließlich im Sinne einer typologischen Abstufung quantitative Unterschiede der vertraglichen Bindung bei den verschiedenen Vertragstypen des Schuldrechts bestehen, sind sie nicht von konstitutiver Bedeutung, sondern folgen, wie für den Arbeitsvertrag sogleich nachzuweisen ist, aus anderen Merkmalen.

Konstituierend für die Interessenlage im Arbeitsverhältnis sind vier Elemente:

(1) Der Arbeitsvertrag ist dasjenige Vertragsverhältnis, durch das regelmäßig die wirtschaftliche *Existenzgrundlage* spezifisch des Arbeitnehmers begründet wird. Dies wird heute sicher niemand ernsthaft bestreiten wollen, dennoch steht dieser Gesichtspunkt erstaunlich selten im Vordergrund. So baut Ramm[196] seine Lösung der Anfechtungsfälle gerade auf dem Gedanken auf, daß es in unserer Rechtsordnung Mindestarbeitsbedingungen gebe, die das Existenzminimum sicherten, jenseits derer erst der Bereich der Privatautonomie beginne[197]. Mit Einschränkung läßt sich Nikisch anführen, der die wirtschaftliche und soziale Bedeutung des Arbeitsverhältnisses für die Beteiligten so hoch ansetzt, daß er daraus dessen Bestehen trotz Nichtigkeit des Vertrages

---

tion — sei es in der Form des deutschrechtlichen Treuevertrages oder in Form der These vom ausgebeuteten Arbeitnehmer — sollte endlich auch ausdrücklich durch eine emotionslose Betrachtungsweise abgelöst werden.

192 Arbeitsverhältnis S. 25 ff.

193 Seine Kritiker schießen oft weit über das Ziel hinaus, so insbesondere *Wolf*, Arbeitsverhältnis S. 33 ff., der die Schrift *Wiedemanns* so weit in Einzelteile zerlegt, daß der Gedankengang tatsächlich verloren geht. Aber auch *Löwisch / Rödig*, RdA 70 S. 55 ff. und *Söllner*, AuR 68 S. 242 ff. gehen wohl zu weit; wo sie ihm „soziologisieren“ vorwerfen, steht typologisches Denken hinter der Argumentation *Wiedemanns* (was er allerdings — und das ist die Schwäche — nicht deutlich macht). Hier zeigt sich im übrigen erneut, wie kompliziert das Verhältnis von normativem und empirischem Typus zueinander ist, ohne daß im Rahmen dieser Arbeit näher darauf eingegangen werden könnte.

194 S. 34.

195 S. 28.

196 Anfechtung S. 33 ff.

197 Woraus er (S. 38 f.) schließt, daß generell auch nur dieser Bereich der Privatautonomie von der rückwirkenden Nichtigkeit erfaßt werden könne. Eine Betonung der Existenzgrundlage findet sich auch bei *von Craushaar*, Vertrauen S. 75 ff., und S. 91 ff.

folgert[198]. Auch Canaris weist darauf hin, daß sich der „Lebenszuschnitt des Arbeitnehmers maßgeblich und dauerhaft“ nach dem Arbeitsverhältnis richtet[199]. Vergleicht man die geringe Zahl dieser Stimmen mit dem Umfang, den die Diskussion um das sog. personenrechtliche Gemeinschaftsverhältnis angenommen hat, so ist das erstaunlich.

Ramm hingegen zieht den Gedanken des Existenzschutzes zu einer nicht vertretbaren Lösung heran. Aus den Bestimmungen einiger Länderverfassungen[200], dem Gesetz über Mindestarbeitsbedingungen sowie Regelungen z. B. des Pfändungsschutzes[201] leitet er ein die Privatautonomie einschränkendes Prinzip her, das zu einer Zweiteilung jedes Arbeitsvertrages führt: In den der Gestaltung der Parteien entzogenen Teil der „Mindestbedingungen“ und den der freien Vereinbarung unterliegenden Rest[202]. Eine Anfechtung nach § 119 BGB soll nun ausschließlich den zweiten Teil ex tunc erfassen, während die Anfechtung nach § 123 BGB auch den Teil der Mindestbedingungen rückwirkend zerstören soll[203]. Dabei bleibt zunächst unklar, wie sich dieses Prinzip bei anderen Nichtigkeitsgründen auswirken soll. Vor allem aber führt es zu einer dem Schuldrecht völlig fremden Aufspaltung jedes Rechtsgeschäfts. Denn unter die „Mindestbedingungen“ fallen offensichtlich die durch zwingendes Recht vorbestimmten „Vertragsteile“, d. h. alle Bestimmungen, die ohne oder trotz entgegenstehender Parteivereinbarung auf den Vertrag Anwendung finden — Anwendung finden aber selbstverständlich nur dann, wenn die Parteien einen wirksamen Vertrag tatsächlich auch geschlossen haben. Diese Hürde überwindet Ramm nur durch ein reines Postulat. Er übersieht, daß seine Theorie keine Abgrenzung gegenüber anderen Vertragstypen vorsieht, also eigentlich zu einer Aufspaltung aller Verträge führen müßte. Das aber wäre ein systemfremder und gemessen am bezweckten Erfolg unmäßig einschneidender Eingriff in das Vertragsrecht.

Betrachtet man zunächst allein die eine Vertragspartei, nämlich den Arbeitnehmer, so treffen wir hier im Grunde auf eine bare Selbstverständlichkeit: Der Mensch verdient sich seinen Lebensunterhalt durch Arbeit und daher resultiert dieses Element primär aus der Art der *Leistung*. Wer sich in einem Arbeitsvertrag zur Arbeit verpflichtet, tut

---

198 *Nikisch*, Faktische Vertragsverhältnisse S. 79 ff., 96.

199 Vertrauenshaftung S. 386 (i. Zusammenhang m. d. Vertrauenshaftung kraft Erwirkung).

200 Anfechtung S. 30 ff.

201 S. 36.

202 S. 38 ff.; *Ramm* gliedert die erste Gruppe danach weiter in das Grundarbeitsverhältnis, das vom „sozialen Grundrecht auf das Existenzminimum“ (S. 39) getragen und dem einfachen Gesetzgeber unzugänglich sein soll, und die sonstigen zwingenden Normen, die „der Ausgleichung der bestehenden sozialen Ungleichheiten“ (S. 39) dienen.

203 S. 38.

dies nicht als selbständiger Unternehmer, sondern „für" einen Arbeitgeber. Damit gründet auf diesem Vertrag aber seine gesamte wirtschaftliche Existenz (ebenso wie ein Großteil der Umstände seines Privatlebens, man denke z. B. an die Wahl des Wohnorts, die Planung langfristiger Anschaffungen etc.). Der Arbeitsvertrag ist der Vertragstyp im Schuldrecht, bei dem diese Bedeutung als Existenzgrundlage am stärksten verwirklicht ist: Ein Arbeitnehmer geht in der Regel nur *einen* solchen Vertrag ein, von dem dann seine *ganze* Existenz abhängt. Dies gilt schon nicht mehr im gleichen Maße z. B. von einem Rechtsanwalt oder Arzt oder einem selbständigen Handwerker, die zwar auch durch ihren Beruf ihre wirtschaftliche Existenzgrundlage schaffen; dies geschieht jedoch durch den Abschluß und die Durchführung einer großen Vielzahl von Dienst- bzw. Werkverträgen, die einzeln folglich nur eine eingeschränkte Bedeutung für die Existenzgrundlage haben.

Vielen Bestimmungen unserer Rechtsordnung liegt dieser Gedanke der Sicherung der Existenzgrundlage auch durchaus zugrunde. Nicht nur die von Ramm[204] zitierten Verfassungsnormen deuten darauf hin; der gesamte Komplex des Kündigungsschutzes ist weitgehend eine Verwirklichung der existenziellen persönlichen und wirtschaftlichen Interessen des Arbeitnehmers. Die gegenüber dem allgemeinen Dienstvertrag verlängerten Kündigungsfristen für Arbeitsverhältnisse (§§ 621 f. BGB) sprechen ebenso dafür wie die unterschiedliche Regelung der außerordentlichen Kündigung in § 626 und § 627. Neben vielen sozial- und gesellschaftspolitischen Zielen dient auch das geltende System der Arbeitslosenversicherung dem Gedanken der Sicherung der Existenzgrundlage durch Arbeitsvertrag. Indem es an ein nicht mehr bestehendes Arbeitsverhältnis anknüpft, sichert es dem Arbeitnehmer über dessen Dauer hinaus die wirtschaftliche Lebensgrundlage.

Es muß schließlich noch hinzugefügt werden, daß durchaus nicht nur die Interessen der wirtschaftlichen Existenz des *Arbeitnehmers*, sondern auch die des *Arbeitgebers* exponiert sind, wenngleich natürlich ein außerordentlich großer gradueller Unterschied besteht. Die wirtschaftliche Existenz des Arbeitgebers hängt letztlich genauso vom Ergebnis der — nicht von ihm selbst, sondern gerade von den Arbeitnehmern — geleisteten Arbeit ab. Was den einzelnen Arbeitsvertrag betrifft, ist dies allerdings abgeschwächt: Dieses Interesse des Arbeitgebers manifestiert sich *nur in der Gesamtheit* aller von ihm eingegangenen Verträge. Daß seine Verwirklichung vom einzelnen Vertrag weniger abhängig ist, liegt vornehmlich an der prinzipiellen Austauschbarkeit von Arbeitskräften. Daß auch einmal das Gegenteil der Fall sein kann, wird dann deutlich, wenn man an hochqualifizierte Fach-

[204] Anfechtung S. 33.

oder Führungskräfte oder Arbeitnehmer mit besonders schwer ersetzbaren Erfahrungen oder an die Zeiten eines leergefegten Arbeitsmarktes denkt[205]. Zusammenfassend kann gesagt werden, daß im Arbeitsvertrag als erstes charakteristisches Element die Interessen der persönlichen und wirtschaftlichen Existenzgrundlage beider Parteien in gegenüber anderen Verträgen typisch starker Weise hervortreten. Dies ergibt sich aus der Natur der Leistung und spiegelt sich in einer Reihe von Vorschriften des geltenden Rechts. In der Regel ist die wirtschaftliche Existenz des Arbeitnehmers essentiell betroffen, während die des Arbeitgebers nur in Ausnahmefällen wesentlich von einem speziellen Arbeitsvertrag berührt wird.

(2) Das zweite wesentliche Charakteristikum des Arbeitsvertrages liegt darin, daß der Arbeitnehmer in einem Maße seine ganze *Person* einsetzt wie das bei keinem anderen Schuldvertrag der Fall ist. Es handelt sich hierbei um ein Merkmal, das nur beim Arbeitnehmer gegeben ist, und es folgt wiederum unmittelbar aus der Art der Leistung ,die er zu erbringen hat. Es geht hier aber nicht darum, ob im Arbeitsverhältnis eine Person Objekt des Vertrages ist, wo sonst dieses Objekt regelmäßig eine Sache bildet. Arbeitskraft und „eigene“ Zeit sind nun einmal die persönlichsten Güter, die jemand zur Bewirkung einer Leistung einsetzen kann[206]. Im Gegensatz dazu stehen also nicht die sogenannten „sachbezogenen Verträge“, sondern diejenigen, bei denen die Vertragsparteien ihr *Vermögen* einsetzen, um die Leistung zu erbringen. Freilich muß der Verpflichtete auch hier selbst „etwas tun“. Daß der Unterschied zwischen der „Bewegung“ von eigenen Vermögensgegenständen und dem Einsatz der eigenen Person kein bloß gradueller ist, sollte jedoch unmittelbar einleuchten[207].

Graduelle Unterschiede gibt es freilich auf einer anderen Ebene: Geht es beim Kaufvertrag ausschließlich um die Verfügung über Vermögen, so ergibt sich z. B. bei Auftrag und Werkvertrag bereits eine Gemengelage, der Arbeitsvertrag schließlich ist rein personenbezogen[208].

Zuletzt ist noch zu erwähnen, daß diese Personenbezogenheit nicht gleichzusetzen ist mit „persönlicher Abhängigkeit“. Sie ist vielmehr

---

[205] Ob ein Arbeitgeber juristische oder natürliche Person ist, ist entgegen den zum Gemeinschaftsverhältnis vorgebrachten Einwänden (s. o. unter I. 3. d) völlig gleichgültig: Es geht ja nur um die Interessen des Vertrags*partners*. Hier werden aber juristische und natürliche Personen selbstverständlich gleich behandelt.

[206] So auch *Ballerstedt*, JZ 53 S. 390 ff.; *ders.*, RdA 76 S. 1 ff.; *Zöllner*, Studienbuch S. 96; *Schwerdtner*, Fürsorgetheorie S. 86 ff.

[207] Das verkennt *Wolf*, Arbeitsverhältnis S. 37 f.; richtig *Larenz*, Schuldrecht II S. 243 f.

[208] Zur Problematik des Verhältnisses Dienst-/Arbeitsvertrag s. u. bei und in Fn. 217.

zunächst völlig wertfrei und soll nur den vergleichsweise hohen Einsatz des Arbeitnehmers umschreiben. Dem ist zweifelsohne gebührend Rechnung zu tragen[209], jedenfalls aber nicht mit dem vereinfachenden Zirkelschluß, Personenbezogenheit führe zu Abhängigkeit, diese sei auszumerzen und das Arbeitsverhältnis daher nicht als personenbezogenes anzusehen.

Dem hohen Einsatz auf Seiten des Arbeitnehmers wird etwa im Urlaubsrecht Rechnung getragen. Dem Arbeitnehmer wird freie Zeit gewährleistet, in der er sich persönlich erholen kann. Der oben herausgestellte Unterschied wird hier besonders deutlich: Nur wer unter Einsatz seiner Person leistet, benötigt hierfür eine „leistungsfreie" Zeit, Vertragserfüllung durch Einastz des Vermögens (man denke z. B. an Vermieter, Dauerlieferanten, stille Gesellschafter u. a.) erfordert nicht ständige Verfügbarkeit der Person.

Konstituieren nach dem Gesagten *Existenzgrundlage* und *Personenbezogenheit* (um beide Phänomene in Schlagwörter zu fassen) die Interessenlage im Arbeitsverhältnis, so zeigt sich, daß bei weitem mehr und essentiellere Interessen auf Seiten des Arbeitnehmers im Spiel sind. Ließ sich eine gewisse Bedeutung des Arbeitsverhältnisses für die Existenzgrundlage des Arbeitgebers noch nachweisen, so war dies im zweiten Punkt der Personenbezogenheit überhaupt nicht mehr der Fall. Die sich aus dem Einsatz der Person ergebende Interessensituation berührt allein den Arbeitnehmer. Diese Einseitigkeit verlangt schon unter dem allgemeinen Gerechtigkeitspostulat nach einem Ausgleich[210], wie er bei anderen Schuldverhältnissen gar nicht zur Diskussion steht. Dieser Ausgleich findet eine seiner Ausprägungen in der Schutzbedürftigkeit des Arbeitnehmers.

(3) Somit wird die *Schutzbedürftigkeit* des Arbeitnehmers zum dritten wesentlichen Element des Arbeitsvertrages. Wenn Ramm und Siebert[211] das Schutzprinzip aus der Sozialstaatsklausel und anderen Verfassungsbestimmungen herleiten, wenn es Wiedemann[212] in das Austauschverhältnis einbeziehen will, so verbirgt sich dahinter — aber eben unausgesprochen — derselbe Gedankengang: In den beiden oben genannten Punkten ist die Interessenlage im Arbeitsvertrag nicht im Gleichgewicht, und deshalb muß die Rechtsordnung für einen Ausgleich sorgen.

---

[209] Vgl. *Schwerdtner*, Fürsorgetheorie S. 71 (starke Betonung der Unabhängigkeit und Unfreiheit).

[210] Dieser „Ausgleich" liegt aber jetzt immer noch auf der Ebene der Typuslehre, wie aus dem folgenden klar wird. Hiermit ist *nicht* gemeint, daß bereits irgendwelche Ansprüche begründet werden könnten.

[211] *Ramm*, Anfechtung S 30 ff.; *Siebert*, Faktische Vertragsverhältnisse S. 84 ff.

[212] *Wiedemann*, Arbeitsverhältnis S 15 ff.

Ein Ausfluß der Schutzbedürftigkeit des Arbeitnehmers sind unzählige Vorschriften des geltenden Arbeitsrechts. Keineswegs sind in diesem Zusammenhang darunter ausschließlich die sogenannten Schutzpflichten zu verstehen. Interessenausgleich im obigen Sinne gewähren etwa die Bestimmungen des BUrlG, Regelungen über betriebliche Altersversorgung, das Kündigungsschutzecht einschließlich der diesbezüglichen Regelungen des BetrVG und schließlich das gesamte Tarifvertragsrecht.

(4) Ist damit die typische Interessenlage inhaltlich in ihren wesentlichen Teilen umrissen, so wird ihre Ausgestaltung doch von einem weiteren Merkmal noch in erheblichem Maße bestimmt. Das Arbeitsverhältnis ist — wie einige andere Verträge auch, so z. B. die Gesellschaft — ein *Dauerschuldverhältnis*. Es ist auf eine bestimmte Frist, meist auf unbeschränkte Dauer angelegt. Für die typische Interessenlage bedeutet dies eine Erstreckung in zeitlicher Dimension: Der Zeitfaktor bestimmt wesentlich, in welcher Stärke die oben aufgeführten Elemente die Interessenlage bilden. So ist die Bedeutung des Arbeitsverhältnisses als Existenzgrundlage für den Arbeitnehmer relativ gering, zumindest nur vorübergehend wichtig, wenn er nur ein auf kurze Zeit befristetes Arbeitsverhältnis eingeht (oder bereits kurz nach Beginn eines längerfristigen Vertrages die Interessenlage untersucht werden muß), sie kann außerordentliches Ausmaß annehmen nach jahrzehntelanger Dauer, bei Alter oder Gebrechlichkeit des Arbeitnehmers etc. Hier ist übrigens in gleicher Weise ein starker Einfluß des Zeitfaktors auch auf Seiten des Arbeitgebers zu verzeichnen: Der besonders erfahrene oder hochqualifizierte Arbeitnehmer wird für die wirtschaftliche Existenz des Arbeitgebers mit zunehmender Dauer des Vertrages ebenso wesentlicher wie unersetzlicher. Auch für das zweite Element, den Einsatz der Person des Arbeitnehmers, läßt sich eine solche Abhängigkeit von der intendierten oder abgelaufenen Dauer des Vertrages feststellen.

Im Grunde ist dies nichts als die Ausprägung eines ganz selbstverständlichen, völlig allgemeinen und von juristischer Lehre unabhängigen Satzes, daß nämlich Zustände sich durch Zeitablauf verfestigen. So erklärt sich auch die Zurückhaltung und relative Unbeholfenheit im Umgang mit der „Natur des Arbeitsverhältnisses als Dauerschuldverhältnis", die oben sichtbar geworden ist[213]. Denn die Dauer eines Vertrages ist in unserem Zusammenhang kein primär bestimmender Faktor, vielmehr wirkt sie nur sekundär auf die Elemente ein, die im eigentlichen Sinne die Interessenlage ausmachen. Daraus folgt aber zugleich, daß sie gänzlich ungeeignet ist, selbständig bestimmte Rechts-

[213] s. o. S. 36 f.

folgen zu rechtfertigen. Und so haben die Kritiker der Betonung des „Dauercharakters" im Ergebnis recht, wenn sie sagen, dieser sei „zu allgemein", um zur Rechtsfindung herangezogen werden zu können, nur daß es präziser heißen müßte: Er ist seiner Natur nach überhaupt nicht dazu geeignet.

Die Bedeutung des Zeitfaktors im Arbeitsverhältnis leitet zugleich über zum zweiten wesentlichen Abschnitt dieses Kapitels. Es mag aufgefallen sein, daß lediglich seine Auswirkungen auf die Elemente der typischen Interessenlage erwähnt wurden. Selbstverständlich ändert sich mit Zeitablauf aber nicht nur die Bedeutung des Vertrages für die Existenzgrundlage und den persönlichen Einsatz des Arbeitnehmers, sondern die Parteien richten sich auch in vielen sonstigen Entscheidungen immer wieder und oft in verstärktem Maße auf dieses Vertragsverhältnis ein. Dies geht aber über die typische Interessenlage hinaus.

2. Die individuelle Vertrauenssituation beim Arbeitsverhältnis

Im vorigen Kapitel wurden die Typusmerkmale der Interessenlage im Arbeitsvertrag ermittelt und damit dasjenige herausgestellt, was gemeinhin ohne nähere Einordnung die „Rechtsnatur" des Arbeitsvertrags genannt wird. Dabei wurden — ohne jegliches rechtsfortbildendes Anliegen — die Typusmerkmale an Hand der geltenden Rechtsordnung gewonnen. Es hat sich auch gezeigt, daß Typusmerkmale nicht in jedem individuellen Fall gleich stark ausgeprägt sein müssen. Damit besteht noch ein Spielraum für die Betrachtung des jeweiligen Einzelfalles, der noch zu untersuchen ist; zum zweiten blieben bisher auch die Lebensumstände im Umkreis des Vertrages außer Betracht. Es handelt sich dabei um *Umstände im Umfeld des Vertrages,* die nicht rechtlich mit diesem verknüpft sein müssen, deren Vorliegen insbesondere nur jeweils am individuellen Fall überprüft werden kann, die aber wiederum „typischerweise" (das Wort im allgemeinen Sprachgebrauch verwendet) häufig beim Arbeitsverhältnis anzutreffen sind.

Daraus, daß der Arbeitsvertrag die Existenzgrundlage des Arbeitnehmers bildet und daß er obendrein noch auf Dauer angelegt ist, folgt geradezu zwingend, daß dieser Vertrag für den Arbeitnehmer eine Entscheidungsgrundlage für eine Vielzahl von *Dispositionen* bildet, die seine übrigen Lebensumstände bestimmen. Er richtet sich also in besonders starkem Maß auf diesen Arbeitsvertrag ein, um so stärker, je länger das Arbeitsverhältnis anhält und je zahlreicher die im Hinblick darauf getroffenen Entscheidungen sind. Einige Beispiele: Ein Arbeitnehmer verlegt nach einem Arbeitsplatzwechsel seinen Familienwohnsitz; er beschließt auf Grund eines langfristigen Vertrages einen Hausbau; er nimmt in Erwartung gleichbleibenden Lohnes Kredite auf; er beschränkt seine private Altersversorgung auf den Betrag, den er über eine Betriebsrente hinaus erhalten möchte, etc.

Es ergibt sich weiterhin eine *wirtschaftliche und soziale Überlegenheit* des Arbeitgebers daraus, daß seine Existenzgrundlage weit weniger von dem Vertrag abhängt als die des Arbeitnehmers, daß der Arbeitnehmer mit dem Einsatz seiner Person den Vertrag erfüllt und daß ganz allgemein er in der Regel der geschäftlich und organisatorisch weniger erfahrene und gewandte Vertragspartner ist. Es ist dabei besser, hier von Unterlegenheit denn von Abhängigkeit zu sprechen[214]; es geht ja, wie bereits betont, nicht um das rein persönliche Verhältnis von Arbeitgeber zu Arbeitnehmer, sondern um das Verhältnis zweier Parteien eines *Vertrages*[215].

Diese Überlegenheit des Arbeitgebers äußert sich z. B. darin, daß er eher in der Lage und verpflichtet ist, einen fehlerfreien Vertrag mit dem Arbeitnehmer abzuschließen, gesetzliche, vertragliche oder freiwillige Leistungen richtig zu gewähren etc., und sich der Arbeitnehmer seinerseits auf diese Richtigkeit weitgehend verlassen wird.

Umgekehrt läßt der Arbeitgeber seinem Arbeitnehmer nicht selten einen sehr weiten *Spielraum* zur Erfüllung seiner Aufgaben, man denke nur an Arbeitnehmer im Außendienst, solche mit freier Entscheidungsbefugnis, großem Verhandlungsspielraum etc. Er muß sich darauf verlassen können, daß der Arbeitnehmer die angegebenen oder erlernten Fähigkeiten besitzt und richtig einsetzt, ihm anvertraute Sachen sorgfältig bewahrt, ihm unerläßliche persönliche Angaben richtig macht (z. B. einschlägige Vorstrafen, Krankheit, Schwangerschaft, Schwerbehinderteneigenschaft, ausländische Staatsbürgerschaft, wo sie nicht erkennbar ist), etc.

All diese Merkmale, die nur exemplarisch aufgezählt sein sollen, lassen sich im weitesten Sinn unter einem Gesichtspunkt zusammenfassen: Es geht darum, was jede konkrete Vertragspartei im einzelnen Vertrag an *Vertrauen* in die Gegenseite investiert. Im Gegensatz zur typisierenden Betrachtung oben läßt sich das nur individuell für jede Vertragssituation gesondert feststellen. Wenn oben dargelegt wurde, daß gerade im Arbeitsverhältnis typischerweise viele und besonders wesentliche Interessen der Parteien (mit Übergewicht auf der Seite des Arbeitnehmers) betroffen sind, sind auch bei der individuellen Betrach-

---

[214] Wie das in der Regel geschieht. Nachweise s. o. Fn. 111.

[215] Wenig einleuchtend daher die Formulierung in LAG Berlin, AuR 77 S. 188, wo einerseits eine „über die normale Bindung des Bürgerlichen Rechts" hinausgehende „persönliche Abhängigkeit" bejaht wird, die aber andererseits nicht „mit Weisungsgebundenheit (!) oder wirtschaftlicher Abhängigkeit" (?) gleichzusetzen sei.

tung viele Umstände gegeben, an die sich besonderes Vertrauen anknüpft, wiederum überwiegend auf Seiten des Arbeitnehmers.

Wir haben schon bei der Erörterung der typischen Interessenlage gesehen, daß diese zwar beim Arbeitsvertrag ganz besonders intensiv ausgeprägt und vielschichtig strukturiert ist, daß es sich dabei jedoch keineswegs um eine Sondererscheinung des Arbeitsrechts handelt, vielmehr sich auch hier eine Typenreihe bilden läßt, die keine schroffen Gegensätze kennt, sondern fließende Übergänge. Das gleiche Bild zeigt sich nun aber auch im zweiten Abschnitt: Vertrauensinvestitionen und darauf beruhende Dispositionen der Parteien über die bloße Vertragserfüllung hinaus sind ebenso wenig auf Arbeitsverhältnisse beschränkt, sondern sie treten hier wiederum nur sehr häufig auf. Das in den jeweils anderen Vertragspartner investierte Vertrauen ist regelmäßig beim Arbeitsverhältnis besonders stark ausgeprägt.

Auffallend oft finden sich die gemeinsamen Gegebenheiten einer existentiellen Bedeutung des Vertrages und einer langen Dauer des Vertragszustandes. Daß es hierauf aufbauend in unserer Rechtsordnung ein durchgängiges Institut der Vertrauenshaftung gibt, kann seit der Schrift von Canaris[216] nicht mehr ernsthaft bestritten werden.

Aus diesen allgemeinen Erwägungen ergeben sich bereits hier zwei Konsequenzen:

1. Eine definitorische Trennung von Arbeits- und Dienstvertrag wird für die Lösung der Probleme des fehlerhaften Vertrages überflüssig sein, soweit eine Unterscheidung nicht *zugleich* aus anderen Gründen geboten ist[217].
2. Es wird zu prüfen sein, ob diese Probleme nicht — zumindest auch — mit Hilfe der Vertrauenshaftung gelöst werden können.

---

[216] Vertrauenshaftung insbesondere S. 266 ff.

[217] *Flume*, A. T. § 30, 8 behandelt wie selbstverständlich Arbeits- u. Dienstvertrag gemeinsam. *Lieb*, Ehegattenmitarbeit S. 82 in Fn. 65 kritisiert die besonders vom BAG postulierte Trennung von Arbeitsvertrag und Dienstvertrag. *Canaris*, den *Lieb* dort auch hinsichtlich der ausschließlichen Behandlung von Arbeitsverhältnissen kritisiert, stellt in Vertrauenshaftung S. 449 Fn. 55 ausdrücklich den Zusammenhang zwischen beiden Verträgen heraus. Vgl. auch *Bydlinski*, Festschrift für Wilburg S. 45 ff., 50. Vgl. auch BGH 65, 190 ff., wo das Gericht die Verwirklichung der Typusmerkmale auch für einen Dienstvertrag eines Vorstandsmitgliedes bejaht.

2. TEIL

Lösungswege in Rechtsprechung und Literatur für die Probleme der fehlerhaften Arbeitsverträge

Einleitung

Das Grundproblem, das sich bei fehlerhaften Arbeitsverträgen stellt, sei noch einmal in Erinnerung gerufen: Da nichtige Verträge nach allgemeiner Regel keine vertraglichen Ansprüche nach sich ziehen können, geht es um die Frage, ob und unter welchen Voraussetzungen hier dennoch Anspruchsgrundlagen gefunden werden können. Grundfrage ist dabei diejenige nach einer Anspruchsgrundlage auf Lohn und Arbeit, die oft auch in der umgekehrten Form auftritt: Ob und inwieweit nämlich ein Anspruch auf Rückgewähr besteht. Daneben steht das Problem der Geltung sonstiger Pflichten, insbesondere sogenannter Schutzpflichten zur Debatte.

Methodischer Anknüpfungspunkt ist nach dem oben Gesagten die im Arbeitsverhältnis vorherrschende besondere Interessenlage und die Ausprägung der jeweiligen Vertrauenssituation[1]. Das heißt aber nicht, daß der Hinweis auf die so umschriebene „Rechtsnatur" des Arbeitsverhältnisses bereits eine mögliche Anspruchsgrundlage ersetzen könnte. Es bleibt also im Folgenden zu untersuchen, ob unsere Rechtsordnung entsprechende *Anspruchsgrundlagen* zur Verfügung stellt.

Überblickt man die bisherigen Lösungsversuche, so ergeben sich unter methodischen Gesichtspunkten vier verschiedene Ansätze:

1. Man erweitert die Rechtsgeschäftslehre um einen *Entstehungstatbestand* für Verträge, der nicht auf der Willenseinigung der Parteien sondern auf anderen Merkmalen beruht. Diesen Weg gehen die Vertreter der Lehre vom faktischen Vertrag sowie diejenigen, die „vertragliche" Ansprüche direkt aus soziologischen Beobachtungen ableiten.
2. Es gibt zweitens die Möglichkeit, innerhalb der Regelungen über Geltung oder Nichtigkeit von Rechtsgeschäften Änderungen vorzunehmen. Hierunter fällt einerseits die Einschränkung von Nichtigkeits*gründen* qua restriktiver Auslegung der Tatbestandsmerkmale

[1] Vgl. dazu *Larenz*, Methodenlehre S. 410 unter b) a. E.

in Einzelfällen; weiterhin die Beschneidung der Nichtigkeits*folgen* trotz Bejahung des Nichtigkeitsgrundes und schließlich die Aufrechterhaltung der die Anspruchsgrundlagen bietenden Teile des Vertrages über eine Umkehrung des § 139 BGB.

3. Da die Frage nach *Ausgleichsansprüchen* einen Hauptteil der Problematik ausmacht, kann man auch — unter Anerkennung der Nichtigkeit des Vertrages — diese selbst durch modifizierende Auslegung so gestalten, daß die Lösung im Ergebnis der Situation bei Bestehen vertraglicher Ansprüche ähnlich ist. Dies ist der methodische Ansatzpunkt derjenigen Autoren, die eine Lösung mit Hilfe modifizierter Bereicherungsansprüche befürworten.

4. Schließlich bleibt noch die Frage einer vom Vertragsrecht unabhängigen Anspruchsgrundlage zu erörtern, die inhaltlich auf das gleiche Interesse gerichtet ist wie der vertragliche Anspruch. Ein solcher Anspruch wurde in der Lehre unter Heranziehung von § 612 BGB konstruiert.

I. Rechtsgeschäftliche Ansätze

1. Die Lehre von den sogenannten „faktischen Verträgen"

Diese Lehre stellt sich bewußt außerhalb der Rechtsgeschäftslehre des BGB, indem sie die Wirkungen eines „normalen" Vertragsschlusses an Voraussetzungen aus dem rein tatsächlichen Bereich anknüpft. Sie reicht in ihrem Ursprung auf dem Gebiet des Arbeitsrechts bis in die 20er und 30er Jahre zurück[2]. Nach jahrzehntelanger Diskussion kann sie heute — ebenso wie der parallel geführte Streit um Vertrags- oder Eingliederungstheorie — als widerlegt und damit überholt gelten. Hier seien daher nur die wesentlichen Grundzüge dieser Theorie und ihrer Widerlegung aufgezeigt[3].

a) Nikisch

Nikisch ist der herausragende Vertreter der sog. „Eingliederungstheorie"[4]. Sie beruht auf einer strikten Trennung von Arbeitsvertrag und Arbeitsverhältnis. Nur ersterer ist Rechtsgeschäft. Letzteres wird durch die Einstellung begründet, das heißt die Aufnahme der Arbeit durch den Arbeitnehmer. Sie wird zwar auch auf einen Willensakt der

---

[2] s. o. S. 21.

[3] Eine ausführliche Darstellung und Auseinandersetzung findet sich z. B. bei: *Hueck*, RdA 55 S. 323 ff.; *ders.*, Lehrbuch S. 114 ff. = § 21; *Siebert*, Faktische Vertragsverhältnisse S. 73 ff.; vgl. auch alle Beiträge zur Zivilrechtslehrertagung 1957, z. B. *Habscheid*, AcP 157 S. 100 ff.; *Esser*, AcP 157 S. 86 ff.; *Lehmann*, NJW 58 S. 1 ff.; *Bötticher*, RdA 55 S. 321 ff.

[4] Arbeitsrecht 2. Aufl. S. 158 ff., 172 ff. (zu den Unterschieden zur 1. Aufl. vgl. *Hueck* wie in Fn. 3); Festschrift für Dölle S. 79 ff.

Parteien zurückgeführt, dieser ist aber rein tatsächlicher Natur und unterliegt nicht den bürgerlichrechtlichen Regeln über Rechtsgeschäfte[5]. Damit kann das Arbeitsverhältnis aber auch nie nichtig sein, es wird von der Nichtigkeit des Arbeitsvertrages nur insoweit erfaßt, als damit die Pflicht zur Einstellung entfällt: Das Arbeitsverhältnis wird aufhebbar, nicht rückwirkend beseitigt.

b) Haupt

Radikaler noch als Nikisch baut Haupt[6] seine Theorie vom „faktischen Vertrag" auf. Sein berühmt gewordener Satz: „das Leben selbst ordnet zu"[7] steht als Schlagwort über seiner These. In der Aufnahme der Arbeit und dem gleichzeitigen Eintritt in ein Gemeinschaftsverhältnis sieht er einen dem Vertrag in Rang und Wirkungen gleichgestellten Entstehungstatbestand für das Arbeitsverhältnis. Selbstverständlich steht diese Zuordnung „durch das Leben" dann über den kodifizierten Anfechtungs- und Nichtigkeitsgründen[8]. Das faktische Arbeitsverhältnis „gilt" ebenso wie ein auf anderem Wege (sprich: rechtsgeschäftlicher Vertragsschluß) zustandegekommenes Vertragsverhältnis.

c) Simitis

Am entschiedensten vertritt Simitis[9] die These, daß dem „Tatsächlichen" der eigentliche Vorrang bei der Findung von Rechtsregeln gebühre: Die Vertragsverhältnisse des BGB stellen eine „Erstarrungsform"[10] dar, die den Wandel ihrer sozialen Funktionen nicht mitvollzogen hat. Die Rechtsordnung siedelt den Vertrag noch in der „Individualsphäre" des bloßen Willens der Parteien an, während das Vertragsverhältnis in Wahrheit als ein Prozeß verstanden werden muß, der auf Verwirklichung in der gesellschaftlichen Wirklichkeit ausgerichtet ist. Simitis bezeichnet dies als die „Rückwirkung der Sozialsphäre"[11]; Geltungsgrund der Vertragsverhältnisse ist infolge der zwei Momente der „Vermassung" und der „Verdinglichung"[12] nicht mehr der individuelle Wille, sondern die „Würdigung und Interpretation des Gewollten innerhalb der Sozialsphäre"[13]. Alle bisherigen Versuche dogmatischer

[5] Nachweise über sonstige Vertreter vgl. bei *Hueck*, RdA 55 S. 324.

[6] Faktische Vertragsverhältnisse.

[7] S. 28.

[8] S. 19 ff.

[9] Faktische Vertragsverhältnisse.

[10] S. 52 f.

[11] S. 71 ff.

[12] S. 86 f.; 266.

[13] S. 93.

Lösung der Probleme der faktischen Vertragsverhältnisse lehnt er ab[14], da sie darauf beharren, diese als kranke Ausnahmefälle zu betrachten[15]. Diese Problematik beruhe allein „auf dem durch die Verdinglichung der Arbeitskraft ausgelösten Selbsterhaltungsprozeß der Gesellschaft“[16]. In Wahrheit ist das Primat des Arbeitsvertrages abzulösen durch das Primat der Arbeit[17], der Sachverhalt soll „unter dem Gesichtspunkt seiner soziologischen Typik betrachtet und daraus der Leitfaden für die Erkenntnis der anzuwendenden Rechtsregel gewonnen werden“[18]. Damit wird der faktische Vertrag vom Ausnahmefall zum Regelfall, ja zum Musterbeispiel des allein in der Sozialsphäre angesiedelten Rechtsverhältnisses. Im übrigen kommt Simitis zu der gleichen Feststellung wie auch Nikisch und Haupt: „das Arbeitsverhältnis kann auf zweifache Art und Weise entstehen, durch Vertrag und, wenn ein solcher nicht gegeben sein sollte, durch die geleistete Arbeit“. Beide unterliegen in jeder Hinsicht der gesetzlichen Regelung[19].

d) Die Rolle der Rechtsprechung

Die Rechtsprechung ist den Theorien zum faktischen Arbeitsverhältnis nur scheinbar gefolgt. Das RAG stand bis zuletzt auf dem Standpunkt der Vertragstheorie[20]. Das BAG hat sich nie mit den in der Literatur vertretenen Ansichten — sei es Vertragstheorie, sei es Eingliederungstheorie, sei es Lehre vom faktischen Vertrag — wahrhaft auseinandergesetzt. Die später immer wieder als grundlegend zitierte Entscheidung BAG 5, 58 ff. nennt ohne Erwähnung der faktischen Verträge das Hueck'sche Lehrbuch (in der 1. Auflage!) als Beleg der neueren Arbeitsrechtslehre und der „heute durchaus überwiegenden Meinung“. In gleicher Weise formuliert die Entscheidung BAG 9, 1 ff., 6. In anderen Entscheidungen wiederum erweckt das Gericht den Eindruck, als würde es sich der Lehre von den faktischen Verträgen anschließen[21], bei näherem Hinsehen kann auch diese Formulierung nur als Umschreibung des eigenen, diese Lehre keineswegs übernehmenden Lösungsweges des BAG verstanden werden. Unter gleichzeitiger Berufung auf

---

[14] S. 95.

[15] S. 389.

[16] S. 270, 379.

[17] S. 389.

[18] So mit den Worten von *Ballerstedt*, AcP 157 S. 117 ff., 125 f. Vgl. dort auch eine eingehende Darstellung und Kritik der oben kurz zusammengefaßten theoretischen Grundlagen der Schrift von *Simitis*, insbesondere zu dessen Darstellung des Verhältnisses von Recht und Wirklichkeit.

[19] S. 394.

[20] z. B. RAG 36, 385; 40, 221; 45, 152.

[21] z. B. BAG 9, 147 ff., 153; BAG 15, 17 ff., 22.

Siebert und (!) Simitis[22], auf BAG 5, 58 die Lehrbücher von Hueck und Nikisch[23] kommt das Gericht zum Ergebnis der lediglich ex nunc wirkenden Nichtigkeit im Wege der Beschränkung der Nichtigkeitsfolge[24].

e) Kritik

Die Kritik dieser verschiedenen Thesen zu den faktischen Vertragsverhältnissen kann man sehr kurz zusammenfassen: Sie lassen sich im geltenden Recht nicht einordnen. Die Privatrechtsordnung kennt nur den Vertragsschluß kraft rechtsgeschäftlich relevanten Willens, die Anknüpfung vertraglicher Rechtsfolgen an ein „Faktum“ widerspricht den Grundwertungen der Rechtsgeschäftslehre und kann ihr deshalb auch nicht im Wege der Rechtsfortbildung eingegliedert werden[25].

Dies muß allerdings im Hinblick auf die Ansicht von Simitis ergänzt werden, denn gegen sie bestehen vor allem gravierende methodische Einwände. Läßt man einmal die Frage unbeantwortet, ob der von ihm festgestellte Wandel der sozialen Funktion und besonders die Verdinglichung und Vermassung tatsächlich gegeben sind, als Grundlage für die Rechtsfindung sind sie jedenfalls nicht geeignet. Ballerstedt[26] wirft

---

[22] So BAG 15, 17 ff., 22.

[23] So implizit BAG 9, 147 ff., 153; auch BAG AP 1 zu § 611 BGB (faktisches Arbeitsverhältnis) im Rahmen der Frage, ob zur Auflösung eine Kündigung erforderlich ist.

[24] Interessanterweise findet sich das gleiche Phänomen in der Rechtsprechung des BGH zur fehlerhaften Gesellschaft, mit dem Unterschied, daß dieses Gericht zwischenzeitlich die Terminologie geändert hat; es spricht seit BGH LM Nr. 19 zu § 105 HGB nicht mehr von faktischer sondern von fehlerhafter Gesellschaft (so neuerdings auch *Flume*, AT S. 15 ff.). Das BAG dagegen spricht auch heute noch (vgl. BAG NJW 76 S. 1958) vom faktischen Arbeitsvertrag.

[25] So sinngemäß alle Kritiker, z. B. *Hueck*, RdA 55 S. 323 ff.; *Esser*, AcP 157 S. 86 ff.; *Flume*, AT § 8, 3; *Siebert*, Faktische Vertragsverhältnisse S. 77 f.; *Brox*, Einschränkung S. 215 ff.; *Lehmann*, NJW 58 S. 1 ff.; *Wiedemann*, Arbeitsverhältnis S. 5 u. S. 75; *Richardi*, ZfA 5 S. 12; *Farthmann*, RdA 58 S. 339; *Larenz*, Anm. zu BAG AP 1 § 119 BGB passim; *Beuthien*, RdA 69 S. 161; *Sack*, RdA 75 S. 171 f., der behauptet, die h. M. arbeite heute noch mit der Konstruktion des faktischen Arbeitsvertrages. In Wahrheit besteht aber heute noch eine große Begriffsverwirrung. Nur die soeben dargestellte Lehre kann als solche vom *faktischen* Arbeitsvertrag verstanden werden. Insbesondere das BAG gebraucht den Begriff seit je bedenkenlos, ohne sich dieser Lehre anzuschließen. Falsch ist es auch, wenn *Lieb* (Ehegattenmitarbeit S. 109 Fn. 125) *Canaris* vorwirft, er strebe eine Lösung mit Hilfe der Lehre vom faktischen Arbeitsvertrag an. Letzterer hat diesen Irrtum freilich durch die Überschrift des Aufsatzes (BB 67 S. 165 ff.) nahegelegt. Inhaltlich sucht er einen außerrechtsgeschäftlichen Ersatzanspruch, der wie §§ 812 ff. auf der Ebene der Ausgleichsordnung steht. Vgl. weiter *Zöllner*, Studienbuch S. 94 f.; *Lieb*, Arbeitsrecht S. 12; *Medicus*, Bürgerliches Recht § 10 I; *Schaub*, Handbuch S. 124; völlig unklar in der Terminologie und Darstellung *Söllner*, Arbeitsrecht § 3 I und § 28 II.

[26] AcP 157 S. 117 ff., 120 ff.

ihm zu Recht vor, das Verhältnis von Recht und Wirklichkeit nicht richtig erfaßt zu haben. Der Schluß von einer — wenn auch mit juristischen Begriffen eingekleideten — soziologischen Beobachtung auf eine Rechtsfolge ist eben logisch wie juristisch unhaltbar[27]. So spricht Simitis zwar[28] davon, man müsse jeweils die gegebene Interessenlage eingehend würdigen, kommt aber über die etwas simple These nicht hinaus, daß „der Ausgangspunkt aller Betrachtungen die Arbeit" als Existenzgrundlage sei, nicht der Wille. So begründet er die Nichtanwendung der Anfechtungsregeln, prüft aber andererseits unter derselben Prämisse die Anwendung anderer gesetzlicher Nichtigkeitsgründe wie § 138 nach dem jeweiligen Normzweck, obwohl doch an sich die Arbeit als solche schon Entstehungstatbestand für das Arbeitsverhältnis sein soll. Simitis mag es hauptsächlich um die Darstellung des von ihm so genannten Wandels der sozialen Funktion der Rechtsverhältnisse gegangen sein[29], und die faktischen Vertragsverhältnisse nur als praktischer Ansatzpunkt gedient haben. Seine Lösungsvorschläge sind jedenfalls unbefriedigend und in sich nicht schlüssig.

Somit erweist sich die Lehre von den faktischen Arbeitsverhältnissen insgesamt als nicht brauchbar zur Lösung der anstehenden Probleme. Sie ist systematisch und methodisch nicht haltbar; daß sie im einzelnen immer wieder zu Ergebnissen führt, die tragbar erscheinen, kann diesen Mangel nicht ausgleichen und braucht daher nicht näher erörtert zu werden.

2. Änderung der Regelungen über die Nichtigkeit von Verträgen

Ein zweiter Weg zur Lösung der Probleme der fehlerhaften Arbeitsverhältnisse führt über einen direkten Eingriff in die Vorschriften, die die Nichtigkeit von Rechtsgeschäften regeln. Meist im Wege restriktiver oder korrigierender *Auslegung* kommt man dazu, insbesondere den Lohnanspruch des Arbeitnehmers zu bejahen. Anknüpfungspunkt ist dabei in der Regel die besondere „Rechtsnatur des Arbeitsverhältnisses", mag sie auch unterschiedlich beurteilt werden. Es ist vielleicht übertrieben, diese Methode als die der herrschenden Meinung zu bezeichnen (denn bei näherem Zusehen ist das Thema dafür nach wie vor zu kontrovers), auf jeden Fall ist sie die am häufigsten und insbesondere die von der Rechtsprechung fast ausschließlich angewandte. Dabei sind drei Wege denkbar: Es besteht die Möglichkeit, gesetzliche Nichtigkeitsgründe durch restriktive Auslegung einzuengen und damit die Anzahl der nichtigen Arbeitsverträge einzuschränken. Zum anderen

[27] So auch *Habscheid, Esser* (soeben Fn. 25); vgl. eingehend *Larenz,* Methodenlehre S. 174 f.; kritisch auch *Küchenhoff,* RdA 58 S. 121 ff.

[28] S. 390 bis 408.

[29] S. 5.

kann man die Automatik „Nichtigkeitsgrund — Rechtsfolge der Nichtigkeit“ aufbrechen und diese Rechtsfolge für den Bereich des Arbeitsrechts ganz oder zum Teil ausschließen. Drittens kann durch eine Umkehrung des § 139 erreicht werden, daß die Teile eines Arbeitsvertrages, die die Anspruchsgrundlage tragen, aufrechterhalten werden.

a) Einengung von Nichtigkeitsgründen

aa) Wir müssen hier unterscheiden zwischen Einschränkungen von Nichtigkeitsgründen, die sich im Zuge der allgemeinen — auch arbeitsrechtlichen — Entwicklung der Dogmatik zu einer bestimmten Vorschrift ergeben und solchen, die spezifisch unter dem Gesichtspunkt des fehlerhaften Arbeitsvertrages vorgenommen werden. Ein besonders klares Beispiel für die erste Gruppe bilden die Fälle, in denen das Anfechtungsrecht nach § 123 BGB durch Konkretisierung der Offenbarungspflicht bzw. durch die Unterscheidung zwischen zulässigen und unzulässigen Fragen eingegrenzt wird[30].

Zu Recht trennt das BAG in den genannten Entscheidungen eindeutig zwischen der Frage, ob tatsächlich ein Anfechtungsgrund gegeben ist (d. h. der Frage nach der Offenbarungspflicht), und dem Problem, welche Wirkungen eine zulässige Anfechtung haben kann. Es handelt sich bei der Offenbarungspflicht und den sog. zulässigen Fragen tatsächlich um ein ganz normales Problem der Auslegung der „arglistigen Täuschung“ bezüglich des Verschweigens von Tatsachen. Die Frage, ob der Arbeitsvertrag fehlerhaft ist, ist grundsätzlich verschieden von der nach der Behandlung des als fehlerhaft erkannten Vertrages. Nur letztere kann Gegenstand der vorliegenden Arbeit sein.

Diese Unterscheidung wird nicht überall mit der gleichen Präzision durchgeführt wie bei § 123 BGB[31]. Besonders deutlich wird dies im Rahmen des § 138. Grundsätzlich gilt auch hier die Regel, die Frage nach dem „ob“ der Sittenwidrigkeit der allgemeinen Dogmatik zu überlassen. So ist etwa der Streit um die Einbeziehung subjektiver Elemente in die Voraussetzungen[32] ohne Rücksichtnahme auf die Folge eines fehlerhaften Vertrages zu entscheiden. Entgegen einem möglichen ersten Anschein läßt sich auch die Rechtsprechung bei der Entschei-

---

[30] Speziell zum Arbeitsvertrag vgl. BAG 5, 159 ff., 163 f. (Vorstrafen) m. w. Nachw. zu älteren Entscheidungen; BAG 11, 270 (Schwangerschaft); BAG, BB 70 S. 803.

[31] Vgl. *Palandt / Heinrichs,* § 123 Anm. 2 c; *Falkenberg,* BB 70 S. 1041; *Wiedemann,* Arbeitsverhältnis S. 77 hat insofern Unrecht, als er behauptet, daß heute von keiner Seite mehr gefordert würde, die Gründe für die Unwirksamkeit einzuschränken, es stehe allein die daran anknüpfende Rechtsfolge zur Debatte.

[32] Vgl. dazu *Larenz,* AT S. 392; *ders.,* JurJb. 7 S. 98 ff.; *Mayer-Maly,* Das Bewußtsein der Sittenwidrigkeit, 1971; *Flume,* AT § 18, 3.

dung, ob ein Vertrag sittenwidrig ist oder nicht, nicht indirekt vom Ergebnis beeinflussen und zu einer Reduzierung des Merkmals „Sittenwidrigkeit" verleiten. Selbst in der sehr zweifelhaften Begründung des Urteils BAG AP 18 zu § 611 BGB (fakt. Arbeitsverh.) (Striptease) geht das Gericht von der Hypothese der Sittenwidrigkeit des Arbeitsvertrages aus[33]. Es arbeitet also nicht mit einer Einschränkung des Nichtigkeitsgrundes „Sittenwidrigkeit", sondern versucht, zu einer Reduzierung der Nichtigkeitsfolgen zu gelangen, indem es vorgebliche graduelle Unterschiede in der Sittenwidrigkeit zum Maßstab für die unterschiedlichen Rechtsfolgen erhebt. Dieses Vorgehen aber soll erst im nächsten Abschnitt erörtert werden.

bb) Dagegen versucht nun Sack[34], unmittelbar durch eine einschränkende Interpretation des § 138 in Anlehnung an die Formulierung des § 134 zu einer detaillierten Rechtsfolgenbestimmung für den fehlerhaften Arbeitsvertrag zu gelangen. Seine These baut auf zwei Grundgedanken auf: Zum einen lasse der Vorbehalt in § 134 („wenn sich aus dem gesetzlichen Verbot nichts anderes ergibt") nicht nur die Entscheidung zwischen zwei Alternativen offen, nämlich ob der Vertrag unter diesem Gesichtspunkt ganz nichtig sei oder voll gültig, wie allgemein angenommen wird; vielmehr lasse sich daraus auch eine Abstufung zwischen den beiden „Extremen" — gültig oder nichtig — entnehmen: Aus dem Schutzzweck der verletzten Norm ergebe sich auch, ob das Rechtsgeschäft ex tunc oder etwa nur ex nunc, ob es insgesamt oder evtl. nur zu einem bestimmten Teil nichtig sein solle[35]. Diesen Gedanken überträgt Sack[36] auf § 138. Nach seiner Meinung treten auch hier Nichtigkeitsfolgen oder sonstige Rechtsfolgen nur in demjenigen Umfang bzw. Grad ein, in dem der Zweck der Verhaltensnorm dies verlange.

Es ergeben sich so vier Gruppen von möglichen Rechtsfolgen[37]: Als Regel die Nichtigkeit ex nunc; bei besonders schweren Sittenverstößen soll sie ex tunc wirken; weiterhin ist es auch möglich, daß nur bestimmte Klauseln eines Arbeitsvertrages nichtig sind (z. B. Konkurrenzverbote, Kündigungserschwerungen); und schließlich sei auch eine quantitative Nichtigkeit denkbar, und zwar in Fällen von Verstößen gegen die AZO oder bei Lohnwucher. Auch auf die Anwendung

---

[33] Vgl. zu dieser Entscheidung noch unten Teil 3, III 3 d).

[34] RdA 75 S. 171 ff.

[35] S. 175.

[36] S. 176 ff. *Sack* sieht die Sittenwidrigkeit nicht als „besonders schwere Form der Verbotswidrigkeit" an, sondern vielmehr als Generalklausel für zu mißbilligende Verträge, bei denen „eine spezielle Verbotsnorm" nicht eingreift (S. 176 f.).

[37] S. 177 f.

von § 139 soll sich die Wirkung des Schutzzweckes der Verhaltensnorm ausdehnen[38].

Die von Sack zu § 134 vertretene[39] und auf § 138 BGB übertragene These ist nicht haltbar. Methodisch gesehen handelt es sich um eine restriktive Auslegung. Ebenso wie der Wenn-Satz im Gesetzeswortlaut des § 134 eine Einschränkung des Tatbestandes in der Hinsicht vorsieht, daß dieser trotz Gesetzesverstoß nicht als erfüllt gilt und damit die Zahl der nichtigen Rechtsgeschäfte quantitativ reduziert wird, kann auch die These Sacks zu § 138 BGB nur bedeuten, daß er den *Tatbestand* dieser Vorschrift einengen will. Zwar spricht die Formulierung an einigen Stellen scheinbar dagegen — so spricht er etwa von einer „restriktiven Anwendung der Nichtigkeitsfolge"[40] —; es kann jedoch gar nicht anders als im Sinne einer Tatbestandsreduzierung verstanden werden. Anderenfalls müßte nämlich das Rechtsgeschäft in jedem Fall sittenwidrig sein und sich daran gegenüber der gesetzlichen Rechtsfolge andere und unter sich verschiedene Rechtsfolgen anschließen. Diese „Rechtsfolgenlösung" würde aber gegenüber der z. B. von der Rechtsprechung[41] angewandten Methode keinerlei Neuerung oder Verbesserung, wie Sack für sich in Anspruch nimmt, bedeuten. Nach der Auffassung von Sack muß also der „teilweise verwirklichte" Tatbestand denkbar sein, der unterschiedliche Rechtsfolgen zeitigt.

Das erscheint konstruktiv aus mehreren Gründen nicht möglich. Ein gesetzlicher Tatbestand (gleichgültig, ob er aus verschiedenen oder nur einem Merkmal besteht) ist stets insofern eine Einheit, als die angeordnete Rechtsfolge nur bei seiner *vollen* Verwirklichung eintritt. Sie ist dann ausgeschlossen, wenn von mehreren ein Merkmal, *wie auch dann*, wenn ein Merkmal nicht in vollem Umfang vorliegt. Eine restriktive Auslegung kann also immer nur die Folge haben, daß sich der Anwendungsbereich der *ganzen* Norm quantitativ einengt, somit im konkreten Fall die Zahl der nichtigen Rechtsgeschäfte geringer wird[41].

Des weiteren spricht gegen die These von Sack, daß er auf zwei Ebenen argumentiert, die logisch nicht zusammenpassen. Der Schluß von einer (gedachten) Abstufung des Tatbestandes auf unterschiedliche

[38] S. 179.

[39] Er gibt keine Belege an, wer dies entgegen der überwiegenden Meinung noch vertritt; zum fehlerhaften Arbeitsvertrag, soweit bekannt, niemand (es ist ja die *Begründung* entscheidend; im Ergebnis stimmen die verschiedensten Meinungen überein). Eine gewisse Parallele fand sich in der weitgehend gesetzgeberisch überholten Problematik der Preisvorschriften, vgl. *Flume*, AT § 17, 4 S. 346 ff., der insofern aber auch ungenau formuliert.

[40] S. 177.

[41] Zur restriktiven Auslegung allgemein vgl. *Larenz*, Methodenlehre S. 341 ff., 377 f.

Rechtsfolgen[42] ist nicht zwingend nochvollziehbar. Dies beweist am besten der Aufsatz von Sack selbst. Bei der Behandlung von einigen Einzelfällen geht er nämlich nicht von verschiedenen Verhaltensnormen aus, ja er baut nicht einmal danach auf, sondern er differenziert überwiegend nach den Umständen im Umfeld des Vertrages. So tritt er im Fall des Lohnwuchers dafür ein, dem Arbeitnehmer nur den geringst zulässigen Lohn zu gewähren[43]: Bei der Gewährung des üblichen Lohns, des Tariflohns etc. werde der Arbeitnehmer über Gebühr begünstigt, denn der Arbeitgeber habe ja durch die Vereinbarung eines wucherischen Lohnes zu erkennen gegeben, daß er nicht bereit sei, „normal" zu entlohnen. Ohne hier schon auf die Berechtigung dieses Arguments einzugehen, muß festgestellt werden, daß es einer ganz anderen Kategorie entstammt; nämlich der Problematik, auf welches Verhalten des Arbeitgebers der Arbeitnehmer nach seiner Kenntnis der Umstände berechtigterweise vertrauen durfte. Sack erörterte weiterhin[44] die Frage, welche Bedeutung der Tatsache zukommt, daß eine oder beide Parteien Kenntnis vom Nichtigkeitsgrund haben. Die Lösung sieht er in einer Anwendung des Rechtsgedankens von § 817 S. 2 BGB; also wiederum offensichtlich nicht in einer Ausprägung des Schutzzweckes der Verhaltensnorm. Von dessen Heranziehung würde man sich schließlich am ehesten und mit der meisten Berechtigung einen Fortschritt erwarten, wenn es um die Abgrenzung der Nichtigkeit mit ex-nunc-Wirkung von derjenigen ex tunc geht. Auch hier findet sich aber die hinlänglich bekannte und wenige befriedigende Feststellung[45], nur bei „eklatanten" Sittenverstößen sei — abweichend von der „Regel" — Nichtigkeit ex tunc anzunehmen.

Damit ist der von Sack vorgeschlagene Weg nicht nur konstruktiv abzulehnen, sondern auch in der Anwendung nicht durchführbar, da der Autor selbst bei seinen Lösungsvorschlägen nicht auf den Schutzzweck der Verhaltensnorm, sondern auf Argumente aus anderen Bereichen zurückgreift. Das ist nun nicht gleichbedeutend damit, daß etwa der Schutzzweck des Verbotsgesetzes in § 134 oder der Verhaltensnorm in § 138 grundsätzlich unbeachtet zu bleiben habe. Der gewählte Ansatzpunkt freilich ist nicht zutreffend.

cc) Die hier vertretene Ansicht findet ihre Bestätigung auch durch eine Parallele zu einer ganz anderen Problematik, nämlich bei der

---

[42] Um solche handelt es sich nämlich. Es ist nicht etwa nur eine Abstufung der Rechtsfolgen gemeint. Vollnichtigkeit, Vernichtbarkeit, Teilnichtigkeit etc. stehen in Wahrheit nicht im Verhältnis des plus-minus zueinander. Man kann nur sagen, daß sie die Betroffenen in unterschiedlich starker, aber eben jeweils anderer Weise berühren.

[43] S. 178.

[44] S. 180.

[45] S. 177.

Nichtigkeit wegen Formmangels. Eine verbreitete und besonders von der Rechtsprechung vertretene Meinung tritt dafür ein, den Tatbestand des § 125 BGB unter den Vorbehalt von Treu und Glauben (§ 242 BGB) zu stellen und die Nichtigkeitsfolge in besonders gelagerten Fällen nicht eintreten zu lassen[46]. Gegen diese Lehre müssen die gleichen Einwände vorgebracht werden wie soeben gegen die These von Sack. Freilich bestehen hier nicht die Schwierigkeiten, die die Schutzzwecktheorie zu § 138 hat, daß sie zur Klärung wesentlicher Einzelfälle eben nicht auf den Schutzzweck, sondern auf Argumente aus ganz anderen Bereichen zurückgreifen muß. Das Prinzip von Treu und Glauben ist umfassend genug, um — gerade in den besonders problematischen Fällen der Kenntnis einer oder beider Parteien von der Formnichtigkeit oder der arglistigen Täuschung — zur scheinbaren Begründung zu dienen.

Dennoch versagt hier die vermeintliche Allzuständigkeit des § 242. Wenn die Kritik an der These von Sack sich darauf stützte, daß sie zwischen zwei nicht kongruenten Ebenen logisch nicht zwingende Schlüsse zu ziehen versuche, so findet sich das gleiche Argument wieder z. B. bei Flume: Die Nichtbeachtung der Form könne nicht unter Berufung auf Treu und Glauben durch irgendwelche Umstände ersetzt werden, denn beide stünden jeweils auf einer anderen Stufe[47]. In Wahrheit verzichte man durch die vermeintliche „Einschränkung" des § 125 durch § 242 auf die Bildung eines Tatbestandes ganz und überlasse die Entscheidung allein dem Richter in der Gestalt einer „Kadijustiz"[48]. Auch Canaris[49] weist darauf hin, daß hier der Schluß von der Erfüllung eines Tatbestandes auf eine bestimmte Rechtsfolge geradezu verhindert würde durch die Einführung einer baren Tautologie. Wer den Tatbestand der Nichtigkeitsnorm einschränkt, könne eben nur zu dem Ergebnis der Wirksamkeit des Rechtsgeschäfts kommen, was aber gerade in den Fällen der arglistigen Täuschung über den Formmangel gar nicht angestrebt werde[50].

---

[46] So insbesondere die Rechtsprechung des BGH, vgl. BGH 29, 6 ff.; weitere Hinweise zur Rechtsprechung des BGH bei *Palandt / Heinrichs*, § 125 Anm. 6; *Reinicke*, Rechtsfolgen, der von einer „immanenten Einschränkung" des § 125 durch § 242 spricht; *Soergel / Siebert / Knopp*, § 242 Anm. 358; *Gernhuber*, Festschrift für Schmidt-Rimpler S. 151 ff.; *Hueck*, Lehrbuch S. 168; a. A. *Larenz*, Schuldrecht I § 10 III; *Flume*, AT § 15 III 4; *Staudinger / Coing*, § 125 Rdz. 34 d. a. E.; *Häsemeyer*, Gesetzliche Form S. 25 ff., insb. S. 287 ff., die jeweils einen guten Überblick über den Diskussionsstand geben.

[47] *Flume*, AT S. 278 § 15 III 4.

[48] *Flume*, AT S. 277. Auch *Häsemeyer*, Gesetzliche Form S. 294 ff. wendet sich gegen unreflektierte Billigkeitserwägungen.

[49] Vertrauenshaftung S. 274 f.

[50] *Larenz*, der (Schuldrecht I S. 122 f., § 10 III) die h. M. der Rechtsprechung ebenso kritisiert wie etwa *Flume* und *Canaris*, hat hier allerdings eine

Sowohl Flume als auch Canaris[51] ziehen dann die richtige Konsequenz, daß der entscheidende Ansatzpunkt für die notwendige Tatbestandsbildung die mit dem Formerfordernis inkommensurablen „sonstigen Umstände" seien. Während Flume hier nicht weiter präzisiert, kommt Canaris zu der Erkenntnis, daß z. B. der arglistig getäuschte Vertragspartner im Grunde ja nicht auf die Formlosigkeit des Geschäfts als solche, sondern vielmehr auf die Aussage der Gegenpartei vertraue[52]. Dies ist aber das gleiche Argument, mit dem oben die Behandlung der Kenntnis eines Partners von der Sittenwidrigkeit bei Sack kritisiert wurde[53].

Wenn oben gesagt wurde, daß die hier abgelehnte Meinung zur Formnichtigkeit von der Rechtsprechung vertreten werde, so muß hinsichtlich der Rechtsprechung des BAG eine Einschränkung gemacht werden. Es hat diesen „Grundsatz" zwar mehrmals zitiert[54], ihn aber letztlich nie angewendet, sondern sich mit einer Berufung auf seine allgemeinen Grundsätze über fehlerhafte Arbeitsverträge[55] behelfen können. Das liegt an der Eigenart der jeweiligen Sachverhalte: In der Entscheidung BAG 2, 58 ff. hat das BAG zwar die Möglichkeit des Arglisteinwandes bejaht, zur Klärung der tatsächlichen Voraussetzungen aber zurückverwiesen. In BAG 5, 58 ff. führte die These des

andere Sicht. Im Gegensatz zu diesen Autoren ist für ihn die Erfüllung der Form kein „konstitutives Element", sondern lediglich eine „Wirksamkeitsbedingung" für das Rechtsgeschäft; er bejaht die Möglichkeit, daß die Rechtsordnung auf eine solche Wirksamkeitsbedingung verzichten könne — auch zu Gunsten nur einer Partei — und bemüht sich dann um eine möglichst enge Umschreibung der betroffenen Fallgruppen.

[51] Vgl. Fn. 48 und 49.

[52] Einen anderen Ansatz zur Kritik an der Einschränkung des Formerfordernisses durch § 242 wählt *Häsemeyer*, Gesetzliche Form S. 299 ff.: Die Einschränkung des § 125 mit der Folge einer vollen Wirksamkeit des Rechtsgeschäfts orientiere sich allein an der Ordnungsfunktion der Formerfordernisse, beachte aber nicht die Rückwirkungen auf die Privatautonomie (vgl. auch S. 230 f.; *Häsemeyer* vertritt *streng* die These von der konstitutiven Wirkung der Formerfordernisse, vgl. dazu *Larenz*, Schuldrecht I § 5, § 10 III). § 242 zur Restriktion heranzuziehen, bedeute aber eine „heteronome Zurechnung" („Zurechnung" muß wohl dem Sinn nach, wie Häsemeyer das Wort gebraucht, einfach als „Bestimmung" verstanden werden). Auch aus dem Grundsatz des venire contra factum proprium — den er noch am ehesten für einschlägig hält — lehnt *Häsemeyer* eine *rechtsgeschäftliche* Lösung auf dem Weg der Restriktion ab. Wenn *Häsemeyer* allerdings (S. 303) vorschlägt, Härten in anderer Form auszugleichen, z. B. durch „faktische Vertragsverhältnisse", so geht er auf eine Ebene zurück, die er gerade mühsam verlassen wollte, nämlich die des fingierten Rechtsgeschäfts.

[53] s. o. S. 61 f.; *Canaris* ordnet darauf aufbauend die vorliegenden Fälle in die Vertrauenshaftung ein.

[54] So vor allem in BAG 5, 58 ff. = AP 2 zu § 125 BGB; BAG 8, 38 ff., 46 f.; BAG 2, 58 ff. Zum Gesellschaftsrecht auch BGH 8, 157 und BGH, DB 77 S. 1249.

[55] Wie diese Grundsätze des BAG zu verstehen sind, dazu sogleich unten unter b).

BAG von der ex-nunc-Nichtigkeit[56] sowieso praktisch zur vollen Wirksamkeit, da die Dauer des befristeten Vertrages bereits abgelaufen war. In anderen verwandten Fällen wird der bejahten Formnichtigkeit mit der Anwendung von § 612 II begegnet[57] oder eine Einschränkung von vornherein ganz abgelehnt, weil es sich — in einem Fall des § 518 BGB — wegen der Heilung nur darum handelte, ob der Vertrag etwa auch in der Zukunft noch Wirkung zeitige[58].

dd) Zusammenfassend muß festgestellt werden, daß mit der Methode einer einschränkenden Auslegung der die Nichtigkeit des Vertrages anordnenden Norm keine Lösung für die Probleme der fehlerhaften Arbeitsverträge gefunden werden kann. Soweit es sich nicht um eine allgemeine Form der restriktiven Auslegung handelt, die sich mehr zufällig von der Thematik her mit Arbeitsverträgen befaßt (so z. B. im erörterten Beispiel von § 123 BGB) und die in unserem Zusammenhang als neutral bezeichnet werden muß, begegnet jede Lösung mit Hilfe einer Einschränkung des Nichtigkeitsgrundes gravierenden methodischen Bedenken. Nicht zuletzt aber öffnet sie oft lediglich den Weg zu einer unkontrollierbaren Billigkeitsrechtsprechung.

b) Die Methode der teilweisen oder völligen Ausschaltung der Nichtigkeitsfolge

Neben dem soeben unter a) abgelehnten Weg einer Einschränkung des Tatbestandes der Nichtigkeitsnorm besteht theoretisch auch die Möglichkeit, den *Grund* der Nichtigkeit zwar unangetastet zu lassen, aber die *Rechtsfolge* (Nichtigkeit des Vertrages) auszuschließen oder einzuschränken. Dies ist in der Tat der Weg, der rein zahlenmäßig am meisten beschritten und insbesondere auch vom BAG bevorzugt wird[59]. Dabei läßt sich generell sagen, daß alle Vertreter ihre Methode mit der Berufung auf die jeweils von ihnen für richtig gehaltene Rechtsnatur des Arbeitsverhältnisses begründen. Dies muß näher dargestellt werden.

aa) Dabei soll am Anfang eine Analyse der arbeitsgerichtlichen Rechtsprechung stehen. In allen späteren Entscheidungen zitiert das BAG als Nachweis für seine Lösung der Probleme des fehlerhaften

[56] Die Entscheidung BAG, DB 77 S. 2145 befaßt sich nur mit einer Klage des Arbeitnehmers auf Zahlung *nach* Aufdeckung des Formmangels. Das Gericht weist die Klage ohne Bedenken hinsichtlich seiner Lehre vom fehlerhaften Arbeitsvertrag ab.

[57] So z. B. BAG 14, 291 = AP 20 zu § 612 BGB mit zustimmender Anmerkung von *A. Hueck;* BAG AP 23 zu § 612 BGB m. Anm. v. *Bydlinski.*

[58] BAG 8, 38 ff., 46 f. = AP 2 zu § 518 BGB m. Anm. v. *A. Hueck.*

[59] So z. B. deutlich ausgesprochen in BAG 5, 159 ff., 162 unter Berufung auf *Herschel.*

Arbeitsvertrages[60] die in BAG 5, 58 ff. abgedruckte Entscheidung des 1. Senats aus dem Jahre 1957. Ihr lag ein recht ausgefallener Sachverhalt zugrunde: Eine Film-Produktions-Gesellschaft hatte sich mit einem Filmschauspieler über ein Engagement vertraglich geeinigt, das eine Dauer von knapp sechs Wochen haben sollte. Alle Probleme des Falles ergaben sich nun aus der auf den Vertrag anwendbaren Tarifordnung für Filmschaffende. Zunächst war die dort vorgeschriebene Form nicht eingehalten, zweitens war der Vertrag auf Seiten des Schauspielers durch einen Stellvertreter geschlossen worden, was die TO ausdrücklich verbot, und drittens bestand nach der TO ein Engagement lediglich darin, daß sich der Schauspieler während der Vertragszeit bei voller Bezahlung nur zur Verfügung halten mußte, jedoch keinen Anspruch darauf hatte, auch tatsächlich eingesetzt zu werden. Zum Rechtsstreit kam es, als der Produzent nach Ablauf der Vertragsdauer und ohne daß der Schauspieler eingesetzt worden war, die Zahlung der Gage verweigerte.

Das BAG stellte zunächst die Formnichtigkeit des Vertrages fest und ließ gleichzeitig die Frage offen, ob auch noch wegen der verbotenen Stellvertretung Nichtigkeit anzunehmen sei, weil das für die Rechtsfolge keinen Unterschied mache[61]. Diese Nichtigkeit könne jedoch nicht für die Vergangenheit geltend gemacht werden. Die Begründung ist folgende: Der Arbeitnehmer hatte seine Arbeitsleistung erbracht (er hatte sich während der vereinbarten Zeit zur Verfügung gehalten, ohne allerdings eingesetzt zu werden, was nach der TO aber auch nicht erforderlich war). Weil aber durch die „Leistung von Diensten“ ... „nicht nur schuldrechtliche Bindungen zwischen den Parteien begründet“ werden, sondern auch „personenrechtliche Beziehungen“ entstehen, kann die einmal erbrachte Leistung durch die rückwirkende Geltendmachung der Nichtigkeit nicht mehr aus der Welt geschafft werden. Die Rechtswirkung der Nichtigkeit könne daher nur ex nunc eintreten. Das Gericht sieht sich in dieser Behauptung einig mit der „neueren Entwicklung des Arbeitsrechts“, wofür es allerdings nur das Hueck'sche Lehrbuch zitiert[62].

Diese — für eine später immer wieder als grundlegend bezeichnete Entscheidung — doch recht knappe Begründung läßt zunächst immerhin die oben beschriebene Methode erkennen: Die die Nichtigkeit anordnende Norm bleibt — im Gegensatz zu der im vorigen Abschnitt

[60] Daß das BAG zwar oft von „faktischen Verträgen“ spricht, damit sich aber keineswegs der in der Literatur vertretenen Lehre vom faktischen Vertragsschluß anschließt, wurde bereits oben (in Fn. 25) betont und wird im folgenden noch einmal deutlich werden.

[61] S. 62.

[62] Alle Zitate BAG 5, 65.

geschilderten Meinung — unangetastet, ja es wird ihrer Struktur eine so geringe Bedeutung beigemessen, daß einer von zwei Nichtigkeitsgründen gar völlig offen bleibt. Die Beschränkung auf Wirkungen nur für die Zukunft wird dann aus der Natur des Arbeitsverhältnisses abgeleitet, das durch seinen Vollzug personenrechtliche Bindungen entstehen lasse, die nicht mehr zu beseitigen seien. Damit schließt sich das BAG gleichzeitig der Meinung an, die das Arbeitsverhältnis als ein personenrechtliches Gemeinschaftsverhältnis versteht.

Es fällt bereits in der Argumentation dieser Entscheidung die an sich nur bei der Darstellung von Sätzen geltenden Rechts übliche Abstraktion auf, mit der das Gericht vorgeht. Die personenrechtliche Bindung kann, wenn sie überhaupt einsichtig sein soll, im vorliegenden Fall ja nur als ein abstraktes Merkmal des Arbeitsverhältnisses allgemein verstanden werden. Denn der Sachverhalt stellt geradezu ein Musterbeispiel für ihr Fehlen im konkreten Fall dar: Arbeitgeber und Arbeitnehmer waren sich nicht einmal beim Vertragsschluß begegnet, in der kurzen Vertragsdauer von sechs Wochen war der Schauspieler nie tätig geworden; er konnte sich folglich dem Produzenten allenfalls rechtlich, in keiner Weise jedoch persönlich verbunden fühlen. Damit wird aber zugleich Methode wie Argument zweifelhaft: Der Fall beweist, daß die personenrechtliche Bindung keineswegs konstitutiv für das Arbeitsverhältnis ist, und die Herleitung einer dem Wortlaut des Gesetzes widersprechenden Rechtsfolge aus einem Merkmal, das im konkreten Fall nicht gegeben ist, findet methodisch keine Rechtfertigung[63].

Im übrigen begnügt sich die spätere Rechtsprechung überwiegend[64] mit der Zitierung der eben herausgestellten „Grundsätze". So wird in BAG 5, 159 und BAG 11, 270 die anhand eines Falles der Formnichtigkeit entwickelte ex-nunc-Wirkung auf die Fälle des § 142 übertragen[65]; in BAG 15, 17 ff. auf rechtswidrige[66] Gratifikationsabreden; in anderen

[63] Auch *Wilburg*, AcP 163 S. 346 f. kritisiert, daß die Formel der Rechtsprechung im Ergebnis viel zu weit gehe.

[64] Neben die Berufung auf die personenrechtlichen Beziehungen tritt in anderen Entscheidungen noch der Hinweis auf die Schutzfunktion des Arbeitsrechts; so in BAG 15, 17 ff., 22; die Formelhaftigkeit auch dieser Begründung wurde bereits nachgewiesen. Der BGH betont auch öfters den Charakter als Dauerrechtsverhältnis, so BGH 55, 5 ff. (fehlerhafte Gesellschaft); BGH 41, 282 ff.; BGH 10, 190 (Vorstandsmitglied).

[65] Wobei stets ausgiebig das Nebeneinander von Anfechtung und außerordentlicher Kündigung erörtert wird.

[66] D. h., der Rechtsprechung des BAG nicht entsprechende Gratifikationsabreden. Daß das BAG hier auf die Gratifikationsklausel die „Grundsätze" über fehlerhafte Arbeitsverträge anwenden will, kann man allenfalls als „salvatorische Klausel" verstehen. Wenn das Gericht schon bereit ist, für die Rückzahlungsklauseln abstrakte Grundsätze aufzustellen, die *bindend* sein sollen, so muß es sich auch darüber im klaren sein, daß es damit

Entscheidungen auf eine sich aus dem damaligen Schwerbeschädigtengesetz ergebende Unwirksamkeit[67]. Auch für sittenwidrige Verträge wendet das Gericht dieselben Regeln jedenfalls als Grundsatz an[68].

Die Aufzählung kann hier vorerst unterbrochen werden, denn es geht im jetzigen Zusammenhang primär darum, ob die Methode, mit der in all diesen Entscheidungen eine Einschränkung der Nichtigkeitsfolgen erreicht wird, dieses Ergebnis trägt. Es ist in der Tat so, daß keine der Entscheidungen nach BAG 5, 58 in der Begründung über das oben Wiedergegebene hinausgeht oder unter einem anderen Aspekt eine Lösung anstrebt. Der Satz: „ein vollzogenes Arbeitsverhältnis kann nicht rückwirkend aufgehoben werden" erstarrt vielmehr zur stets und ausschließlich verwendeten Formel, und Mayer-Maly[69] wirft dem Gericht völlig zu Recht vor, es behandele diesen Satz so, als sei er eine Regel des geschriebenen Rechts. Dabei wird die jeweils frühere Rechtsprechung ebenso zitiert, wie eine meist wahllose und oft nicht zusammenpassende Sammlung von Stimmen aus der Literatur[70]. Später fehlt sogar der Hinweis auf entsprechende Fundstellen ganz[71].

Es muß also davon ausgegangen werden, daß die tragende Begründung nach wie vor der personenrechtliche Charakter des Arbeitsverhältnisses sein soll, denn die Betonung der „Tatsache des Vollzogenseins" wurde ja ursprünglich auch daraus abgeleitet.

Daß in den genannten Entscheidungen letztlich nur stets dieselbe Formel gebraucht wurde, ergibt auch ein Vergleich mit den jeweils zugrundeliegenden Sachverhalten. Schon für die Entscheidung BAG 5, 58 ff. wurde nachgewiesen, daß von einem auf personenrechtlichen Beziehungen gegründeten, vollzogenen Vertrag kaum die Rede sein

---

Rechtsfortbildung betreibt. D. h., es potuliert zwingendes Recht, das automatisch anstelle zu Lasten des Arbeitnehmers abweichender vertraglicher Regelungen gilt. Und niemand würde z. B. auf die Idee kommen, eine nach § 622 I S. 2 unzulässige Vereinbarung einer kürzeren Kündigungsfrist mit den sog. Grundsätzen über fehlerhafte Arbeitsverträge an die gesetzlichen Fristen anzupassen. Wie weit das BAG hier allerdings die Schaffung zwingenden Rechts herbeigeführt hat, ist eine äußerst schwierige Frage, die in diesem Rahmen nicht beantwortet werden kann. Hier soll nur gezeigt werden, daß die Argumentation in sich brüchig ist — eines unter vielen Argumenten, die gegen diese Entscheidung sprechen.

[67] BAG 11, 51 ff.

[68] BAG AP 2 zu § 611 BGB (faktisches Arbeitsverhältnis) = BAG 14, 180; BAG AP 18 zu § 611 BGB (faktisches Arbeitsverhältnis); BAG, NJW 76 S. 1958.

[69] In der Anmerkung zu BAG AP 32 zu § 63 HGB.

[70] Vgl. die Nachweise z. B. in BAG 15, 159 ff., 161.

[71] So in BAG AP 32 zu § 63 HGB, wo sich das Gericht andererseits zu einer wiederholten Erörterung der an sich längst nicht mehr streitigen Frage des Verhältnisses von Anfechtung und Kündigung veranlaßt sieht.

kann. Begriffsjuristisch im negativen Sinne muß auch die Begründung der Entscheidung BAG AP 32 zu § 63 HGB anmuten. Da die Regel des BAG voraussetzt, daß ein Arbeitsvertrag *vollzogen* ist, wird dies als Tatbestandsmerkmal geprüft, mit dem Ergebnis, daß ein vollzogenes Arbeitsverhältnis schon dann vorliegen soll, wenn der Arbeitnehmer am ersten Arbeitstag zwei Stunden lang gearbeitet hat und dann bis zur Anfechtung wegen arglistiger Täuschung seitens des Arbeitgebers krank war (insgesamt knapp einen Monat lang)[72]. Auch hier wird man die personenrechtliche Bindung vergeblich suchen; und auch wenn man berücksichtigt, daß ein Arbeitgeber (im gültigen Arbeitsvertrag) zur Lohnfortzahlung verpflichtet ist, erscheint es übertrieben formalistisch, von einem vollzogenen Arbeitsverhältnis zu sprechen. So ist es in der Argumentation des BAG auch konsequent weitergedacht, wenn Mayer-Maly in seiner Besprechung[73] dem BAG vorwirft, es hätte den Einwand der Arglist nicht geprüft[74]. Schließlich sei noch an den atypisch gelagerten Fall BAG AP 2 zu § 611 BGB (fakt. Arbeitsverhältnis) erinnert. Dort hatten Arbeitgeber und Arbeitnehmer kollusiv Veruntreuungen begangen. Die Voraussetzungen, die der in BAG 5, 58 entwickelte Grundsatz noch beinhaltet (wenn auch nicht für den konkret entschiedenen Fall) lagen hier evident nicht vor. Dennoch verfährt das Gericht auch hier nach dem oben geschilderten Grundsatz von Regel und Ausnahme.

Es wird damit deutlich, daß gerade in den vom BAG entschiedenen Fällen die Argumentation das Ergebnis nicht voll zu tragen vermag. Das vollzogene Arbeitsverhältnis mit personenrechtlicher Beziehung lag in den eben genannten Fällen gerade nicht vor, und somit fehlt es an der postulierten Voraussetzung, um die Rechtsfolge der Nichtigkeit einzuschränken. In der Tat hat das BAG in erstaunlich vielen Fällen neben der schematischen Anwendung seines Grundsatzes zusätzliche Argumente herangezogen, die im weitesten Sinne dem Bereich von Treu und Glauben zugeordnet werden. Die Entscheidung BAG 5, 58 enthält den Hinweis, daß der Arbeitgeber dem Schauspieler gegenüber erklärt habe, der Vertrag sei rechtsbeständig, was als eine Bezugnahme auf den Grundsatz des venire contra factum proprium verstanden werden muß. In einem anderen Fall ging es darum, daß dem Arbeitnehmer die Anfechtung der Urlaubserteilung nicht zugegangen war[75]. Hier wird dem Arbeitgeber der Einwand versagt, der Arbeitnehmer hätte den rechtzeitigen Zugang der Anfechtungserklärung vereitelt,

---

[72] In BAG 5, 58 ff., 66 wird auch die Frage angeschnitten, ob ein Arbeitsverhältnis schon bei Annahmeverzug des Arbeitgebers „vollzogen" ist.

[73] BAG AP 32 zu § 63 HGB.

[74] Ob das letztlich richtig wäre, ist zumindest sehr fraglich und soll hier noch dahinstehen.

[75] BAG 9, 1 ff.

was wohl als allgemeiner Arglisteinwand gemeint ist. BAG AP 18 zu § 611 BGB (fakt. Arbeitsverhältnis) (Striptease) verweigert dem Arbeitgeber die Berufung[76] auf § 138 mit der Begründung, er habe alle die Sittenwidrigkeit herbeiführenden Umstände gekannt. Das soll offensichtlich nicht so verstanden werden, als sei bei Kenntnis die Rechtsfolge des § 138 ausgeschlossen, denn das wäre ganz abwegig, vielmehr muß auch hierin ein Hinweis auf verbotenes widersprüchliches Handeln erblickt werden: wenn der Arbeitgeber in Kenntnis des verwerflichen Charakters der Leistung diese dennoch entgegennimmt, soll er nach Ansicht des BAG offensichtlich auch dafür zahlen. In einem Fall, in dem die Tätigkeit eines Handelsvertreters nach § 134 BGB verboten war, weil er gesetzlich untersagte Arzneimittelwerbung betrieb, hat schließlich auch der BGH[77] den Lohnanspruch des Vertreters darauf gestützt, daß er gutgläubig hinsichtlich des Verbots war; dem Arbeitgeber hat das Gericht widersprüchliches Verhalten vorgeworfen und den Schutzzweck des Verbotsgesetzes durch die Lohnzahlung als nicht beeinträchtigt angesehen.

Alle diese an Treu und Glauben orientierten zusätzlichen Erwägungen beweisen die Brüchigkeit der Lehre des BAG. In vielen Fällen dienen sie dazu, die Tatsache zu überspielen, daß ein personenrechtliches Gemeinschaftsverhältnis als Grundlage im konkreten Fall gar nicht vorliegt. Das Gericht weicht in diesen Fällen instinktiv auf andere „einsichtige“ Gründe aus. Viel bedenklicher wird die Argumentation jedoch dann, wenn das Gericht einmal zu dem Ergebnis der ex-tunc-Nichtigkeit kommt[78]: Es wird hier eine besondere Begründung für erforderlich gehalten, um eine Ausnahme von der selbstkonstruierten Regel zuzulassen. Dies stellt ein seltenes Kuriosum in der Rechtsfindung dar; denn die vom BGB abweichende Lösung wird zur Regel erhoben, und es bedarf nunmehr eines besonderen Grundes, um wieder zur Anwendung der „normalen“ Vorschriften des Gesetzes zu gelangen. So heißt es in dem Fall der kollusiven Veruntreuungen[79], „dieser Grundsatz (könne) jedoch nicht gelten, wenn“ ein Verstoß gegen Strafgesetze vorliege, denn andernfalls würden die Zivilgerichte Rechtsschutz für strafbare Handlungen gewähren[80]. In einem anderen Fall werden statt der Strafgesetze die „Grundauffassungen der gel-

---

[76] Schon der Ausdruck „Berufung“ ist freilich nicht korrekt gewählt. Zu dem besonders im Rahmen der Formvorschriften oft heftig geführten Streit um diese Terminologie vgl. *Flume*, AT § 15 III 4 S. 280 f. sowie weitere Nachweise oben in Fn. 46.

[77] BGH 53, 152.

[78] So z. B. in BAG AP 2 zu § 611 BGB (fakt. Arbeitsverhältnis) (Veruntreuungen), BAG, NJW 76 S. 1958 ff. (Geschlechtsverkehr); vgl. auch die Argumentation in BAG AP 18 zu § 611 BGB (fakt. Arbeitsverhältnis) (Striptease).

[79] BAG AP 2 zu § 611 BGB (fakt. Arbeitsverhältnis) = BAG 14, 180 ff.

[80] BAG 14, 180 ff., 187.

tenden Rechtsordnung“ herangezogen[81]. Daß das Gericht seine „Grundsätze über faktische Arbeitsverhältnisse“ implizit als Rechtssätze versteht, zeigt gerade auch die Argumentation in dieser Entscheidung: Es wird den Klägern mehrmals verwehrt, sich auf eine andere Entscheidung[82] zu berufen, denn der Sachverhalt sei anders gewesen (!).

Anders als das BAG, das nie zu der offen ausgesprochenen These kommt, es sehe den Satz von der „ex-nunc-Wirkung“ als geltendes Recht an, bekennt sich der BGH im Rahmen einer Entscheidung zum Gesellschaftsrecht[83] offen dazu. Es heißt dort wörtlich[84], daß dieser Satz „heute zum gesicherten Bestandteil des Gesellschaftsrechts“ gehöre, „*ohne daß*[85] es in dem inzwischen erreichten Rechtszustand noch geboten oder aus Gründen der Rechtssicherheit auch nur möglich wäre, die Anwendung jener Grundsätze von der individuellen Gestaltung des Einzelfalles abhängig zu machen und zu prüfen, ob die Abweichung von den bürgerlich-rechtlichen Regeln jeweils mehr oder weniger dringend geboten erscheint“. Im übrigen arbeitet der BGH ebenso wie das BAG mit dem soeben dargestellten Regel-Ausnahme-Schema. Nur noch in den sog. Ausnahmefällen werden die Umstände des Einzelfalles überhaupt geprüft und die Interessenlage und eventuelle schutzwürdige Positionen der Vertragsparteien berücksichtigt. Wenn hier obendrein der Anschein erweckt werden soll, es bestehe ein Gewohnheitsrecht des angegebenen Inhalts, so muß dem scharf widersprochen werden: Die höchst komplizierte Frage der Entstehung von Gewohnheitsrecht[86] wird durch eine apodiktische Äußerung gleichsam wie der gordische Knoten „gelöst“. Außerdem ist es ganz und gar unverständlich, wieso es aus Gründen der Rechtssicherheit verwehrt sein sollte, auf Umstände des Einzelfalles einzugehen. Letzteres ist anscheinend mit unkontrollierter Einzelfallgerechtigkeit, die Rechtssicherheit mit dem Streben nach immer gleichen Leitsätzen verwechselt worden.

---

[81] BAG, NJW 76 S. 1958 ff., 1959 re.; vgl. auch BAG AP 18 zu § 611 BGB (fakt. Arbeitsverhältnis), wo die Ausnahme für besonders schwere Mängel angesprochen wird.

[82] Bezüglich BAG AP 18 zu § 611 BGB (fakt. Arbeitsverhältnis) in NJW 76 S. 1959 re. oben und unten.

[83] BGH 55, 5 ff.

[84] BGH 55, 5 ff., 8 f.

[85] Hervorhebung v. Verf.

[86] Die hier noch verbunden ist mit der Problematik „Richterrecht und Gewohnheitsrecht“. Zum Umfang dieser Problematik vgl. *Larenz*, Methodenlehre S. 345 f. Danach muß auch *Fikentscher*, Methoden des Rechts Bd. IV S. 315 Fn. 71 widersprochen werden, der hinsichtlich der Lehre von den faktischen Verträgen, jedenfalls ausdrücklich auf dem Gebiet des Massenverkehrs, die Existenz von bindendem Richterrecht behauptet. Auf seine Konzeption vom Richterrecht kann hier nicht eingegangen werden. Im Ergebnis unbefriedigend ist dagegen die Stellungnahme desselben Autors in seinem Lehrbuch des Schuldrechts (S. 55 f. und 467) zum fehlerhaften Vertrag.

Zusammenfassend ist damit sowohl die Art, wie die Rechtsprechung das „Regel-Ausnahme-Verhältnis“ handhabt, unhaltbar, als auch die Regel selbst in sich unstimmig. Die Rechtsprechung hat damit keinen gangbaren Weg aufgezeigt, die Rechtsfolge der Nichtigkeit aus der besonderen Natur des Arbeitsverhältnisses heraus sinnvoll zu begrenzen.

bb) Im Vergleich zur schematischen Formel der Rechtsprechung hat sich die Literatur immer wieder mit vielfältigen Argumenten darum bemüht, aus der Rechtsnatur des Arbeitsvertrages eine Modifikation der vom BGB angeordneten Nichtigkeitsfolge herzuleiten. Wenn man das Schrifttum unter methodischen Gesichtspunkten durchsieht, kann man auch hier feststellen, daß eine ganz herrschende Meinung sich zur Einschränkung der Nichtigkeitsfolge berechtigt sieht, indem sie die besondere Rechtsnatur des Arbeitsverhältnisses zu erfassen sucht. Vor allem die Gegner der Eingliederungstheorie oder des faktischen Vertrages führten diese Methode zunächst ein. So stellt Siebert das Arbeitsverhältnis als „Dauerschuldverhältnis persönlicher Art“[87] dar und schließt daraus die Berechtigung, auch „vom Boden der Vertragstheorie“ die der „Eigenart dieses personenrechtlichen Dauerverhältnisses nicht entsprechenden Nichtigkeits- und Anfechtungsvorschriften des BGB“ nicht anzuwenden[88]. Hinzu komme der Schutzzweck des Arbeitsrechts[89], der dem Arbeitnehmer auch bei fehlerhaftem Vertrag eine „(nahezu) lückenlose Rechtsstellung“[90] verschaffe. Auch Siebert erhebt diese Erkenntnis zur Regel, von der in Ausnahmefällen abgewichen werden kann, wenn der „Grund für die Fehlerhaftigkeit des Arbeitsvertrages schwerer wiegt als das Schutzbedürfnis des Arbeitnehmers“[91].

Diese These Sieberts kann man gleichzeitig als eine Zusammenfassung der Meinungen vieler anderer Autoren ansehen. Denn es sind allgemein diese von Siebert angeführten Gründe, mit denen die Rechtsfolge der Nichtigkeit des Vertrages ausgeschlossen wird. Dabei liegt einmal das Gewicht mehr auf dem Gemeinschaftsverhältnis[92], andere Autoren wiederum heben die Natur des Arbeitsverhältnisses als „besonderes Dauerschuldverhältnis“ hervor[93]. Im übrigen sind sich fast

---

[87] *Siebert*, Faktische Vertragsverhältnisse S. 82 ff., 84.

[88] S. 84.

[89] S. 85.

[90] S. 86.

[91] S. 87.

[92] So *Dersch*, RdA 58 S. 441, 444; *Hueck*, Lehrbuch S. 184.

[93] *Zöllner*, Studienbuch S. 94; *Farthmann*, RdA 58 S. 338; *Blomeyer*, AR-Blattei D, Arbeitsvertrag — Arbeitsverhältnis V, Mängel des Arbeitsvertrages; kritisch auch hinsichtlich der personenrechtlichen Gemeinschaft *Ramm*, Anfechtung S. 17 ff.

alle angeführten Stimmen einig, daß dem Arbeitnehmerschutz eine herausragende Bedeutung zukommt[94]. Aus dieser Natur des Arbeitsvertrages wird die Regel gebildet, daß fehlerhafte Arbeitsverhältnisse nicht rückwirkend unwirksam werden, wenn ein Nichtigkeitsgrund eingreift, das gleiche Ergebnis der sog. Nichtigkeit ex nunc also, wie es die Rechtsprechung erzielte. Folglich wurde in der Vergangenheit Arbeit und Lohn auf vertraglicher Grundlage geleistet, es gibt keine Rückabwicklung nach Bereicherungsrecht, und auch etwa noch nicht bezahlter Lohn ist in der „vertraglich" festgesetzten Höhe geschuldet.

Hier setzt ein zweites, oft gebrauchtes Argument an: Ein bereits vollzogenes Arbeitsverhältnis sei nach Bereicherungsrecht nicht rückabwickelbar[95]. Dabei werden die „technischen Schwierigkeiten" bei der Anwendung des Bereicherungsrechts aus der Art der erbrachten Leistung abgeleitet. Daneben wird darauf hingewiesen, daß der Grundsatz des Arbeitnehmerschutzes der Rückforderung bereits ausbezahlten (und verbrauchten) Lohnes entgegenstehe[96]. Letztlich kommt man aber mit diesem Argument nur zu der Folge, daß Bereicherungsrecht *nicht* anwendbar sein solle, nicht jedoch zu einer Begründung, worauf die Ansprüche positiv zu stützen seien, so daß auch deshalb zusätzlich der Rückgriff auf die These der Einschränkung der Nichtigkeitsfolge in der oben beschriebenen Form notwendig ist[97].

cc) Zwar bietet also die Literatur ein gegenüber den Begründungen in der Rechtsprechung wesentlich breiteres Spektrum an Argumenten an. Letztlich läßt sich der vorgeschlagene Lösungsweg aber auch damit nicht rechtfertigen.

— Gänzlich ungeeignet zur Einschränkung der Nichtigkeitsfolge ist zunächst die Rechtsnatur des Arbeitsverhältnisses als *Dauerschuldverhältnis*. Zeitablauf allein ist kein isoliert zu betrachtender Faktor, vielmehr wurde oben schon nachgewiesen, daß durch den Dauercharakter nur eine Verfestigung sowohl der typischen Interessenlage als auch der jeweils im einzelnen Fall vorgenommenen Vertrauensinvestitionen eintritt. Wenn die „Dauer" des Vertrages also zur Begründung dienen soll, so kann das allenfalls *im Zusammenhang* mit diesen eigentlich konstitutierenden Merkmalen geschehen. Selbst wenn man das

---

[94] Vgl. neben den soeben Zitierten *Brox*, Einschränkung S. 236; *Söllner*, Lehrbuch § 28 II.

[95] So *Flume*, AT § 8, 3 S. 101; § 30, 8 S. 555; *Esser*, Schuldrecht 2. Aufl. S. 33 ff.; *Söllner*, Lehrbuch § 28 II, III und Anm. zu BAG AR-Blattei D, Arbeitsvertrag — Arbeitsverhältnis V, Entsch. 2; *Blomeyer*, AR-Blattei D, Arbeitsvertrag — Arbeitsverhältnis V, Mängel des Arbeitsvertrages; *Brox*, Einschränkung S. 234 f.; kritisch *Zöllner*, Studienbuch S. 94; in anderem Zusammenhang *Canaris*, BB 67 S. 165 ff.

[96] So *Blomeyer*, ebd.; *Brox*, ebd. (vgl. Fn. 95).

[97] Was die o. a. Autoren — jedenfalls implizit — auch alle tun.

aber unterstellt, läßt sich die Methode, daraus die generelle ex-nunc-Nichtigkeit zu folgern, nicht halten. Und das liegt an der Art, wie hier eine Regelbildung angestrebt wird: Genau genommen wird der Ausdruck Dauerschuldverhältnis in zwei getrennten Bedeutungen gleichzeitig verwendet. Zum einen ist er sicher eine Kategorie zur näheren Bezeichnung einer bestimmten Gruppe von Schuldverhältnissen, nämlich derjenigen, die auf längere Zeit angelegt sind. Nun hat aber das Gesetz diese Kategorie von Verträgen nur sehr lückenhaft und nur ausnahmsweise mit gemeinsamen Regeln versehen (wie z. B. in den jeweiligen Kündigungsvorschriften). Die zweite Bedeutung entspricht derjenigen, wie sie oben für den Dauercharakter des Arbeitsverhältnisses ermittelt wurde: Dessen Bedeutung aber läßt sich nur für den konkreten einzelnen Fall feststellen, denn es handelt sich ja um eine die konstituierende Elemente verstärkende oder auch vermindernde Variable. Wenn nun dem Satz des Gesetzes: Alle Schuldverhältnisse können mit rückwirkender Kraft nichtig sein, der Satz entgegengestellt werden soll: Alle Dauerschuldverhältnisse können nur ex nunc nichtig werden, so kann letzterem überhaupt nur dann derogierende Wirkung zukommen, wenn der Dauercharakter im o. a. zweiten Sinn verstanden wird, nämlich wenn im konkreten Fall tatsächlich die Dauer des Vertrages die bezeichnende verstärkende Wirkung hat. Es muß hier der gleiche Vorwurf erhoben werden wie oben gegen die Rechtsprechung, wenn sie mit der personenrechtlichen Bindung arbeitet. Aus einem Merkmal, dessen Vorliegen praktisch ebensooft zu bejahen wie zu verneinen ist, kann keine der gesetzlichen Anordnung konträre Regel gebildet werden, bei deren Anwendung im Einzelfall das entscheidende Tatbestandsmerkmal gar nicht vorzuliegen braucht.

Wie oft das in der Praxis der Fall sein wird, zeigt ein Blick auf die in der Rechtsprechung entschiedenen Fälle: Kaum einmal blieb die Nichtigkeit über einen langen Zeitraum, vielleicht sogar über Jahre verborgen[98]. In der ganz überwiegenden Zahl der Fälle, die die Gerichte befaßten, stellte sich die Nichtigkeit entweder sehr rasch heraus oder der Vertrag war von vornherein nur auf beschränkte Dauer angelegt[99]. Das ist auch einleuchtend, weil nach langer Zeit die Parteien es wohl nicht mehr für erforderlich halten werden, Konsequenzen zu ziehen, die die Gegenseite zum Rechtsstreit veranlassen[100]. Damit haben aber die Fälle, in denen das als Voraussetzung für die

[98] So z. B. BAG AP 2 zu § 611 BGB (faktisches Arbeitsverhältnis); bezeichnenderweise hatten sich in diesem „Arbeitsvertrag“ *beide* Parteien zu strafbarem Handeln zusammengetan, das sie natürlich so lange fortsetzten, wie es „gut ging“.

[99] So z. B. BAG 5, 58; AP 32 zu § 63 HGB.

[100] Einfach weil die bisherige Abwicklung dann reibungslos und zur beiderseitigen Zufriedenheit verlaufen sein wird.

Regelbildung genannte Merkmal der „Dauer“ nicht vorliegt, ein viel zu großes praktisches Gewicht, als daß man sie bei der Rechtsfortbildung einfach im Interesse einer klaren Normbildung außer Betracht lassen könnte. Das dürfte auch der Grund sein, warum nicht die Rechtsprechung, sondern die nicht zur Einzelfallentscheidung gezwungene Literatur besonders großen Wert auf das „Dauerschuldverhältnis“ legt.

— Soweit die Methode mit der sog. *personenrechtlichen Gemeinschaft* begründet wird, muß dagegen zunächst dasselbe eingewandt werden wie oben gegen die Rechtsprechung. Allerdings sind durchaus Fälle denkbar, wo nicht — wie in den zitierten Entscheidungen — deren Voraussetzungen gar nicht vorliegen können. Es wurde jedoch bereits nachgewiesen, daß die personenrechtliche Gemeinschaft überhaupt kein Merkmal des Arbeitsverhältnisses sein kann. Somit kann man daraus auch keine Rechtsfolgen ableiten.

— Schließlich wird aber auch ein Merkmal herangezogen, das für die typische Interessenlage als bedeutend herausgearbeitet wurde: Der *Arbeitnehmerschutz.* Nun haben wir oben festgestellt, daß er an sich die logische Konsequenz aus der zwischen Arbeitgeber und Arbeitnehmer zu Lasten des letzteren ungleich verteilten Interessenlage hinsichtlich der existenziellen Bedeutung und des Einsatzes der Person ist. Damit liegt aber wieder nur eine abhängige Größe vor.

Entscheidend ist aber ein anderes, über Formales weit hinausgehendes Argument. Wo der Arbeitnehmerschutz nicht nur schlagwortartig und als anerkanntes Prinzip (das er in der Tat ja auch ist) angeführt wird, tritt zu Tage, daß hier an sich gar nicht mehr nach der beschriebenen Methode gearbeitet wird, obwohl dieser Anschein entsteht. Einer der wenigen, die sich der Mühe methodischer Erwägungen unterziehen, ist Wiedemann[101]. Er führt, ganz in der Diktion auch der anderen Autoren, den Ausschluß der Rückwirkung von Nichtigkeitsfolgen auf die Schutzwürdigkeit und Schutzbedürftigkeit des Arbeitnehmers zurück[102]. Dabei wird aber sofort deutlich, daß die Betonung nicht auf dem Schutz sondern auf den Wortteilen „-bedürftigkeit“ und „-würdigkeit“ liegt. Weil er seinen Lebensunterhalt mit dem Arbeitslohn bestreite, dürfe der Arbeitnehmer darauf vertrauen, daß dieser ihm im nachhinein nicht wieder genommen werde. Dies ist die Um-

[101] Arbeitsverhältnis S. 47 f., S. 78 ff. Auch *Canaris,* BB 67 S. 165 ff., 169 f. kommt im Zusammenhang mit der Erörterung sog. „atypischer faktischer Arbeitsverträge“ zu dem Ergebnis, daß die allgemein geübte Einschränkung der Nichtigkeitsfolge methodisch nicht tragbar sei und es sich vielmehr um ein Problem der Ausgleichsordnung handele. Als Lösungsweg schlägt er eine Ersetzung der unzulänglichen §§ 812 ff. durch besondere Ausgleichsansprüche vor.

[102] S. 78 f.

schreibung der Schutz*bedürftigkeit*, und folgerichtig geht Wiedemann auch auf die Schutz*würdigkeit* ein, indem er betont, daß es durchaus Fälle gebe (wie etwa die arglistige Täuschung durch den Arbeitnehmer), in denen dieses Vertrauen des Arbeitnehmers nicht gerechtfertigt und damit auch nicht schutzwürdig ist[103]. Damit kommt er zwangsläufig weg von der allgemein geübten Regelbildung hin zu einer individuellen Betrachtung, die von vornherein die Möglichkeit unterschiedlicher Rechtsfolgen offenläßt.

— Neben die Tatsache, daß vielfach mit Merkmalen des Arbeitsverhältnisses argumentiert wird, die als solche gar nicht anerkannt werden können, tritt aber noch der Einwand, daß es überhaupt nicht als möglich angesehen werden kann, aus der *Rechtsnatur des Arbeitsvertrages* (gleich wie man diese bestimmt) auf die Rechtsfolge der ex-nunc-Nichtigkeit zu schließen. Die Rechtsnatur eines Vertrages ist allein tatbestandlich viel zu wenig faßbar, als daß sich daran eine *bestimmte* Rechtsfolge anschließen könnte. Dabei darf nicht übersehen werden, daß es sich nicht lediglich um den Ausschluß der einen oder anderen einzelnen Norm handelt; in Wahrheit wird auf diesem Weg doch immer eine positive Anspruchsgrundlage gewährt — in Gestalt der vollen vertraglichen Ansprüche. Damit ist die Rechtsnatur des Vertrages in der dargestellten Weise aber methodisch überfordert. Sie kann nur Argumentations- und Auslegungshilfe sein, nicht Rechtsnorm mit Rechtsfolgeanweisung. Daß auch die Ergebnisse oft unbefriedigend bleiben müssen, zeigt die Tatsache, daß in relativ vielen Fällen zum Ausgleich der allgemeine Arglisteinwand gegen das so gefundene Ergebnis geprüft und oft auch bejaht wird[104]. Einige Autoren tragen dem in ihrer gegen die h. M. vorgebrachten Kritik Rechnung, am deutlichsten unter ihnen Wiedemann[105]. Er, der den fundiertesten Beitrag zur Gemeinschaftsstruktur des Arbeitverhältnisses geboten hat, wehrt sich selbst aus methodischen Gründen dagegen, aus diesem und den anderen von ihm gefundenen „Strukturelementen" Folgen für das fehlerhafte Arbeitsverhältnis abzuleiten. Völlig zu Recht betont er, sie seien nur „generalklauselartige Leitbilder", die nicht auch „Ansprüche zu erzeugen oder zu vernichten" vermögen[106].

---

[103] S. 79.

[104] Vgl. *Siebert*, Faktische Vertragsverhältnisse S. 89, 91; *Mayer-Maly*, Anm. zu BAG AP 32 zu § 63 HGB.

[105] S. 47 ff.; vgl. auch *Mayer-Maly*, JZ 61 S. 205 ff.

[106] S. 47. Wenn *Wiedemann* später (S. 77 ff.) das Schutzprinzip zur Lösung heranzieht, so im Grunde nicht deshalb, weil er dieses plötzlich als gegenüber anderen „Strukturmerkmalen" für besonders konkret hält. Wie oben dargestellt, geht er hier bereits ganz anders vor und argumentiert keineswegs mehr allein mit der „Rechtsnatur" des Vertrages. Offensichtlich kritisch auch *Beuthien*, RdA 69 S. 161 ff., 163 li. Sp., der von einem „sehr weitgehenden Zugeständnis an die Eigenart des Arbeitsvertrages" spricht, das er

Offensichtlich zurückhaltend äußert sich auch Larenz[107] gegenüber der herrschenden Praxis, die Folgen der Nichtigkeit generell einzuschränken. Obwohl er sie als einen Fall der Rechtsfortbildung wohl grundsätzlich anzuerkennen scheint, wendet er sich doch implizit gegen eine Regelbildung gerade auch aus methodischen Einwänden heraus, wenn er allgemein auf den Vertrauensgedanken verweist und speziell für den Fall der Formnichtigkeit sich gegen eine Strapazierung des § 242 über bestimmte Fallgruppen hinaus ausspricht[108].

Soeben wurde festgestellt, daß die Rechtsnatur des Arbeitsvertrages so, wie sie bisher verstanden wurde, über eine Argumentationshilfe hinaus nicht zur Rechtsfolgebestimmung dienen kann. Es könnte nun der Anschein entstehen, daß dies vielleicht mit dem oben entwickelten Typus des Vertrages doch möglich sei. Unter den neuen Blickpunkten der typischen Interessenlage und der jeweiligen konkreten Vertrauenssituation wurde zwar eine wesentlich präzisere Auskunft über die Rechtsnatur besonders nach typologischen Gesichtspunkten erreicht. Es kam dabei aber zugleich zum Ausdruck, daß die genannten Merkmale großenteils variabel sind, sich wechselseitig beeinflussen und vor allem sehr stark von der konkreten Fallgestaltung abhängig sind. Mit anderen Worten: Die nähere Betrachtung des Vertragstyps „Arbeitsvertrag" ergibt, daß es sich nicht um ein abstrakt mit Begriffen definierbares Vertragsverhältnis handelt. Da aber die soeben untersuchte Methode der Regelbildung aus der Rechtsnatur des Vertrages ohne eine solche „Definition" nicht auskommt, bleibt sie auch unter Berücksichtigung der hier vertretenen Auffassung von der „Rechtsnatur" des Arbeitsvertrages unbrauchbar. Die notwendige Anknüpfung an die besondere Natur des Arbeitsvertrages ist nur mit einer Methode bzw. über eine Anspruchsgrundlage möglich, die Interessenlage und Vertrauenssituation im Einzelfall angemessen berücksichtigen kann. Dann fällt auch der Einwand weg, der oben im Zusammenhang mit der Rechtsfortbildung erhoben wurde: Eine vom Gesetz konträr abweichende Regelbildung ohne Vorliegen der die Regel konstituierenden Merkmale im Einzelfall ist damit automatisch ausgeschlossen.

---

wohl schon als zu weitgehend betrachtet. Einschränkend auch *Wilburg*, AcP 163 S. 346 ff., 374, der in der „Begründung" aus einem personenrechtlichen Gemeinschaftsverhältnis oder aus dem Dauercharakter nur den Ausdruck des *Wunsches* nach Einschränkung der Nichtigkeitsfolge sieht.

[107] Methodenlehre S. 382 f.

[108] Freilich vermißt man hier eine Erörterung der Frage, ob tatsächlich eine anzuerkennende Rechtsfortbildung vorliegt. Der hier zu erkennende Ansatz würde jedenfalls konsequenterweise eben zur oben geübten Kritik an der Einschränkung der Nichtigkeitsfolgen führen. Sehr eng an die h. M. angelehnt sind dagegen seine Ausführungen zur fehlerhaften Gesellschaft (Schuldrecht II S. 374 f. = § 60 VII).

c) Die Einschränkung der Nichtigkeitsfolge durch Umkehrung der Vermutung des § 139 BGB

Zwar erscheint eine „Umkehrung" des § 139 BGB entgegen seinem eindeutigen Wortlaut heute — insbesondere nach Schaffung des § 6 AGBG — nicht mehr prinzipiell unmöglich[109]. Dennoch kann dieser teilweise erörterte Weg[110] nichts zur Lösung der Probleme der fehlerhaften Arbeitsverhältnisse beitragen. Zum einen setzt § 139 voraus, daß das Rechtsgeschäft tatsächlich teilbar ist[111]. Schon daran wird es in der überwiegenden Zahl der Fälle mangeln. Denn fehlt es z. B. an der vorgeschriebenen Form, ist der Vertrag sittenwidrig oder wegen eines Gesetzesverstoßes nichtig, so erfaßt diese Nichtigkeit den ganzen Vertrag. Es bleibt dann kein „Teil", den man als noch wirksam ansehen könnte, insbesondere läßt sich natürlich so nicht die Lohnzahlungspflicht des Arbeitgebers „aufrechterhalten". Sind dagegen nur einzelne Klauseln[112] im Rahmen eines umfangreichen Arbeitsvertrages nichtig, so sind diese Fälle bereits durch eine „normale" Anwendung des § 139 lösbar. Gegen jeden Versuch, mit einer Umkehrung des § 139 zu einer Lösung der problematischen fehlerhaften Arbeitsverträge zu kommen, spricht aber vor allem, daß es nicht zulässig sein kann, ein Problem auf formaler Ebene einer Lösung zuzuführen, die ohne materielle Wertungen nicht möglich ist. Ohne diese ist auch letztlich nicht auszukommen, da man bei der Frage, *wann* eine Umkehrung von § 139 zulässig ist, zwangsläufig wieder auf sie stößt.

II. Die Abwicklung mit Hilfe des Bereicherungsrechts

1. Argumente gegen die Anwendbarkeit

Im Mittelpunkt der Probleme des fehlerhaften Arbeitsvertrages steht die Frage nach der Möglichkeit, bereits erbrachte Leistungen zurückzufordern, bzw. Gegenansprüche für bereits erbrachte Leistungen noch durchzusetzen. Das BGB verweist für diese Fälle direkt auf das Be-

---

[109] Insofern sind einige gegen die Anwendbarkeit des § 139 vorgebrachte Argumente (vgl. insbesondere *Ramm*, Anfechtung S. 12 f.) heute überholt.

[110] Vgl. die ablehnenden Darstellungen bei *Beuthien*, RdA 69 S. 162, der freilich den unzutreffenden Eindruck erweckt, als werde § 139 generell herangezogen. Daß das Schrifttum aber überwiegend anders argumentiert, wurde soeben unter b) dargestellt. Vgl. weiterhin *Flume*, AT S. 102; *Wiedemann*, Arbeitsverhältnis S. 80.

[111] Vgl. *Soergel / Hefermehl*, § 139 Rdz. 13 ff.; *Palandt / Heinrichs*, § 139 Anm. 2 a.

[112] So z. B. die Unwirksamkeit von Ruhegeldabreden oder sonstige unzulässige Abweichungen vom zwingenden Arbeitsrecht, bei denen letzteres automatisch ersatzweise zur Anwendung kommt.

reicherungsrecht, und es läge an sich nichts näher, als die fraglichen Ansprüche den Regeln über die Leistungskondiktion folgen zu lassen. In Wirklichkeit tut dies aber in Lehre und Rechtsprechung seit langem kaum mehr jemand[113]. Das hat zur Folge, daß die Auseinandersetzung mit dem Bereicherungsrecht vorwiegend in negativer Form geführt wird; es findet sich eine Vielzahl von Gründen, warum die §§ 812 ff. *nicht* zu einer sachgerechten Lösung der Probleme führen könnten. Gerade das Bereicherungsrecht ist vorrangig gemeint, wenn allenthalben vorgetragen wird, allgemeine Regeln würden hier nicht „passen". Ja, man gewinnt bei der Lektüre von Rechtsprechung[114] und Literatur, besonders der Lehrbücher[115] geradezu den Eindruck, die These von der Unanwendbarkeit des Bereicherungsrechts auf die Fälle des fehlerhaften Arbeitsvertrages sei unbestritten und unangreifbar[116].

a) Wird die These mit Argumenten belegt, sind es zusammengefaßt die folgenden: Zum einen wird der juristisch nicht faßbare Satz, das Bereicherungsrecht passe nicht, dahingehend präzisiert, daß die §§ 812 ff. von der Struktur her oder auch typologisch kein adäquates Abwicklungsschema zur Verfügung stellen[117]. Für viele Autoren wer-

---

[113] Zur Rechtsprechung vgl. bereits oben unter I. 2. b); zur älteren Rechtsprechung vgl. auch die Nachweise bei *Canaris*, BB 67 S. 165 ff., Fn. 1; zu der Literatur vgl. die Nachweise zu den verschiedenen unter I. aufgeführten Meinungen.

[114] Das BAG löst die bereits genannten Fälle mit seiner soeben dargestellten Theorie und geht auf die Möglichkeit eines Bereicherungsanspruchs gar nicht gesondert ein. Hingegen befaßt sich der BGH in zwei Entscheidungen mit dem Problem. Im einen Fall (BGH 41, 282 — es ging um den fehlerhaften Anstellungsvertrag eines Vorstandsmitgliedes, also einen Dienstvertrag (!)) hält das Gericht den Gegenwert der erbrachten Leistung und damit den Inhalt des Bereicherungsanspruchs nicht für meßbar und entscheidet sich u. a. deshalb für einen Anspruch auf das vereinbarte Entgelt. Im anderen Fall (BGH 53, 152 ff. — Arzneimittelvertreter) kommt der BGH durch eine Interessenabwägung aus § 242 zu einem Anspruch auf die vereinbarte Vergütung und sagt, die Anwendung von §§ 812 ff. verbiete sich wegen der Fürsorgepflicht.

[115] Vgl. *Flume*, AT § 8, 3; § 30, 8; *Söllner*, Arbeitsrecht § 28 II und Anm. zu BAG v. 1. 4. 76 in AR-Blattei Arbeitsvertrag D V Entsch. 2; *Blomeyer*, AR-Blattei D Arbeitsvertrag — Arbeitsverhältnis V, Mängel des Arbeitsvertrages; zu pauschal auch *Zöllner*, Studienbuch S 94: Die Probleme der §§ 812 ff. seien wohl lösbar; auch *Lieb*, der sich (in: Ehegattenmitarbeit) ausführlich mit §§ 812 ff. auseinandergesetzt hat (s. u. sogleich) kritisiert zwar (in: Arbeitsrecht S. 12 ff.) die h. M., meint aber resignierend, sie sei auch durch ein anderes Verständnis des Bereicherungsrechts nicht mehr revidierbar. Die leichtfertige Art, mit der oft auf diesem Gebiet argumentiert wird, erkennt er zu Recht (Ehegattenmitarbeit S. 86).

[116] So schreibt z. B. *Schwerdtner*, Fürsorgetheorie S. 112 f., es sei unbestritten, daß die §§ 812 ff. der Schutzbedürftigkeit und Schutzwürdigkeit des Arbeitnehmers nicht gerecht würden. Ebenso *Hanau / Adomeit*, Arbeitsrecht S. 140, der den „richterrechtlichen Satz" der ex-nunc-Nichtigkeit auf die Schutzwürdigkeit zurückführt.

[117] Vgl. *Canaris*, BB 67 S. 165 ff., 167.

fen die einzelnen Regelungen der §§ 812 ff. solche Probleme auf, daß ihre Anwendung nicht mehr sinnvoll erscheint.

Schon die Feststellung, ob und vor allem in welchem Umfang der Arbeitgeber etwas erlangt habe, sei kaum möglich. Die persönliche Arbeitsleistung eines Arbeitnehmers sei nicht meßbar, der Nutzen seiner Arbeit für den Arbeitgeber abhängig z. B. von Einarbeitungszeiten, Krankheit, Umfang des Urlaubsanspruchs etc., wobei immer noch die Frage offen bleibe, ob diese Faktoren dann jeweils zu berücksichtigen seien oder nicht[118].

Bei *§ 818 II* ergebe sich die Schwierigkeit, den objektiven Wert der Arbeitsleistung zu bestimmen. Auch hier stehen viele Möglichkeiten zur Wahl: Soll man ermitteln (was fast schon unmöglich ist), welchen Vermögensvorteil die Leistung dem Betrieb des Arbeitgebers gebracht hat, kann man statt dessen einen etwaigen Tariflohn, einen angemessenen oder Durchschnittslohn als „objektiven Wert" ansehen[119]?

An die gleichen Klippen, welche Faktoren einzubeziehen sind, stößt man zum dritten Male[120], wenn es darum geht, in welchen Fällen sich der Arbeitgeber auf *Entreicherung* berufen kann. Man stelle sich vor, er hätte statt dieses Arbeitnehmers keinen anderen einstellen wollen, die Arbeit selbst gemacht; was soll gelten, wenn die Leistung des Arbeitnehmers sinnlos war, es sich arbeitsplatztechnisch also um eine Fehlinvestition gehandelt hat[121]? In allen drei Punkten fällt auf, daß die Kritiker des Bereicherungsrechts sich streng an der *Vermögenslage* des Arbeitgebers orientieren; auf die Art der erbrachten *Leistung* wird dagegen nicht abgestellt[122].

b) Zwei weitere Argumente gegen die Anwendung des Bereicherungsrechts werden darauf gestützt, daß bei bereicherungsrechtlicher Abwicklung Schwierigkeiten mit der Anwendung anderer Vorschriften entstünden. So würden die Pfändungsschutzvorschriften des Zwangsvollstreckungsrechts nur für Lohn- nicht aber für Bereicherungsansprüche gelten[123]. Da andererseits mit der Anwendung der §§ 812 ff. die

---

[118] Vgl. *Canaris*, BB 67 S. 165 ff., 167; *Ramm*, Anfechtung S. 6; *Brox*, Einschränkung S. 234 f.; *Wilburg*, AcP 163 S. 355 f.; *Hueck*, Lehrbuch § 32 I 2 S. 184; *Sack*, RdA 75 S. 172; jeweils m. w. Nachw.

[119] Nachweise wie in Fn. 118.

[120] Daß es sich um *ein* Problem handelt, das in dreifacher Gestalt auftritt, erkennt auch zu Recht *Lieb*, Ehegattenmitarbeit S. 89.

[121] Nachweise wie in Fn. 118.

[122] Das ist der Punkt, wo die Befürworter einer Anwendung des Bereicherungsrechts ansetzen. Vgl. auch die allgemeine Kritik von *Hagen*, Festschrift für Larenz S. 847 ff., der im Bereicherungsrecht eine der Abkehr von der Differenztheorie im Schadensersatzrecht entsprechende Entwicklung weg von formaler und hin zu wertender Betrachtungsweise vermißt. Ebenso *Lieb*, Ehegattenmitarbeit S. 88.

[123] *Kaskel / Dersch*, Arbeitsrecht § 6 I 2; *Brox*, Einschränkung S. 235.

Tatsache verbunden ist, daß die Nichtigkeit des Vertrages mit ex-tunc-Wirkung eintritt, der Vertrag also von Anfang an „aus der Welt geschafft“ ist, sehen andere Autoren nun keinen Anknüpfungspunkt mehr für vertragliche Nebenpflichten und die sonstigen im Arbeitsrecht verbreiteten Schutzpflichten[124]. Diese Bedenken allerdings sind grundlos. Es ist nicht einzusehen, warum auf einen den Lohnanspruch ersetzenden Anspruch aus Bereicherungsrecht nicht die Schutzvorschriften des Zwangsvollstreckungsrechts analog angewendet werden sollten, da es schließlich in beiden Fällen darum geht, dem Arbeitnehmer (auch dem des nichtigen Vertrages) ein Minimum an Einkommen zur Bestreitung seines Lebensunterhaltes zu sichern[125]. Auch daß sich für vertragliche Nebenpflichten und sonstige Schutzvorschriften kein Anknüpfungspunkt finden lasse, muß verneint werden. Dieses Problem wird näher zu untersuchen sein, im Vorgriff darauf kann hier nur das Ergebnis kurz erwähnt werden.

2. Bereicherungsrecht und andere Ansprüche

Der Kern der Auseinandersetzung liegt in den zuerst genannten Punkten. Es geht zunächst um das Verständnis des Bereicherungsrechts, nämlich um die Frage, inwieweit die formale Bestimmung der Bereicherung durch eine wertende Betrachtung ersetzt werden kann, die zu befriedigenden Ergebnissen führt. Zweitens wird eine methodische Frage aufgeworfen: Wie verhält sich der so veränderte Bereicherungsanspruch zu anderen Anspruchsgrundlagen? Stimmt der z. B. von Beuthien und Lieb[126] aufgestellte Satz, daß ein weitgehend umgestalteter, speziell arbeitsrechtlicher Kondiktionsanspruch andere Anspruchsgrundlagen ausschließen kann, die etwa im Wege der Lückenfüllung, Rechtsfortbildung, Analogie etc. gewonnen werden könnten[127]?

a) Beuthien[128] tritt dafür ein, den Umfang der Bereicherung am *Vertragstyp* zu orientieren. Da das Bereicherungsrecht stets eine Rückabwicklungsfunktion habe, müsse als Maßstab für den Inhalt des An-

---

[124] *Brox*, S. 235.

[125] Vgl. *Canaris*, BB 67 S. 170 und die dort in Fn. 63 Zitierten. Auf den Schadensersatzanspruch nach § 628 II z. B. werden die Pfändungsschutzvorschriften auch bedenkenlos angewendet, vgl. *Staudinger / Mohnen / Neumann*, § 628 Rdz. 53 m. w. Nachw. aus dem zivilprozeßrechtlichen und arbeitsrechtlichen Schrifttum.

[126] *Beuthien*, RdA 69 S. 161 ff.; *Lieb*, Ehegattenmitarbeit; vgl auch *Richardi*, ZfA 5 (1974) S. 3 ff., 11, 12. Auch *Canaris*, Vertrauenshaftung z. B. S. 304, 373 scheint diese Ansicht zu teilen, allerdings vom entgegengesetzten Ansatzpunkt der Vertrauenshaftung her.

[127] Da die Erörterung solcher Anspruchsgrundlagen noch bevorsteht, wurde bewußt die weite Formulierung gewählt.

[128] RdA 69 S. 161 ff.

spruches die Art der erbrachten Leistung gelten[129]. Zurückgreifend auf den Unterschied zwischen Dienst- und Werkvertrag stellt Beuthien fest, der Arbeitnehmer schulde nicht den Erfolg seiner Tätigkeit, also nicht das damit erzielte Betriebsergebnis, von dem in der Tat die oben genannten Kritiker der Kondiktionslösung auszugehen scheinen. Vielmehr habe der Arbeitnehmer nur die vertraglich vereinbarte *Tätigkeit* zu erbringen. Damit kann Beuthien eine Bereicherung des Arbeitgebers bereits und immer dann annehmen, wenn der Arbeitnehmer seine vorgeschriebene Arbeitszeit ordnungsgemäß absolviert hat. Der Arbeitgeber ist *um die Arbeit* bereichert. Da hierfür selbstverständlich Wertersatz nach § 818 II zu leisten ist, muß Beuthien noch ein Kriterium angeben, nach dem er diesen Wert ermitteln will. Weil zum Gegenstand der Bereicherung nur die geleistete Arbeit zählt, kann es auch nur um *deren* Bewertung gehen; nicht der Wert des Arbeits*erfolges* ist danach für § 818 II maßgeblich, sondern der von Beuthien sog. Arbeitswert[130]. So sieht er gleichzeitig den Einwand als entkräftet an, daß der „objektive Wert“ der Arbeit erheblich über oder unter dem vereinbarten Lohn liegen kann[131]. Den Lohnwert bemißt Beuthien nämlich nach dem jeweiligen Arbeitsmarkt. Ausgehend davon, daß ein Arbeitnehmer heute nirgends mehr unter dem Lohnniveau des Arbeitsmarktes zu finden sei, bestimmt er als Wertersatz den Betrag, den der Arbeitgeber für einen solchen Arbeitnehmer auf dem Arbeitsmarkt zu zahlen hätte[132]. Man muß sich das wohl so vorstellen, daß die Tätigkeit des Arbeitnehmers einer bestimmten „Gattung“ von Arbeit zugeordnet wird, für diese ist dann praktisch der Durchschnittslohn zu ermitteln und als Bereicherung herauszugeben. Ein Wegfall der Bereicherung schließlich sei bei dieser Konstruktion gar nicht dankbar, denn der Arbeitswert ist dem Arbeitgeber endgültig zugeflossen.

Die Argumentation Beuthiens ist nur ganz verständlich, wenn man deren zweiten tragenden Punkt beachtet: Er bezieht nämlich in die Gestaltung des Bereicherungsanspruchs eine bestimmte Risikoverteilung im Arbeitsvertrag ein, die vorgegeben ist. Nur so wird der starre Begriff des „Arbeitswertes“ verständlich, und nur so läßt sich erklären, warum eigentlich die Bereicherung in keinem Fall ausbleiben oder nachträglich entfallen kann. Der Arbeitgeber trägt nach Beuthien das volle Risiko seiner Personalpolitik, d. h. ihm ist der Einwand verwehrt, der Arbeitnehmer sei überflüssig gewesen, die Arbeit hätte er sonst selbst erledigt, etc. Zum anderen trägt er auch das Risiko der Wirtschaftlichkeit des Einsatzes von Arbeitskräften, d. h. es ist uner-

[129] S. 164 re. Sp.

[130] S. 164.

[131] S. 165 li. Sp.

[132] S. 165.

heblich, ob die mit dem vereinbarten Lohn getroffene Investition sich in entsprechendem Produktionsgewinn widerspiegelt. Diese Risikoverteilung ist nach Beuthien[133] konstitutiv für den Vertragstyp des Arbeitsvertrages und nach seiner These auf den Bereicherungsanspruch übertragbar. Damit hat sich Beuthien gleichzeitig auch dem Einwand weitgehend entzogen, das Bereicherungsrecht sei typologisch nicht für die Rückabwicklung von Arbeitsverträgen geeignet[134]; denn durch die ins Bereicherungsrecht übertragene Risikoverteilung und die Ausgestaltung des zu ersetzenden Arbeitswertes hat er den Bereicherungsanspruch gerade in einer solchen Weise gestaltet, daß die Probleme bei der Ermittlung der Bereicherung weitgehend ausgeschaltet sind.

b) Eindeutiger noch als Beuthien, der seinen Gedankengang aufbaumäßig an den gegen die Anwendung des Bereicherungsrechts vorgebrachten Gründen orientiert, betont Lieb[135], daß die zentrale Frage diejenige nach der Bestimmung des *Erlangten* ist und darin die drei oben genannten Haupteinwände aufgehen: Der Gegenstand der Bereicherung stellt selbstverständlich das Erlangte dar; zweitens hängt die Bestimmung des Wertes nach § 818 II ausschließlich davon ab, *wessen* Wert zu ermitteln ist; und schließlich stellt sich die Frage der Entreicherung ganz unterschiedlich, je nachdem, was zunächst als Erlangtes anerkannt worden ist[136].

Lieb wendet sich sowohl gegen eine Ermittlung der Bereicherung nach dem Erfolg der Leistung als auch dagegen, die Bereicherung in der Ersparnis von Aufwendungen zu sehen[137]. Nach diesen Theorien würde die Bereicherung erst sekundär im Empfängervermögen entstehen und müßte durch eine Differenzhypothese nachgewiesen werden[138]. Dagegen kommt nach Lieb bei nichtgegenständlichen Leistungen die Bereicherung bereits durch die Vermögensverschiebung selbst, also *direkt* zustande. Die Leistung sei das Zurverfügungstellen von Arbeitskraft, mehr schulde der Arbeitnehmer nicht, der Arbeitgeber

133 S. 165, 167.

134 S. 168.

135 Ehegattenmitarbeit S. 86 ff.

136 Das beweist zugleich, daß der Gesetzgeber (nach *Mugdan,* II S. 467) den Kern des Problems nicht erkannt hat. Dort heißt es im Rahmen des § 818 II, die Vorschrift stelle eine *Vermutung* auf, daß der Wert des Geleisteten ins Vermögen des Empfängers übergegangen sei. Daraus wird für indebite geleistete Dienste gefolgert, daß der gemeine Wert zu vergüten sei. — Es wird deutlich, daß einesteils der Umfang des gemeinen Werts in der Schwebe bleibt, wenn nicht klar ist, was der Arbeitgeber oder Dienstherr erlangt hat, und andererseits die Frage der Entreicherung völlig offen ist.

137 S. 88 - 90 m. w. Ang.; vgl. auch die Nachweise bei *Koppensteiner / Kramer,* Bereicherung S. 128 ff. und die Darstellung von *Larenz,* Festschrift für v. Caemmerer S. 209 ff., 211.

138 S. 93.

sei folglich dadurch bereits bereichert[139]. Der Kondiktionsschuldner „erlangt“ den Marktwert der Dienstleistung. Da er bereits „nur“ um einen „Wert“ bereichert ist, richtet sich der Anspruch primär auf den Ersatz dieses Wertes; also ist damit zugleich der Umfang des Wertersatzes nach § 818 II festgelegt. Einleuchtenderweise wird nach der Meinung von Lieb — ebenso wie bei Beuthien — § 818 III absolet: Wenn die Bereicherung durch den Leistungsvorgang selbst eintritt, ist sie ein für alle Mal vorhanden und kann nicht mehr wegfallen[140].

Obwohl Lieb eine besondere Risikoverteilung im Dienst- (bzw. Arbeits-)verhältnis seiner Argumentation nicht ausdrücklich zugrunde legt, baut auch seine Theorie darauf auf. Die Bereicherung so zu bestimmen wie Lieb, bedeutet zwangsläufig, daß der Bereicherungsschuldner das Risiko trägt, von der erlangten Arbeitskraft nicht so viel zu haben wie ihm als Bereicherung zugerechnet wird. Der Arbeitgeber trägt außerdem den Nachteil, daß er nicht einmal mehr die theoretische Möglichkeit hat, sich auf § 818 III zu berufen. Damit geht Lieb also von der gleichen Risikosituation aus wie Beuthien[141]. Lieb sieht diese Argumentation dadurch als gerechtfertigt an, daß die Funktion des Bereicherungsrechts insgesamt sich gewandelt habe[142]. Während früher unter „Bereicherungsrecht“ die Abschöpfung noch vorhandener Vermögensüberschüsse verstanden worden sei[143], sei das Bereicherungsrecht nach moderner Auffassung ein „Mittel zur sachgerechten Rückabwicklung gescheiterter Leistungsbeziehungen“[144].

So spontan man sich bei dieser Darstellung des Gegensatzes der Auffassungen für die letztere entscheiden möchte, sie enthält doch gewichtigere Aussagen als es auf den ersten Blick scheint: Denn mit der Wendung „sachgerechte Rückabwicklung“ ist ein sehr weites Tor geöffnet, um vertragliche oder sonstige Wertungen in den Bereicherungsausgleich einzubeziehen. In Wahrheit liegt also ein recht funda-

---

[139] S. 91 ff., 96. Bekanntlich erörtert *Lieb* auch an dieser Stelle parallel die Problematik der Verwendungen und stellt hier die — mit Recht stark kritisierte (vgl. Nachweise bei *Koppensteiner / Kramer*, Bereicherung S. 127 ff.) — These auf, der Kondiktionsschuldner habe die Verwendungs*möglichkeit* erlangt. Es scheint nicht nur diese These, sondern auch die parallele Behandlung von Arbeitskraft und Verwendungsmöglichkeit zweifelhaft: Letztere ist gegenüber der Arbeitskraft ein sehr viel vagerer Anknüpfungspunkt.

[140] S. 96 f.

[141] Später (NJW 71 S. 1289 ff., 1291 re. Sp.) bringt dies auch *Lieb* (im Anschluß an *Beuthien*) klar zum Ausdruck.

[142] S. 98 ff.

[143] Und damit von vornherein eine Risikoverteilung getroffen worden sei, die den Schuldner davor bewahrt, vermögensmäßig schlechter gestellt zu sein als vorher.

[144] S. 100. Vgl. dazu auch *Regnier*, AcP 177 S. 418 ff.

mentaler Unterschied zwischen den beiden Auffassungen von der Funktion des Bereicherungsrechts vor.

c) Die Meinungen von Beuthien und Lieb entsprechen in der Tat einer weitverbreiteten und im Vordringen befindlichen Tendenz im Bereicherungsrecht[145]. Die Darstellung soll jedoch auf diese beiden Autoren beschränkt bleiben, die sich gerade mit der fehlgeschlagenen Arbeits- oder Dienstleistung befassen; beim derzeitigen Stand der bereicherungsrechtlichen Diskussion würde eine stärkere Ausweitung den Rahmen der vorliegenden Arbeit sprengen. So soll auch die Auseinandersetzung mit den Argumenten dieser neueren Lehre nur auf dem Sektor unserer Problematik geführt werden.

d) Wie bereits erwähnt, liegt der Kernpunkt der Auseinandersetzung tatsächlich darin, was man als die Bereicherung des Arbeitgebers ansieht. Und sicher haben hier die Vertreter der neueren Theorie Recht. Das „Erlangte" bei der Leistungskondiktion kann vernünftigerweise nur das ordnungsgemäß, wenn auch indebite „Geleistete" sein. Nun geht Lieb allerdings zu weit, wenn er das „Zurverfügungstellen" der Arbeitskraft als Leistung ansieht. Soll das wörtlich verstanden sein, so ist es dem gleichen Vorwurf ausgesetzt wie seine These von der Verwendungsmöglichkeit als Bereicherung[146]. Das ist schon deshalb evident, weil das bloße Anbieten der Arbeitsleistung im Arbeitsvertrag wie bei jeder anderen schuldrechtlichen Verpflichtung den Arbeitgeber zwar evtl. in Annahmeverzug setzen, aber nicht als Erfüllung gelten kann. Ein als Erfüllung untaugliches Verhalten führt aber auch bei weitester Betrachtung nicht zu einer Bereicherung des angeblichen Empfängers. Andererseits ist es aber richtig, daß der Arbeitnehmer nicht verpflichtet ist, das Betriebsergebnis des Arbeitgebers zu verbessern und damit dessen Vermögen zu mehren, wenn er nur in seiner Arbeitszeit das tut, wozu er „vertraglich" und nach Anweisung des Arbeitgebers „verpflichtet" ist. Mehr kann nicht verlangt werden, und mehr kann der Arbeitgeber folglich auch nicht *erlangen*.

Versteht man dagegen das „Zurverfügungstellen von Arbeitskraft" etwas anders, so kommt der richtige Kern der Aussage von Lieb zutage: Der Arbeitnehmer stellt, *indem* er arbeitet, dem Arbeitgeber den Produktionsfaktor „Arbeit" zur Verfügung. Und wie der Arbeitgeber *diese* wirtschaftlich verwertet, ist in der Tat nicht mehr von Bedeutung für den Bereicherungsanspruch. Will man also überhaupt einen Bereicherungsanspruch geben, so kann er nur auf „Herausgabe"

---

[145] Vgl. die Nachw. bei *Koppensteiner / Kramer*, Bereicherung S. 128 sowie die im Anschluß an die Entscheidung BGH 55, 128 (Flugreise) erschienenen Aufsätze von *Canaris*, JZ 71 S. 561 und *Lieb*, NJW 71 S. 1289.

[146] Vgl. oben Fn. 139.

dieser Arbeitsleistung gerichtet sein. Man darf sich freilich nicht darüber täuschen, daß damit bereits eine Wertung vollzogen ist, die dem Bereicherungsrecht nicht selbstverständlich schon innewohnt: Die §§ 812 ff. stehen auf einer Abstraktionsebene, die gerade von den Besonderheiten der *einzelnen* Schuldverträge absieht[147]. Und diese „Typusungebundenheit" des Bereicherungsanspruchs funktioniert ja in der Tat bei allen Verträgen, deren Leistungen aus Vermögensgegenständen bestehen.

Es ist ferner ohne weiteres einsichtig, daß der Bereicherungsanspruch nur auf Wertersatz nach § 818 II gerichtet sein kann. Sowohl der Vorschlag von Lieb („üblicher Lohn") als auch der von Beuthien aufgestellte Grundsatz, in der Regel entspreche der sog. Lohnwert dem Marktlohn, erscheinen sachgerecht. Daß gleichwohl auch hier die Grenzen des herkömmlichen, typusungebundenen Bereicherungsrechts überschritten werden, wird besonders an der Argumentation von Beuthien deutlich: Lag nämlich der „vereinbarte" Lohn niedriger als der Lohnwert, so billigt er dem Arbeitnehmer nur ersteren zu (dieser dürfte nicht besser gestellt werden als bei Gültigkeit des Vertrages)[148]; war dagegen umgekehrt der vereinbarte Lohn höher als der Lohnwert, so will er § 346 S. 2 analog anwenden[149].

Insgesamt kann kein Zweifel bestehen, daß Lieb und Beuthien eine Anzahl unhaltbarer Einwände gegen eine Anwendung des Bereicherungsrechts auf fehlerhafte Arbeitsverträge entkräftet haben. Damit steht fest, daß die §§ 812 ff. nicht generell im Recht des Arbeitsvertrages unbrauchbar sind. Beide Verfasser gehen jedoch von einer Prämisse aus, die ihrerseits in ihrer Totalität unhaltbar ist. Aus dem Nachweis, daß mit Hilfe des Bereicherungsrechts grundsätzlich ein Ausgleich möglich ist, schließen sie, es sei unzulässig, gleichzeitig einen eigenen Ausgleichsanspruch besonderer Art zu gewähren. Diese vor allem gegen Canaris[150] gerichtete These ist aus der Sicht zivilrechtlicher Konkurrenzlehre, in deren Zusammenhang sie zu sehen ist, nicht haltbar.

Wir haben gesehen, daß Ausgangspunkt der Neubewertung des Bereicherungsgegenstandes im wesentlichen die spezifischen Risikoverteilung im Arbeits- bzw. Dienstverhältnis ist. Damit führt sich auch dieses Problem auf die Rechtsnatur dieser Verträge zurück. Oben

[147] Auch die oben (Fn. 136) zitierte Stelle aus den Materialien deutet darauf hin, daß der Gesetzgeber grundsätzlich auf der Ebene der §§ 812 ff. alle Verträge gleich betrachtete und die bei Dienstverträgen entstehenden Schwierigkeiten durch die „Fiktion" des § 818 II für behoben ansah.

[148] RdA 69 S. 165.

[149] RdA 69 S. 167 f.

[150] In BB 67 S. 165 ff.; teilweise aber auch gegen *Bydlinski*, Festschrift für Wilburg S. 45 ff. und *Wilburg*, AcP 163 S. 346 ff.

wurde die besondere Struktur des Arbeitverhältnisses nach ihren Typusmerkmalen untersucht und dabei festgestellt, daß neben einer besonders vielschichtigen Interessenlage in der Regel eine spezifische Vertrauenssituation gegeben ist. Vergleicht man damit die bei Beuthien angeführte „Risikoverteilung“, so kommt darin neben dem reinen *Umfang* der Leistungspflicht (Einsatz von Arbeitskraft, nicht Herbeiführen von Betriebsgewinn) nur noch das Merkmal der *persönlichen* Leistungspflicht zum Tragen. Alle anderen Typusmerkmale, insbesondere die konkrete Vertrauenssituation bleiben außer Betracht. Das erklärt auch, warum diese Autoren keinerlei Mühe haben, Dienst- und Arbeitsverträge völlig gleichartig zu behandeln; denn sie stützen sich gerade auf den Gesichtspunkt, der beiden Verträgen gemeinsam ist. Schwierigkeiten, die z. B. aus der existenzsichernden Funktion des Arbeitsvertrages, seiner Dauer oder — um ein Beispiel aus der Vertrauenssituation zu wählen — aus der Überlegenheit des Arbeitgebers resultieren, bleiben unerwähnt. Das ist im Rahmen des *Bereicherungsrechts* richtig und ausreichend. Jedoch ist es undenkbar, daß ein Bereicherungsanspruch, der einem konkreten Vertragstyp nur in einem bestimmten Ausschnitt gerecht wird und sich darauf auch beschränken kann, bereits die Möglichkeit zur Anwendung anderer Ausgleichsansprüche ausräumen soll.

Obwohl zusammenfassend also der These widersprochen werden muß, das Bereicherungsrecht sei generell nicht anwendbar, es vielmehr tatsächlich einen funktionstüchtigen Bereicherungsanspruch auch für fehlerhafte Arbeitsverhältnisse gibt, hindert diese Feststellung nicht die Prüfung anderer Anspruchsgrundlagen, die auch den übrigen Typusmerkmalen des Arbeitsvertrages gerecht werden können. Zwischen diesen Ansprüchen und demjenigen aus Bereicherung würde dann grundsätzlich ein normales Konkurrenzverhältnis bestehen.

III. Außerrechtsgeschäftliche Anspruchsgrundlagen auf der Basis von § 612 BGB

Es mag zunächst überraschen, daß hier ein nichtvertraglicher Anspruch überprüft wird, der auf der aus dem Vertragsrecht stammenden Vorschrift des § 612 BGB beruhen soll. Es soll hier aber nicht untersucht werden, ob § 612 BGB nur bei fehlender Entgeltabrede anwendbar ist oder auch dann, wenn diese fehlerhaft ist oder eine atypische Entlohnung vorgesehen war[151]. Denn in diesem altbekannten Mei-

[151] Vgl. zur analogen Anwendung auf fehlerhafte Entgeltabreden BAG AP 2 zu § 138 BGB; BAG 24, 307 ff.; im Rahmen der Gratifikationsfrage BAG 15, 17 ff. (vgl. zur Kritik an dieser Entscheidung schon oben bei und in Fn. 66). Zur atypischen Gegenleistung vgl. BAG AP 2 zu § 146 KO; BAG AP 13 zu

nungsstreit wird von der Existenz einer rechtsgeschäftlichen Anspruchsgrundlage außerhalb § 612 ausgegangen, wenn dies auch nicht immer explizit klar wird[152]. Es geht dann eigentlich darum, § 612 BGB auf einen solchen Anspruch analog anzuwenden, mit seiner Hilfe also den Umfang des Anspruchs als den üblichen Lohn zu bestimmen.

1. Vertragsfiktion aus § 612 BGB

Im Gegensatz dazu gibt es aber tatsächlich Versuche, die Vorschrift des § 612 BGB zu einer Anspruchsgrundlage zu verdichten. Einen solchen Versuch hat Hanau unternommen[153]. § 612 soll danach nicht nur den Umfang des Entgelts in einem ansonsten intakten Vertrag regeln; vielmehr werde hier nicht nur ein Vergütungsanspruch, sondern ein Vertragsverhältnis geschaffen[154]. An die Stelle des Zustandekommens durch Willenseinigung tritt eine sich aus § 612 ergebende „Vertragsfiktion", die dann nicht nur den Entgeltanspruch zur Folge hat, sondern zugleich die ganze Vertragsordnung der §§ 611 ff. in Geltung setzt. Dies soll immer dann der Fall sein, wenn „eine Leistungsbeziehung einem Vertragsverhältnis *so gleicht*, daß vertragliche Vergütungsansprüche *angemessen* sind"[155].

In Wahrheit ist die von Hanau gewählte Bezeichnung als Vertragsfiktion noch gar nicht weitgehend genug. Er fingiert über die Anwendung der Vertragsordnung hinaus auch die Voraussetzung, nämlich den von ihm statuierten „Rechtsgrundsatz", daß die „Vertragsordnung hier besser passe" als sonstige Ausgleichsansprüche, und wirft uns so nur auf die alte Frage zurück, was „angemessen"[156] ist, wenn jemand Dienste geleistet hat. Hanau ist es aber nicht gelungen, darüber hinaus-

---

§ 612 BGB m. Anm. *A. Hueck;* AP 15 zu § 612 BGB m. Anm. *A. Hueck;* AP 22 zu § 612 m. Anm. *Mayer-Maly;* AP 23 zu § 612 BGB m. Anm. *Bydlinski;* AP 24 zu § 612 BGB m. Anm. *Diederichsen*, die zugleich eine Zusammenfassung der bisherigen Rechtsprechung bietet; AP 25 zu § 612 BGB m. Anm. *Schnorr v. Carolsfeld;* AP 27 zu § 612 BGB m. Anm. *Beuthien;* AP 1 zu § 518 BGB = BAG 7, 353 ff. Aus dem Schrifttum vgl. z. B. *Soergel / Wlotzke / Volze*, § 612 Rdz. 1 ff.; *Canaris*, BB 67 S. 165 ff.; *Beuthien*, RdA 69 S. 161 ff., 166; *Hueck*, Lehrbuch S. 264; *Nikisch*, Lehrbuch S. 327; *Lieb*, Ehegattenmitarbeit S. 73 ff.

[152] Dies zeigt sich z. B. deutlich in der Rechtsprechung zum fehlerhaften Vertrag: BAG AP 2 zu § 138 BGB (Hungerlohn) stellt zunächst fest, daß bei vollzogenem Arbeitsverhältnis der Lohnanspruch jedenfalls bestehe und orientiert ihn in der Höhe „mangels näherer Anhaltspunkte nach § 612 II BGB" (Leits. 1). Ebenso BAG 24, 307; vgl. auch umgekehrt BGH 41, 282 (Vorstandsmitglied). Deutlich auch *Soergel / Wlotzke / Volze*, § 612 Rdz. 2; vgl. auch *Bydlinski*, Festschr. für Wilburg S. 45 ff., 46, 49.

[153] AcP 165 S. 220 ff., 263 ff.

[154] S. 265 f.

[155] S. 267 — Hervorhebung v. Verf.

[156] S. 266 f.

reichende Kriterien aufzuzeigen, *wann* eine „Vertragsfiktion" wirklich angemessen ist[157]. Denn alle bisherigen Untersuchungen haben ergeben, daß die Arbeitsleistung ohne Gegenanspruch allein zur Begründung eines Rechts auf „vertragliche" Vergütung unzureichend und systemwidrig ist[158].

2. § 612 BGB und die Lehre vom Zuweisungsgehalt

Einen eigenen gesetzlichen Anspruch auf Entgelt für die Inanspruchnahme von Leistungen aus ungültigen Verträgen (und Leistungen ohne Verpflichtungswillen) versucht auch Wilburg[159] nachzuweisen. Und in sehr enger Anlehnung an die Wilburgsche Konzeption behauptet Bydlinski einen solchen Anspruch für die Fälle zweckverfehlter Arbeitsleistung[160]. Beide machen die Lehre vom Zuweisungsgehalt zum Ausgangspunkt ihrer Überlegungen.

Wilburg hat diese Lehre bekanntlich zur Eingriffskondiktion entwickelt[161], wo sie auf weitgehende Zustimmung gestoßen ist[162]. In dem oben angeführten Aufsatz überträgt er diesen Gedanken auch auf Leistungen, indem er nunmehr Zuweisungsgehalt und Rechtsfortwirkung zum übergreifenden Gesichtspunkt erklärt[163]. Die Rechtsfortwirkung der Arbeitskraft führe zwangsläufig zu einem Entgeltanspruch, der aber nicht „bloßer" Bereicherungsanspruch sei, sondern vielmehr seine eigene Rechtsnatur dadurch erhalte, daß er unabhängig vom Leistungserfolg auf ein angemessenes Entgelt gerichtet sei und sich nach Voraussetzungen richte, die von den herkömmlichen Kategorien des Bereicherungsrechts verschieden seien. Wer demnach eine Leistung, die „nicht ohne Verlust in Natur oder dem Werte nach rückgängig zu machen ist"[164], wissentlich in Anspruch nehme, müsse diese Leistung angemessen entlohnen. Verpflichtungswille wie Grund

---

[157] Wenn *Hanau* sagt, die „Anwendung des Vertragsrechts komme *nur* (Hervorheb. v. Verf.) infrage, wenn die Leistungsbeziehung im gegenseitigen Einvernehmen zustande"komme (S. 268 u.), so schließt er damit zwar tatsächlich aus, daß seine Vertragsfiktion noch für aufgedrängte Dienste Geltung beansprucht; das ist aber kein besonderer Gewinn, sondern allenfalls das Minimum dessen, was man erwarten darf, und an sich eine bare Selbstverständlichkeit.

[158] Insbesondere mit Blick auf die Verträge mit atypischer Gegenleistung weist *Lieb*, Ehegattenmitarbeit S. 69, auch mit Recht darauf hin, daß damit eine nicht zu rechtfertigende Bevorzugung des Leistenden postuliert wird.

[159] AcP 163 S. 346 ff.

[160] Festschrift für Wilburg S. 45 ff.

[161] In: Ungerechtfertigte Bereicherung.

[162] Vgl. hierzu nur *Larenz*, Schuldrecht II § 68 II S. 473 und *Esser*, Schuldrecht BT 4. Aufl. § 104 I 3; *Koppensteiner / Kramer*, Bereicherung S. 89 ff.; *Medicus*, Bürgerliches Recht Rdz. 712, jeweils mit Nachweisen zu insbesondere neuerdings abweichenden Meinungen.

[163] AcP 163 S. 348, 349.

[164] *Wilburg*, AcP 163 S. 375.

der Nichtigkeit treten daneben weit in den Hintergrund. Wilburg bietet eine Fülle sog. gefahrüberwälzender Kräfte für verschiedene Fälle zur Auswahl an, die jeweils aus anderen Gründen den Anspruch rechtfertigen können[165].

Hat sich bei Wilburg damit die Lehre vom Zuweisungsgehalt vom Bereicherungsrecht ganz gelöst und zur eigenen Anspruchsgrundlage verselbständigt, so findet Bydlinski[166] zu einem fast identischen Tatbestand eines gesetzlichen Entgeltanspruchs einen anderen Weg. Er sieht diese Lehre nicht nur im Bereicherungsrecht verwirklicht, sondern auch z. B. in § 612 BGB. Die Lehre vom Zuweisungsgehalt diene beiden Vorschriften als gemeinsame Wurzel[167]. Neben die Merkmale: „Unmöglichkeit der Leistungsrückgewähr in Natur" und die „wissentliche Inanspruchnahme" setzt er als zusätzliches Merkmal die Voraussetzung, daß der Leistungsempfänger mit einer besonderen Vergütung rechnen müsse[168]. Dies sei eine Verwirklichung des Vertrauensschutzes. Der Unterschied zwischen den wesensverwandten Ansprüchen aus § 812 und § 612 liege auf der Rechtsfolgeseite darin, daß der Bereicherungsanspruch nur zum Erfolg führen könne, wenn die Leistung dem Empfänger einen Nutzen gebracht habe, während der gesetzliche Entgeltanspruch vom Erfolg der Leistung unabhängig und stets auf das angemessene Entgelt gerichtet sein soll. Dieser weitergehende Anspruch soll z. B. dann ausgeschlossen sein, wenn der Beschäftigte den Zweck vereitelt[169]; er muß sich dann mit dem bloßen Bereicherungsanspruch zufriedengeben. Auch bei Bydlinski überstrahlt der Zuweisungsgehalt die Frage nach der rechtsgeschäftlichen Verpflichtung ganz und findet seine Grenze nur an einer ausdrücklichen Vereinbarung der Unentgeltlichkeit[170].

Wilburg sieht seine Lösung bewußt[171] als praktikabel für alle Fälle an, in denen einmal mit der Figur der faktischen Verträge gearbeitet wurde. Bydlinski dagegen betont immer wieder, daß einer generellen Ausschaltung des Bereicherungsrechts vorzubeugen sei[172]. Die Beschränkung des gesetzlichen Anspruchs auf die Fälle der zweckverfehlenden Arbeitsleistung gelingt ihm dennoch nur insoweit, als das Thema des Aufsatzes begrenzt ist. Wenn er den Verpflichtungsgrund für unerheblich hält, andererseits eine Risikoüberwälzung auf den Beschäftigten

[165] S. 375 ff.
[166] Festschrift für Wilburg S. 45 ff.
[167] S. 74.
[168] S. 72, 75.
[169] S. 76 f.
[170] S. 72.
[171] S. 373 ff.
[172] z. B. S. 67; vgl. aber S. 72 Fn. 89.

schon bei nicht sehr enger Bindung für ungerechtfertigt hält[173], so kann er für die Fälle des zwar intendierten, aber fehlgeschlagenen Vertrages nicht anders entscheiden[174].

So läßt sich zusammenfassend feststellen, daß beide Autoren für die Probleme des fehlerhaften Arbeitsvertrages einen gesetzlichen Entgeltanspruch für den Arbeitnehmer bzw. Beschäftigten geben, der seinen Grund entweder in dem Zuweisungsgehalt der Arbeitskraft allein (Wilburg) hat oder aber aus § 612 BGB hergeleitet wird (Bydlinski), weil sich in dieser Vorschrift eben dieser Zuweisungsgehalt ebenso manifestiere wie im Recht der Leistungskondiktion.

Es muß bereits gezweifelt werden, ob die Lehre vom Zuweisungsgehalt sinnvoll auf die Leistungskondiktion übertragen werden kann[175]. Jedenfalls der zweite Schritt, aus dem Zuweisungsgehalt der Arbeitskraft eine eigene gesetzliche Anspruchsgrundlage abzuleiten, ist abzulehnen. Zunächst wurde oben bereits gezeigt, daß ein Bereicherungsanspruch nicht nur dann bestehen kann, wenn dem Empfänger ein „Nutzen" bleibt. Sowohl Wilburg als auch Bydlinski[176] begründen aber die Notwendigkeit des besonderen Anspruchs auch mit dem Hinweis darauf, daß es sich hier um eine in Natur nicht zurückzugebende Leistung handelt — womit zudem auch erst der halbe Grund gegeben ist, denn es wäre noch zu prüfen, ob diese Tatsache auch jeden Wertausgleich unmöglich macht. Zum zweiten — das wurde eben bereits erwähnt — kann auch Bydlinski sich dem Vorwurf nicht entziehen, daß für eine ganze Fallgruppe das gesamte Bereicherungsrecht unanwendbar wird, bzw. präziser gesagt, an Bedeutung neben dem weiterreichenden Anspruch verliert. Das allein wäre allerdings kein Ansatzpunkt für Kritik, wenn die Notwendigkeit für einen solchen Anspruch zwingend nachgewiesen wäre. Gerade dies ist aber nicht der Fall. Daß die Arbeitskraft dem Arbeitenden „zugewiesen" ist, sagt noch nichts darüber aus, was er im Falle einer rechtsgrundlosen Leistung als Gegenwert zu erwarten hat. Auch der Umweg über § 612, den Bydlinski einschlägt, ändert daran nichts, denn er führt diese Vorschrift ja erst auf die Gedanken des Zuweisungsgehalts und der Rechtsfortwirkung zurück, bevor er den Anspruch darauf aufbaut.

---

173 S. 76.

174 So versteht ihn auch zu Recht *Lieb*, Ehegattenmitarbeit S. 79 f.

175 Eher scheint hier eine überflüssige Verwischung der Grenzen zwischen zwei Kondiktionstypen vorzuliegen. Jedenfalls ergibt sich bei der Leistungskondiktion im Grundfall das Rechtsverhältnis aus der Beziehung der fehlgeschlagenen Leistung, während gerade bei der Eingriffskondiktion an dieser Stelle Probleme entstehen. Es kann hier nicht näher auf diese Frage eingegangen werden; zur Kritik an Wilburg vgl. z. B. *Lieb*, Ehegattenmitarbeit S. 64 f.

176 Zusammenfassend jeweils: *Wilburg*, AcP 163 S. 375; *Bydlinski*, Festschrift für Wilburg S. 72.

Versucht man diesen Anspruch in einen Tatbestand zu fassen (was für die Abhandlung von Bydlinski leichter fällt als bei Wilburg, der ja nur auf unterschiedlich wirkende Kräfte aufbaut), so vermißt man auch hier die herausragenden Merkmale: Eine wissentliche Inanspruchnahme einer Leistung liegt in der Regel bei jeder Leistungskondiktion vor; daß der Empfänger damit rechnen muß, die Leistung zu vergüten, stellt nur ein Sonderproblem der *zweckverfehlenden* Arbeitsleistung dar; für alle anderen fehlgeschlagenen Leistungen wird auch das die Regel sein. Jedenfalls ist es kein Umstand, der einen besonderen Vertrauensschutz erfordert[177]. Zwar unterziehen beide Autoren ihren offensichtlich zu weit gefaßten[178] Anspruch verschiedenen Einschränkungen. Bydlinski untersucht für seinen Problemkreis besonders die Zweckvereitelung durch den Beschäftigten und verweist diesen auf den „normalen" Bereicherungsanspruch, geht aber nicht darauf ein, daß das Bereicherungsrecht selbst ja durchaus auch derartige Differenzierungen kennt (z. B. §§ 818 IV, 819). Wilburg setzt sich schließlich hier zum wiederholten Male dem Vorwurf aus, daß er ein de lege lata differenziert geregeltes Rechtsgebiet in „Kräfte" auflöst, die in jedem Einzelfall anders zur Geltung kommen, und so ohne zwingenden Grund den gesamten Regelungsbereich aufweicht.

Zusammengefaßt scheitern die bisher erörterten Versuche der Bildung einer gesetzlichen Anspruchsgrundlage alle an ihrer unklaren und viel zu weit gehenden Fassung. Wie z. B. die Dauer einer Leistungsbeziehung, die Kenntnis einer oder beider Parteien vom Mangel, besondere Dispositionen einer Partei, die Art des Rechtsverstoßes etc. berücksichtigt werden sollen, bleibt unklar oder — und das trifft insbesondere den Vorschlag von Wilburg[179] — nicht ohne weiteres nachvollziehbar. Die formale Abstützung auf § 612 kann das nicht wettmachen. Die Vorschrift allein enthält nicht die essentielle Wertung, die zu so weitgehender Rechtsfortbildung berechtigen würde, ohne daß man noch andere Wertungsgesichtspunkte einbezieht.

[177] So aber *Bydlinski*, Festschrift für Wilburg S. 75; vgl. auch die Kritik bei *Lieb*, Ehegattenmitarbeit S. 61 ff. und 78 ff.

[178] Vgl. die Formulierung bei *Wilburg*, AcP 163 S. 375: „Wer einen Arbeiter verwendet, nimmt dessen Arbeitskraft in Anspruch und wird durch den Schutz dieses Rechtsgutes auch ohne gültigen Vertrag zu einem angemessenen Entgelt verpflichtet."

[179] Das soll keine generelle Verurteilung der für *Wilburg* spezifischen Denkform sein. Seine Vorschläge (S. 375 f.) sind durchaus der Diskussion wert, bleiben aber auf einer Ebene stehen, die nur das Vorfeld zur Bildung gesetzlicher Tatbestände (auch auf dem Weg der Rechtsfortbildung) sein kann.

IV. Zusammenfassung

Von den zu Beginn dieses Abschnitts aufgezählten theoretischen Möglichkeiten zur Lösung der Probleme der fehlerhaften Arbeitsverträge haben sich nach der bisherigen Untersuchung bis auf die These von der Anwendbarkeit des Bereicherungsrechts alle als unbrauchbar erwiesen.

1. Die Lehre vom *faktischen Vertrag* scheitert an ihrer Unvereinbarkeit mit unserer Rechtsordnung.
2. Auch die Vorschläge, im Rahmen der Rechtsgeschäftslehre durch den *Eingriff in die Nichtigkeitsregelungen* des BGB zur Lösung zu kommen, halten einer Kritik nicht stand:

— Der Versuch, Nichtigkeitsgründe einzuengen, scheitert zunächst daran, daß damit weitgehend nur einer unkontrollierbaren Billigkeitsrechtsprechung das Tor geöffnet wird, zumal die Vertreter dieser Meinung gerade in kritischen Fällen selbst nicht mit ihrer eigenen Methode, sondern mit anderen Augumenten arbeiten. Hauptsächlich aber begegnet die Schaffung sog. abgestufter Tatbestände gravierenden methodischen Einwänden.

— Gegen die überwiegend vertretene Meinung, man könne die Nichtigkeitsfolge einschränken, ergibt sich eine Fülle von Einwänden: Der Eingriff in die Regelungen des BGB wird teilweise mit einer Rechtsnatur des Arbeitsvertrages (nämlich der als personenrechtliches Gemeinschaftsverhältnis) begründet, die dieser gar nicht hat; oder die abhängigen Typusmerkmale „Dauer“ und „Schutz“ werden zu Unrecht allein zu Grunde gelegt. Der Haupteinwand ist auch hier methodischer Art: Es wird eine Regel aufgestellt (alle fehlerhaften Arbeitsverträge sind grundsätzlich nur ex nunc nichtig) und angewandt unabhängig davon, ob die zur Begründung herangezogenen Merkmale im konkreten Fall überhaupt gegeben sind oder nicht, wobei hinzukommt, daß in den problematischen und deshalb auch in den von der Rechtsprechung behandelten Fällen diese Merkmale in der Regel nicht vorliegen. Da weder die Rechtsprechung des BAG noch die ihr zustimmende Literatur dem Satz von der ex-nunc-Nichtigkeit zur Qualität des Gewohnheitsrechts verholfen haben, ist diese Methode unzulässig. Bezeichnenderweise greifen auch hier Autoren, die sich besonders eingehend mit der Frage beschäftigen (wie z. B. Wiedemann) „instinktiv“ auf andere Argumente zurück.

— Schließlich würde eine „Lösung“ durch Umkehrung der Vermutung des § 139 BGB die Probleme, die materieller Art sind, auf eine formale Ebene verlagern, ohne daß man sich darüber Gedanken zu machen braucht, wann diese Verlagerung eigentlich gerechtfertigt ist.

3. Eine auf § 612 oder der Lehre vom Zuweisungsgehalt aufbauende außerrechtsgeschäftliche Anspruchsgrundlage scheitert an der unzureichenden formalen Abstützung auf § 612 und an der unklaren und viel zu weiten tatbestandlichen Fassung.

4. Der These von der generellen Unanwendbarkeit des Bereicherungsrechts muß widersprochen werden. Der Gegenstand der Bereicherung — als Hauptstreitpunkt in diesem Zusammenhang — kann durchaus in vernünftiger Weise bestimmt werden. Dies bedeutet jedoch nicht eine Art Alleinvertretungsrecht für die §§ 812 ff. BGB. Ihre Anwendbarkeit schließt die Möglichkeit anderer außervertraglicher Ausgleichsansprüche nicht von vornherein aus.

3. TEIL

Anspruchsgrundlagen für die Abwicklung fehlerhafter Arbeitsverträge

Einleitung

Es hat sich im vorigen Teil gezeigt, daß alle bisherigen Versuche, ein wirksames oder fingiertes Arbeitsverhältnis zu erhalten, als gescheitert zu betrachten sind. Diese Theorien hatten außerdem den bedeutenden Nebeneffekt, daß nicht allein die beiden hauptsächlichen Leistungspflichten auf Lohn und Arbeit wirksam blieben, vielmehr ergibt sich nach ihnen auch automatisch das Bestehen aller anderen im Rahmen eines Arbeitsverhältnisses möglichen Pflichten. Gerade gegen die Anwendung des Bereicherungsrechts ist immer wieder vorgebracht worden, bei ihr entfalle ein Anknüpfungspunkt für derartige Pllichten: denn — und dieser Gedanke steht als eigentliche Begründung dahinter — zu einer Anwendung der §§ 812 ff. gelangt man nur, wenn man die Rechtsfolge der die Nichtigkeit anordnenden Norm „normal", d. h. ex tunc eintreten läßt. Es soll zu Beginn dieses Teils zunächst gezeigt werden, daß diese Theorien, auch was die Geltung von Schutz- und Nebenpflichten betrifft, unbrauchbar, weil überflüssig sind.

Was das Schicksal der Hauptleistungspflichten betrifft, wird anschließend untersucht, inwieweit ein Anspruch aus Vertrauenshaftung gewährt werden kann, welche tatbestandlichen Voraussetzungen erfüllt sein müssen und welche Rechtsfolgen er nach sich zieht.

In den Fällen, in denen eine Vertrauenshaftung verneint werden muß, stellt unsere Rechtsordnung „lediglich" das Bereicherungsrecht zur Abwicklung zur Verfügung. Auf der Grundlage der oben gewonnenen Ergebnisse bleibt daher zuletzt zu erörtern, welche Rechtsfolgen sich bei der Anwendung des Bereicherungsrechts ergeben.

I. Die Geltung von Schutzpflichten und sonstigen Nebenpflichten

1. Rechtsprechung des BAG

Sowohl die Kritiker der Anwendbarkeit des Bereicherungsrechts als auch insbesondere die Vertreter der Theorie von der Beschränkung der

Nichtigkeitsfolge lösen das Problem der Geltung von Schutz- und sonstigen Nebenpflichten — ganz in der Konsequenz der fingierten Wirksamkeit des Arbeitsverhältnisses — mit außerordentlicher Leichtigkeit: Das BAG[1] hat einmal explizit zu der Frage Stellung genommen; in diesem Fall war das Arbeitsverhältnis einer Schwangeren wegen Verstoßes gegen die AZO nichtig. Die Parteien hatten das Arbeitsverhältnis auch während der Schutzfristen nach der Feststellung des Gerichtes als fortbestehend angesehen. Unter (zutreffender) Bejahung der sonstigen Voraussetzungen verurteilte es den Arbeitgeber zur Weiterzahlung des Lohnes nach § 12 MSchG in der damaligen Fassung während der Mutterschutzfrist. Dies wird in doppelter Weise begründet: Für die Geltung von sog. Arbeitsschutznormen sei das Bestehen eines tatsächlichen Arbeitsverhältnisses ausreichend. Ob der damalige § 12 MSchG wirklich eine derartige Arbeitsschutznorm war, läßt das Gericht dann im zweiten Teil der Begründung obendrein offen; denn da sich der Arbeitgeber nicht früher auf die Nichtigkeit berufen habe, müsse er „seine Zahlungspflichten so erfüllen, wie wenn der Vertrag gültig gewesen wäre"[2]. Das BAG fingiert also ein vollgültiges Arbeitsverhältnis auch in dieser Beziehung bis zum Zeitpunkt der Auflösung.

Diese Begründung des BAG mag deshalb auf keinerlei nennenswerten Widerstand gestoßen sein, weil sie sich so eng an die sonst von diesem Gericht geübte Argumentation zum fehlerhaften Arbeitsvertrag anschließt: Beruht sie doch jedenfalls im zweiten Teil auf dem Satz von der ex-nunc-Nichtigkeit, und was liegt näher als auch dann, wenn man den damaligen § 12 MSchG als Vorschrift des „Arbeitsschutzrechtes" ansieht, seine Anwendung im nichtigen Vertrag zu bejahen. Völlig konsequent beruft sich das Gericht in diesem Zusammenhang auf Hueck[3], der auch für die Geltung von Schutzvorschriften die „tatsächliche Beschäftigung, also ein faktisches Arbeitsverhältnis" ausreichen läßt[4].

2. Umfang und Geschichte der Schutzpflichten

An der Lösung fällt wiederum auf, daß sie losgelöst von den allgemeinen Kategorien des Schuldrechts einen spezifisch „arbeitsrechtlichen" Weg darstellt und so geradezu zur Erhärtung der Theorie von der generellen ex-nunc-Nichtigkeit wegen Beschränkung der Nichtigkeitsfolge dienen könnte. In Wahrheit jedoch ist die Geltung von „sonstigen Pflichten" im nichtigen Vertrag heute im Schuldrecht unter dem

---

[1] BAG 19, 189 ff.

[2] BAG 19, 191; zu pauschal auch noch das frühe Urteil LAG Hamm, DB 55 S. 368.

[3] Lehrbuch § 79 III; § 21 I 1 S. 114.

[4] Vgl. dazu auch die Nachw. bei *Hueck*, Lehrbuch ebd.

Stichwort des allgemeinen Schutzverhältnisses längst anerkannt und brauchte nur auf den Arbeitsvertrag übertragen zu werden[5].

Um dies im einzelnen nachzuweisen, sind einige Klärungen nötig. Zunächst müssen wir uns mit der Frage beschäftigen, um welche Pflichten es sich eigentlich handelt. Dazu und zum besseren Verständnis der „arbeitsrechtlichen" Lösung des BAG ist weiterhin ein gewisser historischer Rückblick auf die Entwicklung dieser Pflichten erforderlich.

In der Entstehungszeit der ersten Arbeitsschutzvorschriften zu Beginn des Jahrhunderts ordnete man diese überwiegend dem öffentlichen Recht zu[6]. Dies war insofern naheliegend, als es sich vornehmlich um Vorschriften des Gewerberechts handelte, die folglich der Gewerbeaufsicht und gewerbepolizeilichen Eingriffen unterlagen. Im übrigen war die Lehre von den vertraglichen Nebenpflichten allgemein noch nicht stark entwickelt[7], und insbesondere im Arbeitsrecht fehlte noch weitgehend die heutige Vorstellung von allgemeinen Schutz- und Fürsorgepflichten und den diesen korrespondierenden Rechten[8]. Diese bereits im Jahre 1929 von Nipperdey[9] angegriffene These gilt heute mit Recht als überholt. Es wird durchgehend anerkannt, daß auch und gerade die gesetzlich normierten Schutzpflichten als zwingendes Recht in das Arbeitsverhältnis einbezogen sind und neben deliktischen auch Schadensersatzansprüche aus positiver Forderungsverletzung nach sich ziehen können[10].

Geht man der Frage nach, um welche Pflichten es sich im einzelnen handelt, so sind zunächst alle gesetzlich geregelten Schutzvorschriften zugunsten des Arbeitnehmers oder in einzelnen Fällen auch des Arbeitgebers zu nennen. Dies sind die im engeren Sinn arbeitsrechtlichen Schutzpflichten. Nicht die Existenz solcher Schutzpflichten jedoch ist eine Besonderheit des Arbeitsrechts, sondern lediglich ihre weitgehende

---

[5] Das wird allgemein kaum erkannt. Wie hier aber *Bydlinski*, Privatautonomie S. 99 f. und *Canaris*, BB 67 S. 169 (unter IV 1).

[6] Vgl. die Darstellungen bei *Hueck*, Lehrbuch S. 141 ff.; *Nikisch*, Arbeitsrecht S. 477; *Zöllner*, Studienbuch S. 205 ff.; *Söllner*, Arbeitsrecht S. 181; *Herschel*, BB 67 S. 929; ein guter Überblick findet sich bei *Richardi*, in: Treue- und Fürsorgepflicht S. 41 ff.

[7] Die Lehre von der c. i. c. erlangte ihren Durchbruch bekanntlich 1923 durch *H. Stoll*. Vgl. die Darstellung der „Entstehungsgeschichte" der c. i. c. bei *Larenz*, Methodenlehre S. 412 f.

[8] Vgl. die Nachw. soeben Fn. 6, sowie *Zöllner*, in: Treue- und Fürsorgepflicht S. 98 ff.

[9] Die privatrechtliche Bedeutung des Arbeitsschutzrechtes, Die RG-Praxis im deutschen Rechtsleben 4. Bd. S. 203 - 230, 215 ff.

[10] Vgl. Nachw. soeben Fn. 6. Die Entwicklung der Meinungen spiegelt sich auch in der Gesetzgebung. So enthielt das JArbSchG von 1960 in § 6 eine ausdrückliche Bestimmung, daß die Pflichten aus dem Gesetz auch bürgerlich-rechtliche Geltung haben. In der Fassung von 1976 ist dieser § 6 ersatzlos weggefallen.

gesetzliche Normierung. Daß es zu dieser im Vergleich zum übrigen Vertragsrecht außergewöhnlichen Tätigkeit des Gesetzgebers gekommen ist, läßt sich leicht erklären. Denn wir haben bereits gesehen, daß die typische Interessenlage im Arbeitsverhältnis wegen ihrer weitgehenden Einseitigkeit die starke Schutzbedürftigkeit des Arbeitnehmers zur Folge hat[11]. Daß diese Schutzpflichten eine solch starke Normierung erfahren haben, hat nichts daran geändert, daß sie sich dogmatisch nahtlos in die allgemeinen im Vertragsrecht entwickelten Kategorien für vertragliche Nebenpflichten einfügen.

Mit Larenz[12] lassen sich die in Frage stehenden Pflichten zunächst in zwei große Gruppen einteilen: Zum einen die „Schutz- oder Erhaltungspflichten“, zum anderen die „Loyalitätspflichten“. Schutz- und Erhaltungspflichten bestehen dann, wenn im Verlaufe eines als vertraglich intendierten Kontaktes „allgemeine“ Rechtsgüter der Parteien in die Gefahr der Verletzung geraten, was insbesondere das Eigentum und die körperliche Unversehrtheit betrifft. Schulbeispiel aus dem allgemeinen Schuldrecht ist der viel zitierte „Bananenschalenfall“[13]. Gerade im Arbeitsrecht sind diese Pflichten außerordentlich zahlreich anzutreffen. Hierher gehört der gesamte technische Arbeitsschutz, der den Arbeitnehmer am Arbeitsplatz vor gesundheitlichen Schäden bewahren soll, ebenso aber auch z. B. Vorschriften aus dem Urlaubsrecht, JArbSchG und MuSchG, sowie dem SchwbehG oder dem HeimarbG. Selbstverständlich ist es dabei in unserem Zusammenhang ganz gleichgültig, ob diese Pflichten auf Grund eines Gesetzes, eines Tarifvertrages, einer Betriebsvereinbarung oder nur als Ausfluß des allgemeinen Treue- und Fürsorgegedankens nach § 242 BGB gelten[14].

Zur Gruppe der Loyalitätspflichten gehören alle Aufklärungspflichten, die Schweigepflicht hinsichtlich persönlicher Daten sowie Betriebsgeheimnissen, die allgemeine Gehorsamspflicht, Wettbewerbsverbote etc. Schließlich lassen sich in einer dritten Gruppe diejenigen Pflichten zusammenfassen, die sich aus der technischen Abwicklung des Vertrages, speziell des Arbeitsvertrages ergeben. Hierher zählt die Pflicht zur richtigen Anwendung von tariflichen Lohnrichtlinien, Akkordsätzen, Einstufungsmaßstäben etc. Ebenso gehören dazu die Pflichten des Arbeitnehmers zur Auskunft über persönliche Daten, soweit sie zur

[11] Vgl. auch die ähnliche Entwicklung im Mietrecht, soweit Wohnraum betroffen ist.

[12] Schuldrecht I § 9 I S. 97 f. Zur Kritik an dieser Einteilung vgl. für das Arbeitsrecht *Richardi*, in: Treue- und Fürsorgepflicht S. 41 ff. Enger auch *Zöllner*, ebd. S. 91 ff.

[13] BGH LM Nr. 13 zu § 276 (Fa) BGB. Vgl. dazu *Larenz*, Schuldrecht I S. 97 Fn. 2.

[14] Vgl. (zum Schuldverhältnis allgemein) *Larenz*, Schuldrecht I S. 103.

Durchführung dieser Abrechnungen erforderlich sind, also etwa Familienstand, Versicherungsnummern, Alter etc.

3. Gesetzliches Schuldverhältnis als Geltungsgrund

Es ist heute unbestritten[15], daß solche Pflichten nicht erst durch den wirksamen Vertragsschluß entstehen können; sie ergeben sich vielmehr bereits aus einem gesetzlichen Schuldverhältnis, das mit der vorvertraglichen Kontaktaufnahme als Realakt zur Entstehung kommt[16]. Soweit dieser Pflichtenkreis im vorvertraglichen Raum liegt, ist dies der Anwendungsbereich der culpa in contrahendo. Besteht aber *vor* Vertragsschluß, also zu einem Zeitpunkt, wo keine vertragliche Beziehung zwischen den Parteien existiert, ein derartiges gesetzliches Schuldverhältnis, so ist kein Grund mehr ersichtlich, warum es nicht weiterbestehen sollte, wenn der von den Parteien intendierte Vertragsschluß aus irgendeinem Grunde nichtig ist, sie aber gleichwohl den Vertrag in Vollzug gesetzt haben. Dies hat Canaris[17] überzeugend nachgewiesen, und ihm folgen in diesem Punkt spätere Stellungnahmen fast einstimmig[18]. Der Grund für die Gleichstellung liegt darin, daß beide Fälle des gesetzlichen Schuldverhältnisses auf demselben Tatbestand aufbauen; tatsächlich betrachtet ist dies die Aufnahme (und Aufrechterhaltung) rechtsgeschäftlichen Kontaktes[19]; rechtlich gesehen gründet sich sowohl die Pflicht zur Beobachtung der Schutzpflichten als auch die bei ihrer Verletzung eintretende Schadensersatzpflicht auf die *„Inanspruchnahme und Gewährung von Vertrauen“*[20], das über eine allgemeine Redlichkeitserwartung, wie sie im außerrechtsgeschäftlichen Verkehr sich an den Grenzen des Deliktsrechts orientiert, hinausgeht[21].

---

[15] Vgl. für alle *Larenz*, Schuldrecht I S. 96 ff. m. zahlr. Nachw.; *ders.*, Festschrift für Ballerstedt S. 397 ff.; *Palandt / Heinrichs*, Einf. v. § 241 Anm. 1 e, § 276 Anm. 6, 7.

[16] Vgl. *Larenz*, ebd.

[17] JZ 65 S. 475 ff.

[18] Vgl. z. B. *Thiele*, JZ 67 S. 649; *Gerhardt*, JuS 70 S. 597; *Larenz*, Schuldrecht I S. 96 ff. — es ist zu betonen, daß *Larenz* in *diesem* Punkt mit *Canaris* voll übereinstimmt. Seine Kritik bezieht sich nur auf die — in unserem Zusammenhang nicht relevante — These von *Canaris* und anderen Autoren, daß das gesetzliche Schuldverhältnis durchgängig auch neben dem *vollwirksamen* Vertrag besteht.

[19] Worauf *Larenz* das Hauptgewicht legt.

[20] *Larenz*, Schuldrecht I S. 93; *Canaris*, JZ 65 S. 475 ff., 477; ihm folgend z. B. *Zöllner*, in: Treue- und Fürsorgepflicht S. 99; so auch früher schon für die c. i. c. *Ballerstedt*, AcP 151 S. 501 ff., 506.

[21] *Canaris*, JZ 65 S. 475 ff., 477; *Larenz*, Schuldrecht I S. 96 ff. insbesondere S. 96 Fn. 4; *ders.*, Methodenlehre S. 413 ff.

4. Pflichten im fehlerhaften Vertrag

Damit ist aber die Problematik der Geltung von Schutzpflichten im fehlerhaften Arbeitsverhältnis mit diesen Kategorien des allgemeinen Schuldrechts im Grunde bereits gelöst[22]. Jeder Rückgriff auf den mittels fragwürdiger Rechtsfortbildung gewonnenen „geltenden, fehlerhaften Arbeitsvertrag“ verbietet sich damit von selbst[23]. Das gesetzliche Schuldverhältnis gilt unabhängig vom wirksamen Zustandekommen des Vertrages und damit von der Geltung der Hauptleistungspflichten für die Dauer der Inanspruchnahme des Vertrauens. Die Fiktion eines Vertragsverhältnisses, mit der die überwiegende Meinung auch hier arbeitet[24], ist also gänzlich überflüssig. Mag früher der Zusammenhang noch nicht allgemein erkannt worden sein, so ist es völlig unverständlich, wenn Zöllner[25] zwar die Existenz des gesetzlichen Schuldverhältnisses ausdrücklich feststellt und bejaht, es dann aber ausgerechnet im Arbeitsrecht für den fehlerhaften Vertrag hinter der „Rechtsfigur des faktischen Arbeitsverhältnisses“ zurücktreten läßt. Dies läuft dem Bestreben nach Einheitlichkeit im Vertragsrecht ebenso zuwider wie es unnötigerweise anerkannte schuldrechtliche Grundsätze zugunsten einer Rechtsfigur opfert, die — wie wir in den bisherigen Erörterungen gesehen haben — keine einleuchtende dogmatische Grundlage hat, für eine stringente Rechtsfolgebestimmung gerade in Zweifelsfällen versagt und im Vertragsrecht trotz jahrelanger Bemühungen einen Fremdkörper darstellt.

Ist mit der Anwendung der Regeln über das gesetzliche Schutzpflichtverhältnis der Weg aufgezeigt, auf dem Schutzpflichten auch im fehlerhaften Arbeitsvertrag Geltung erlangen, so ist damit aber noch nicht gesagt, daß nun alle denkbaren Pflichten dieser Art auch bei nichtigem

---

[22] Es ist zwar durchaus bestritten, ob die sog. Treue- und Fürsorgepflichten des Arbeitsrechts nur eine besondere Ausformung oder ein aliud zu den allgemeinen vertraglichen Schutzpflichten darstellen (vgl. dazu die Darstellung von *Mayer-Maly*, in: Treue- und Fürsorgepflicht S. 71 ff., 78 f.). Die Frage kann in unserem Zusammenhang untentschieden bleiben. Selbst wenn man die „aliud-These“ vertritt, ist eine entsprechende Anwendung der Grundsätze über das gesetzliche Schuldverhältnis bei Schutzpflichten für den nichtigen Vertrag geboten. Ebenso *Canaris*, Vertrauenshaftung S. 451 passim.

[23] Ebenso unhaltbar ist damit der von *Wiedemann* vorgeschlagene Weg s. o. S. 44): Der Schluß vom Gemeinschaftscharakter zu konkreten Rechtssätzen ist nicht nachvollziehbar.

[24] Umgekehrt folgt aber aus der Ablehnung der Theorie vom faktischen Vertrag nicht, daß auch dieses gesetzliche Schuldverhältnis zu verwerfen sei, wie *von Craushaar*, Vertrauen S. 91 ff. offenbar meint. Er verkennt dabei die völlig verschiedenen dogmatischen Grundlagen, wenn er auch das gesetzliche Schutzpflichtverhältnis auf der „Eingliederung“ beruhen lassen will. Er müßte dann ja auch die c. i. c. so begründen!

[25] In: Treue- und Fürsorgepflicht S. 91 ff., 99.

Vertrag tatsächlich bestehen. Hier ist eine nähere Untersuchung der oben aufgezählten drei Gruppen von Pflichten erforderlich.

a) Die erste Gruppe bilden die *Schutz- und Erhaltungspflichten.* Sie beruhen auf der durch den „vertraglichen" Kontakt gegebenen Einwirkungsmöglichkeit der Parteien auf die Rechtsgüter der jeweils anderen Partei. Hat ein Arbeitnehmer (trotz des nichtigen Vertrages — von dieser Voraussetzung ist im folgenden auch ohne ausdrückliche Erwähnung stets auszugehen) die Arbeit an seinem Arbeitsplatz angetreten, so treffen den Arbeitgeber selbstverständlich die Pflichten aus § 618 BGB, er hat darüber hinaus alle im Betrieb geltenden Arbeitsschutzvorschriften, die die Gesundheit des betreffenden Arbeitnehmers schützen sollen, einzuhalten. Umgekehrt trifft den Arbeitnehmer die Verpflichtung, die Arbeitsmittel, Rohstoffe und sonstiges Eigentum des Arbeitgebers sorgsam zu behandeln[26]. Dies gilt unter Einschluß der zur sog. gefahrgeneigten Arbeit entwickelten Grundsätze[27]. Diese einfachen Beispiele stellen nur Ausprägungen des allgemeinen Deliktsschutzes im gesetzlichen Schutzpflichtverhältnis dar; die entsprechenden Schutzpflichten gelten, ohne daß weitere Voraussetzungen erforderlich wären.

Es gibt nun eine große Zahl von Bestimmungen zugunsten der Arbeitnehmer, die zwar letztlich in der Erhaltung oder Wiederherstellung der Gesundheit des Arbeitnehmers ihre Grundlage haben, bei denen der Hinweis auf die Pflicht zur Erhaltung der Gesundheit allein aber offensichtlich nicht ausreicht, um ihre Geltung im Rahmen des gesetzlichen Schutzpflichtverhältnisses zu bejahen. Hierher gehören die Vorschriften, die dem Arbeitnehmer für Zeiten der fehlenden oder eingeschränkten Arbeitsfähigkeit den Anspruch auf Lohn erhalten, also vor allem die Fälle der Lohnfortzahlung im Krankheitsfall nach §§ 616 BGB, 63 HGB, 133 c GewO; § 1 LohnfzG; ebenso der vom BAG[28] behandelte Fall des heutigen § 11 MuSchG. Zwar wird dem Arbeitnehmer durch die Zahlungspflicht des Arbeitgebers erst ermöglicht, seine Gesundheit im erforderlichen Maß wiederherzustellen. Erreicht wird das aber durch eine Absicherung auf der Vermögensebene. Der zweite Grund, der Zweifel an der Geltung im Schutzpflichtverhältnis aufkommen läßt, ist, daß in diesen Fällen ein Anspruch auf die Hauptleistungspflicht gewährt wird, der ganz zweifelsfrei in keinem Fall Gegenstand des ja gerade ohne primäre Leistungspflicht bestehenden Schutzpflichtverhältnisses sein kann[29].

---

[26] Vgl. statt aller *Zöllner,* Studienbuch S. 105 ff., 107 ff. m. w. Nachw.

[27] Vgl. statt aller *Zöllner,* Studienbuch S. 152 ff.

[28] BAG 19, 189 ff.

[29] Vgl. *Canaris,* JZ 65 S. 475 ff., 476 f.

b) Es geht nun darum, die oben genannten Gruppen der Schutzpflichten von den Leistungspflichten und den sog. Nebenleistungspflichten[30] abzugrenzen. Denn nur erstere lassen sich aus dem gesetzlichen Schutzpflichtverhältnis ableiten, ohne daß es auf die Wirksamkeit des Vertragsschlusses ankommt. Wenn der Gesetzgeber aber, wie in den angeführten Fällen, die Lohnzahlungspflicht des Arbeitgebers aus dem Synallagma löst und sie trotz nichtgeleisteter Arbeit bestehen läßt, so ist lediglich die tatbestandliche Voraussetzung für die Leistungspflicht in diesem Punkt abgeändert; an ihrem Charakter als Hauptleistungspflicht ändert sich deshalb nichts. Zwar liegt diesen Vorschriften das gesetzgeberische Ziel des Arbeitnehmerschutzes zugrunde und sie dienen zur Verwirklichung der oben aus der im Arbeitsverhältnis typischen Interessenlage entwickelten Schutzwürdigkeit des Arbeitnehmers. Das allein macht solche Leistungspflichten noch nicht zu Pflichten aus dem gesetzlichen Schutzverhältnis. Über ihr Bestehen kann nur entschieden werden, wenn die Frage nach dem Schicksal des Erfüllungsanspruchs geklärt ist.

Auf dieser Grundlage ist auch die Entscheidung des BAG[31] einer nochmaligen Kritik zu unterziehen: Die Frage, ob der damalige § 12 MuSchG eine Schutzpflicht beinhaltete, hätte verneint werden müssen. Die Begründung aus den „Grundsätzen über fehlerhafte Arbeitsverhältnisse" ist nach den hier gewonnenen Ergebnissen ohnehin unhaltbar.

Ebensowenig wie die Lohnfortzahlung im Krankheitsfall läßt sich die Frage nach der Gewährung von Urlaub nach dem BUrlG im fehlerhaften Arbeitsverhältnis mit dem gesetzlichen Schutzverhältnis lösen, obwohl auch der gesetzlich vorgeschriebene, bezahlte Urlaub der Erhaltung der Arbeitskraft und damit der Gesundheit des Arbeitnehmers dient[32]. Schon daraus ergibt sich, daß die Erfüllung der Hauptpflicht des Arbeitnehmers gewährleistet werden soll; und dies wird wie oben durch eine besondere Gestaltung der Voraussetzungen des Lohnanspruchs erreicht. Somit handelt es sich nicht um Schutz- und Erhaltungspflichten, sondern um Besonderheiten der Hauptleistungspflichten. Auch hier ist also die Lösung von der Frage abhängig, ob ein Erfüllungsanspruch gewährt werden kann.

Zusammenfassend gilt für die Schutz- und Erhaltungspflichten, daß im nichtigen Arbeitsverhältnis nur solche Pflichten aus dem gesetzlichen Schutzverhältnis abgeleitet werden können, die *unmittelbar*

[30] Zur Terminologie vgl. *Canaris*, JZ 65 S. 477 bei Fn. 16 in Anlehnung an Stoll.

[31] BAG 19, 189 ff.

[32] Vgl. *Schaub*, Handbuch S. 490 f., wie hier andeutungsweise S. 491 unter 4 zu Fn. 3.

Rechtsgüter der Parteien schützen, nicht aber solche, die zur Verwirklichung eines allgemeinen Arbeitnehmerschutzes in das vertragliche Gefüge der Hauptleistungspflichten eingreifen.

c) Gleichermaßen muß für den Bereich der sog. *Loyalitätspflichten* unterschieden werden, zu denen hauptsächlich Aufklärungs- und Schweigepflichten, ebenso aber z. B. auch Wettbewerbsverbote gehören. Auch hier kann unterschieden werden zwischen Pflichten, die dem Schutz der Rechtsgüter der Parteien und solchen, die der ordnungsgemäßen Erbringung der Hauptleistungen dienen. Es ist zu Recht anerkannt, daß ein Wettbewerbsverbot nur bei „rechtlichem Bestand" des Vertrages Geltung haben kann[33]. Präziserweise sollte allerdings nicht von rechtlichem Bestand des Vertrages, sondern vom Bestehen der Leistungspflicht gesprochen werden, gegen die der Wettbewerb untersagt ist. Nur wer das Recht auf eine Leistung hat, kann dem Leistenden die gleiche Tätigkeit außerhalb des Betriebes untersagen.

Umgekehrt trifft eine Schweigepflicht hinsichtlich der Betriebsgeheimnisse auch denjenigen, der sie im Rahmen eines fehlerhaften Arbeitsvertrages erfährt. Auch dies ist im Rahmen des c. i. c. allgemein anerkannt[34]. Die Schweigepflicht dient dem Schutz von Rechtsgütern des Arbeitgebers, des Eigentums allgemein, etwaiger Produktionsverfahren oder sonstiger vermögenswerter Güter[35]. Die Durchführung der Leistung ist dadurch in keiner Weise berührt. In gleicher Weise gilt für den Arbeitgeber die Verpflichtung zur Verschwiegenheit hinsichtlich persönlicher Daten des Arbeitnehmers, wenn er sie im Rahmen eines fehlerhaften, aber durchgeführten Arbeitsvertrages erfährt, ebenso wie im Stadium der Vorverhandlungen oder während der Dauer eines wirksamen Vertrages. Auch Aufklärungspflichten bestehen, soweit die Kenntnis zum Rechtsgüterschutz erforderlich ist. So muß z. B. auch der ohne wirksamen Vertrag in einem Lebensmittelbetrieb Beschäftigte Auskunft über gefährliche Krankheiten geben, da sonst die Hygiene im Betrieb gefährdet ist (und nicht etwa seine ordnungsgemäße „Leistung").

d) Nach den bisherigen Ergebnissen unproblematisch ist die Behandlung der technischen Abwicklungspflichten. Da sie von Natur aus nur als „Anhängsel" zu den einzelnen Stufen der Durchführung des Vertrages bestehen, richtet sich ihre Geltung im fehlerhaften Vertrag auch danach. Am deutlichsten läßt sich das an der Pflicht des Arbeitgebers zur Abführung der Sozialabgaben zeigen; diese Pflicht trifft ihn sowohl

---

[33] Vgl. BGH AP 1 zu § 60 HGB; BAG AP 7 zu § 611 BGB (Treuepflichten).

[34] Vgl. *Larenz*, Schuldrecht I S. 97.

[35] Auch das Vermögen ist als Rechtsgut geschützt. Ebenso *Canaris*, JZ 65 S. 475, der S. 477 ff. ausführlich zu der hier vorgenommenen Abgrenzung Stellung bezieht.

aus Gesetz[36], als auch als Nebenpflicht aus dem Vertrag bzw. bei nichtigem Vertrag aus dem gesetzlichen Schuldverhältnis. Denn das Sozialversicherungsrecht knüpft selbst allein an die Auszahlung von „Entgelt" an, ohne einen wirksamen Vertrag zu verlangen. Umgekehrt muß dann der Arbeitnehmer auch evtl. erforderliche Angaben machen.

e) Damit ist auch die Lösung für eine letzte Streitfrage vorgezeichnet, nämlich diejenige, ob auch derjenige, der durch rechtswidriges Handeln den „Vertrag" herbeigeführt hat, Ansprüche aus dem gesetzlichen Schutzpflichtverhältnis geltend machen kann[37]. Aus der Trennung von Leistungs- (und Leistungsnebenpflichten) und Schutzpflichten einerseits und der Tatsache andererseits, daß Entstehungsgrund der Schutzpflichten ein gesetzliches Schutzverhältnis ist, ergibt sich gleichzeitig, daß der Weg, auf dem die Hauptpflicht und damit der eigentlich intendierte Vertrag nichtig wurde, hier unerheblich ist. Werden etwa aus einer Schutzpflichtverletzung Schadensersatzansprüche geltend gemacht, so kann es nicht angehen, neben der rechtswidrigen, schuldhaften Pflichtverletzung etwa noch fehlende Arglist beim Vertragsschluß zur Voraussetzung zu machen. Auch eine betrügerische Absicht ändert nichts daran, daß ein rechtsgeschäftlicher Kontakt tatsächlich aufgenommen wurde und hinsichtlich der geschützten Rechtsgüter eine gesteigerte Gewährung und Inanspruchnahme von Vertrauen vorliegt[38]. Es gibt also *keinen „besonderen", gegenüber den allgemeinen Regeln leichter erfüllten Arglisteinwand* im gesetzlichen Schutzverhältnis[39].

II. Anspruchsgrundlage aus Vertrauenshaftung

1. Zusammenfassung von Argumenten

Was die Hauptleistungspflichten betrifft, so fiel im Laufe der bisherigen Erörterungen immer wieder auf, daß die Begründungen auf Argu-

[36] Also nach der alten Terminologie als öffentlich-rechtliche Pflicht.

[37] Dagegen *Flume*, 100 Jahre Deutsches Rechtsleben Bd. 1 S. 135 ff., 189 f.; dafür *Schwerdtner*, Fürsorgetheorie S. 110, 112, der sich im übrigen wohl *Canaris*, JZ 65 S. 475 ff. anschließt. Auch *Siebert*, Faktische Vertragsverhältnisse S. 89, will eine Einschränkung für sittenwidrige und verbotswidrige Arbeitsverträge vornehmen.

[38] Das verkennt ganz offensichtlich *von Craushaar*, Vertrauen S. 95 f. Sein Irrtum beruht freilich darauf, daß er das hier entwickelte und allgemein anerkannte, auf Vertrauen beruhende gesetzliche Schutzpflichtverhältnis in eins setzt mit einem faktischen Arbeitsverhältnis im Sinne der oben gebrauchten Terminologie und es auch noch auf die Eingliederung des Arbeitnehmers in den Betrieb gründet. Damit verschiebt er die dogmatische Grundlage des gesetzlichen Schutzpflichtverhältnisses und erweckt so den Anschein, als käme dem für den Vertrag maßgeblichen Nichtigkeitsgrund hier irgendwelche Bedeutung zu (vgl. auch oben Fn. 24).

[39] Vgl. die Nachweise in Fn. 37; wie hier wohl auch *Teubner*, Gegenseitige Vertragsuntreue S. 50; z. T. abweichend, z. B. für einseitigen Sittenverstoß,

mente gestützt wurden, die nach dem vorgeblich verwendeten methodischen Ansatz gar nicht von Belang sein konnten. Sie wurden teils auch dazu „benötigt", um die Rigorosität der Regelbildung für Einzelfälle oder Fallgruppen zu mildern. In verschiedenen Gruppen lassen sie sich folgendermaßen zusammenfassen.

a) Existenzgrundlage und Behaltendürfen

Wiedemann[40] sieht den Grund für die Einschränkung der Anfechtungsfolgen in der Schutzbedürftigkeit[41] des Arbeitnehmers; und diese begründet er damit, daß der Arbeitnehmer mit dem empfangenen Lohn seinen Lebensunterhalt bestreite, dieser also die Grundlage seiner Existenz bilde. Deshalb dürfe er darauf vertrauen, daß ihm die Grundlage seiner Existenz nicht rückwirkend wieder entzogen werde.

Auf den „das Arbeitsverhältnis insbesondere mit Rücksicht auf seinen vorwiegend personenrechtlichen Charakter beherrschenden Grundsatz von Treu und Glauben" führt es das BAG[42] zurück, daß ein Arbeitnehmer eine jahrelang gewährte Zulage trotz fehlenden Rechtsgrundes auch weiterhin erhalten muß: Der Arbeitnehmer habe sich auf die Zahlung verlassen und durfte auch auf Fortsetzung vertrauen. Es gelte hier — umgekehrt — der gleiche Grundsatz wie bei der Verwirkung[43].

Eine besondere Bedeutung mißt auch Sack[44] dem Umstand bei, daß das Vertrauen des Arbeitnehmers, die Leistung behalten zu dürfen, schützenswert sei: Für den Fall des Lohnwuchers sei dieses Vertrauen nur insoweit gegeben, als der mindest zulässige Lohn zu zahlen sei; der Arbeitnehmer habe aus der wucherischen Vereinbarung erkennen müssen, daß der Arbeitgeber nur zu einer sehr geringen Entlohnung bereit war.

b) Arglisteinwand

Häufig wird vorgebracht, daß in einzelnen Fällen gegen den „Anspruch aus fehlerhaftem Arbeitsvertrag" ein allgemeiner Arglisteinwand gegeben sei. So hat z. B. das BAG[45] in einer bereits aus anderem

Canaris, JZ 65 S. 475 ff., 481 f.; vgl. *ders.*, Vertrauenshaftung S. 464 f.; a. A. *Flume,* (wie Fn. 39) S. 190.

40 Arbeitsverhältnis S. 78.

41 Und Schutzwürdigkeit, dazu sogleich.

42 BAG 5, 44, 46 („Doppeldienstentschädigungsfall"): Die Mitglieder eines Orchesters hatten über Jahrzehnte eine sog. Doppeldienstentschädigung erhalten, obwohl diese in der anzuwendenden TO nicht vorgesehen war. Erst zwei Jahre nach einer Rüge des Rechnungshofs stellte der Arbeitgeber die Zahlungen ein.

43 BAG 5, 47.

44 RdA 75 S. 171 ff., 178.

45 BAG AP 32 zu § 63 HGB.

Grund kritisierten Entscheidung einem Arbeitnehmer einen Lohnanspruch zugebilligt, *obwohl* dieser (a) insgesamt nur zwei Stunden gearbeitet hatte und (b) *der Arbeitgeber* den Vertrag später wegen arglistiger Täuschung des Arbeitnehmers wirksam angefochten hatte. *Mayer-Maly*[46] wirft in diesem Zusammenhang dem Gericht vor, es habe übersehen, daß, wenn man schon am Grundsatz der ex-nunc-Nichtigkeit festhalte, in solchen Fällen dem arglistig Getäuschten jedenfalls der Arglisteinwand gegen den Lohnanspruch zustehe. Diese Meinung vertritt auch Hueck[47]; er allerdings sieht es sogar als konstruktiv gleichgültig an, ob man nun den Grundsatz der ex-nunc-Nichtigkeit für derartige Fälle durchbreche oder den Arglisteinwand zulasse[48]. In einem anderen Fall hat das BAG den Einwand der Arglist gegen die Berufung auf Formmangel[49] als unbegründet zurückgewiesen. Es ging — in einem relativ komplizierten Sachverhalt — darum, ob sich dieser Einwand letztlich darauf stützen lasse, daß eine Zeitlang aus dem nichtigen Vertrag Zahlungen geleistet worden waren. An diesem Vorverhalten — so das BAG — müsse sich aber der Arbeitgeber nicht festhalten lassen. Damit sind wir aber bereits bei der nächsten Gruppe von Argumenten, nämlich denen aus

c) venire contra factum proprium

Das BAG hat die Entscheidung 5, 58 (Filmschauspieler) zusätzlich auf den Gedanken gestützt, der Arbeitgeber habe während der „Vertragsdauer" selbst zu erkennen gegeben, daß er von der Wirksamkeit des Vertrages ausgehe. Damit setze er sich in Widerspruch zu seiner späteren Berufung auf den Formmangel. Der Gedanke des venire contra factum proprium liegt auch der Entscheidung BAG 20, 298 ff., 304 f. zugrunde: Es ging um die Anfechtung einer Pensionszusage nach § 119 II BGB nach Eintritt des Versorgungsfalles aus Gründen, die in die Dienstzeit des Arbeitnehmers fielen. Der Arbeitgeber könne, so das Gericht, nun nicht mehr ohne weiteres aus einem solchen Grunde anfechten, wenn der Irrtum früher nicht aufgedeckt worden sei. Wo ein Irrtum sich nicht mehr auswirken könne, verstieße die Anfechtung gegen Treu und Glauben. Hueck will dem Arbeitgeber, der einen Min-

[46] In der Anm. zu BAG AP 32 zu § 63 HGB; im Ergebnis bezeichnet er die Entscheidung mit Recht als „völlig verfehlt". Für den Arglisteinwand auch *Nikisch*, Lehrbuch S. 226; *Staudinger / Nipperdey / Neumann*, § 611 Rdz. 97.

[47] Lehrbuch S. 186 Fn. 8.

[48] Wobei er — in diesem Zusammenhang nicht ganz verständlich — für die zweite Lösung ausgerechnet die Anwendbarkeit des BetrVG ins Feld führt.

[49] BAG 8, 38 ff., 46 (schenkweise Versorgungszusage). Vgl. zu dieser beim Formmangel häufigen Problematik oben S. 62 ff. und die dortigen Angaben. Ebenfalls im Zusammenhang mit der (tariflichen) Form erörtern BAG 2, 58 ff., 65; 5, 58 ff. den Arglisteinwand.

derjährigen beschäftigt, die Lohnzahlungspflicht aus dem Grundsatz des venire auferlegen[50].

d) Kenntnis

Eng damit in Zusammenhang stehen auch die Fälle, in denen der Kenntnis einer oder beider Parteien vom Nichtigkeitsgrund Bedeutung beigemessen wird. In BAG AP 18 zu § 611 BGB (fakt. Arbeitsverhältnis) entscheidet das Gericht gar nicht erst, ob der Arbeitsvertrag einer Stripteasetänzerin nach § 138 I BGB nichtig ist oder nicht. Denn der Arbeitgeber habe alle Umstände gekannt, die die *eventuelle* Nichtigkeit begründen und außerdem den Vertrag mehrmals verlängert. Eine nachträgliche „Berufung" auf § 138 I sei nicht mit Treu und Glauben vereinbar[51]. In BGH 53, 152 (Arzneimittelwerbung)[52] wurde in einer Abwägung nach § 242 dem Arbeitnehmer der Lohnanspruch gewährt, weil (u. a.) er die Verbotswidrigkeit seiner Tätigkeit nicht gekannt hatte. Auch in den Fällen BGH LM 8 zu § 105 HGB[53] und BGH 62, 234[54], in denen es um Gesellschaften mit verbotenem Geschäftszweck ging, stellt das Gericht auf die Kenntnis der Gesellschafter von dieser Verbotswidrigkeit ab.

e) Schutzwürdigkeit des Arbeitnehmers

Bei Wiedemann[55] findet sich eine Differenzierung zwischen der soeben dargestellten Schutzbedürftigkeit des Arbeitnehmers (die sich nach Wiedemann aus der existentiellen Bedeutung des Lohnes ergibt) und seiner Schutz*würdigkeit*. Diese kann nicht in jedem Fall gegeben sein. Als Beispiel, in dem sie fehlt, nennt er eine arglistige Täuschung durch den Arbeitnehmer. Hier habe der Arbeitnehmer „durch sein Verhalten den Vertrauensschutz verwirkt"[55]. Die fehlende Schutzwürdigkeit des Arbeitgebers führt auch das BAG in der Entscheidung AP 18 zu § 611 BGB (faktisches Arbeitsverhältnis) (Striptease) als zusätzliches Argument an. Und umgekehrt unterstreicht der BGH in der Entscheidung BGH 53, 152 (Arzneimittelvertreter) besonders die Schutz-

---

[50] Lehrbuch S. 190 f., wobei er sich der Meinung von *Riezler*, Venire S. 134 ff. anschließt.

[51] Zum zweiten war die Entscheidung darauf gestützt, daß — wenn überhaupt — kein schwerwiegender Sittenverstoß vorlag, der nach den „Regeln" des BAG zur ex-tunc-Nichtigkeit führen würde.

[52] Ein Handelsvertreter war dafür angestellt worden, nach dem Arzneimittelgesetz verbotene Filmwerbung zu treiben.

[53] Eine OHG hatte ohne die erforderliche Konzession einen Schrotthandel betrieben. Dabei hatte ihr dies die zuständige Behörde (rechtswidrigerweise) gestattet.

[54] Ein Inkassounternehmen wurde unter Verstoß gegen das RBerG betrieben.

[55] Arbeitsverhältnis S. 79.

würdigkeit des Vertreters, der die Verbotswidrigkeit seiner Tätigkeit nicht gekannt hatte.

f) Zurechnung

Schließlich klingen in den beiden zuletzt genannten Entscheidungen noch Gedanken aus der Zurechnungslehre an: Im Striptease-Fall heißt es, der Arbeitgeber habe sich die Arbeitsleistung zunutze gemacht und die Arbeitnehmerin trotz Kenntnis aller Umstände dazu veranlaßt. Der Gedanke der Risikozurechnung spielt eine Rolle in dem vom BGH entschiedenen Fall des Arzneimittelvertreters[56], wenn hier auch darauf abgestellt wird, daß der Arbeitgeber infolge seiner Überlegenheit die Verbotswidrigkeit kannte oder zumindest hätte kennen müssen.

2. Vergleich zur Begründung der neueren Lehre im Bereicherungsrecht

An dieser Stelle sei auch noch einmal daran erinnert, wie im *Bereicherungsrecht* die Modifikation bei der Bestimmung der Leistung zustande kam. Leistung im Sinne der §§ 812 ff. ist danach nicht der errechnete *Vermögenszuwachs im Empfängervermögen* (d. h. dem des Arbeitgerbers); sie orientiert sich vielmehr daran, was der *Arbeitnehmer* zu erbringen verpflichtet ist: Die spezielle Risikoverteilung im Arbeitsvertrag, von der Beuthien und Lieb[57] ausgehen, ist daraus abzuleiten, daß der Arbeitnehmer seine Person und seine Zeit zur Verfügung zu stellen hat, nicht aber bestimmte „Erfolge" herbeiführen muß. Diese Autoren bemühen sich also, dem Einsatz der Person in seinem ganzen Umfang, aber auch in seinen Grenzen Rechnung zu tragen.

3. Vergleich zu „Typenmerkmalen" und „Vertrauenssituation"

Vergleich man diese nur exemplarisch aufgezählten Argumente mit den oben ermittelten Typusmerkmalen des Arbeitsvertrages, so ergeben sich erstaunliche Übereinstimmungen. Die Bedeutung des Arbeitsvertrages für die Existenzgrundlage der Parteien, weit überwiegend aber für die des Arbeitnehmers und der besondere Einsatz der Person des Arbeitnehmers waren die Hauptmerkmale der typischen Interessenlage. Die Schutzbedürftigkeit ergab sich unmittelbar aus der Einseitigkeit dieser Interessensituation. Die Dauer des Vertrages ist nach dem oben Festgestellten als ein Faktor anzusehen, der die anderen Elemente je nach Zeitablauf verstärken oder abschwächen kann. Besonders in dem Fall der Doppeldienstentschädigung[58] stellt das BAG auch darauf ab.

---

[56] BGH 53, 152 ff.

[57] *Beuthien,* RdA 69 S. 161 ff.; *Lieb,* Ehegattenmitarbeit.

[58] BAG 5, 44 ff.

Viel auffallender jedoch ist noch, daß zahlreiche Argumente angeführt werden, die direkt der oben dargestellten Vertrauenssituation im Einzelfall entsprechen. Wenn betont wird, der Arbeitnehmer müsse darauf vertrauen können, daß er das Entgelt behalten dürfe[59], trifft das die Dispositionen des Arbeitnehmers im Umfeld des Vertrages. Ebenso wird die Überlegenheit des Arbeitgebers herangezogen[60], die wiederum eine ungleich — nämlich zugunsten des Arbeitnehmers — gelagerte Vertrauenslage hervorruft. Nimmt man hinzu, daß der Grundsatz des „venire contra factum proprium" ausdrücklich, der Grundsatz der „Erwirkung" wohl nur implizit[61] angesprochen ist, nimmt man weiter hinzu, daß es auf Kenntnis und Risikozurechnung ankommen soll, und berücksichtigt man schließlich, daß in genau umgekehrt gelagerten Fällen, die all diese Elemente nicht aufweisen, mit dem allgemeinen Arglisteinwand geholfen wird, so erweist sich zum wiederholten Male die Methode der Nichtigkeitsbeschränkung (insbesondere die Begründung der Rechtsprechung aus dem Charakter des Arbeitsverhältnisses als eines personenrechtlichen Gemeinschaftsverhältnisses) als unzureichend. Denn Aufrechterhalten und Durchbrechen der „Regel" erfordern offensichtlich Argumente aus anderen Bereichen. Andererseits drängt es sich nunmehr geradezu auf, aus diesem offensichtlichen Zusammenspiel zwischen Vertragstyp und bisher nur „nebenher" vorgebrachten Gründen eine Anspruchsgrundlage zu ermitteln.

4. Vertrauenshaftung

a) Nachdem sich alle Methoden der Nichtigkeitsbeschränkung als unzureichend erwiesen haben und auch die alleinige Anwendung eines — wenn auch modifizierten — Bereicherungsrechts nicht befriedigen konnte, weil gerade den Erfordernissen des Vertragstyps und den korrespondierenden, im praktischen Einzelfall auftretenden Problemen[62] nicht voll Rechnung getragen wird, kann diese Fragestellung in der Tat nur dann eine von der allgemeinen Ausgleichsordnung abweichende Lösung finden, wenn sich eine Anspruchsgrundlage nachweisen läßt, die jedenfalls nicht rechtsgeschäftlicher Natur ist, sondern in ihren Voraussetzungen an ein bestimmtes Verhalten der Parteien anschließt.

Wir sind bereits im Zusammenhang mit der Geltung von Schutzpflichten auf eine Anspruchsgrundlage gestoßen, die sich aus einem gesetzlichen Rechtsverhältnis ergibt, das auf der „Inanspruchnahme

[59] BAG 5, 44 ff.

[60] BGH 53, 152 ff.

[61] Ausdrücklich nur im Fall BAG 5, 44 ff. (Doppeldienstentschädigung).

[62] Vgl. soeben unter 1.

von Vertrauen"[63] basiert. Dieser der Haftung aus culpa in contrahendo und positiver Forderungsverletzung eng verwandte Tatbestand entspringt ebenso wie diese einem allgemeinen Prinzip, das für alle Vertragstypen Geltung beanspruchen kann und eine Schadensersatzpflicht des Schuldners nach sich zieht.

Aus dem Vertrauensprinzip, positivrechtlich gestützt auf § 242 BGB, kann sich aber auch ein Anspruch ergeben, der nicht rechtsgeschäftlicher Natur ist[64] und *auf Erfüllung* gerichtet ist. Wenn sich bei den bisher überprüften Lösungsversuchen immer wieder herausgestellt hatte, daß die Rechtsnatur des Arbeitsvertrages — die oben unter den Typusmerkmalen der Interessenlage und der konkreten Vertrauenssituation beschrieben wurde — zwar für den jeweiligen Lösungsansatz unzureichend verwendet wurde, dann aber als unterstützendes Argument oder in der Form eines Arglisteinwandes — beides unter methodischen Gesichtspunkten zumeist „im freien Raum" — doch Bedeutung gewann, so muß auch hier der Typus des Arbeitsvertrages als Ausgangspunkt dienen, um Ansprüche aus Vertrauenshaftung für fehlerhafte Arbeitsverträge nachzuweisen.

Es sei kurz rekapituliert: Die *typische Interessenlage* im Arbeitsvertrag ist bestimmt von zwei tragenden Elementen: Wie kaum ein anderer Vertrag bildet er die wirtschaftliche Existenzgrundlage der Parteien, wobei dies stets beim Arbeitnehmer der Fall ist; beim Arbeitgeber nur in sehr abgeschwächter Form in Relation zur Vielzahl und grundsätzlichen Austauschbarkeit der Arbeitnehmer. Zur Erfüllung des Vertrages setzt der Arbeitnehmer — im Gegensatz zu den meisten anderen Leistungspflichten aus Verträgen — nicht sein Vermögen, sondern seine eigene Person ein. Diesen beiden Elementen entspricht auf der Ebene der *individuellen Vertrauenssituation* die Tatsache, daß der Arbeitnehmer im Umfeld des Vertrages sehr weitgehende Dispositionen getroffen haben kann, die sowohl seine wirtschaftliche Existenz als auch seine ganz persönliche Lebensführung maßgeblich bestimmen.

Aus der einseitigen Interessenverlagerung ergibt sich die im Arbeitsrecht allenthalben anerkannte Schutzwürdigkeit des Arbeitnehmers; im Bereich der Vertrauenssituation korrespondieren die wirtschaftliche und soziale Überlegenheit des Arbeitgebers, die diesem eine — untechnisch gesprochen — gesteigerte Verantwortung auferlegen und den Arbeitnehmer geradezu nötigen, insoweit dem Verhalten des Arbeitgebers zu vertrauen. Schließlich spielt noch eine bedeutende Rolle die

---

[63] Vgl. *Canaris*, JZ 65 S. 475 ff., 477.

[64] Vgl. *Ballerstedt*, AcP 151 S. 501 ff., 507, der die nichtrechtsgeschäftliche Natur des Anspruchs schon für die Schadensersatzhaftung aus c. i. c. hervorhebt.

Verfestigung der eben genannten Elemente durch Zeitablauf im auf Dauer angelegten Arbeitsvertrag.

Ein Zweites sei noch einmal ausdrücklich betont: Nicht nur die naturgemäß stark individualisierenden Vertrauensmerkmale verwirklichen sich in jedem Vertrag auf andere Weise. Generell können auch Typusmerkmale in unterschiedlicher Stärke verwirklicht sein und so auch Reihen zu anderen Typen bilden.

b) Soll nun hierauf aufbauend der Versuch unternommen werden, Ansprüche aus Vertrauenshaftung nachzuweisen, so kann davon ausgegangen werden, daß solche Ansprüche, die ihrer Rechtsfolge erfüllungsgleich sind, in unserer Rechtsordnung tatsächlich existieren. Canaris hat sie anhand einer Fülle von Beispielen aus den verschiedensten Rechtsgebieten durchgängig nachgewiesen und zusammenfassend als Vertrauenshaftung kraft rechtsethischer Notwendigkeit klassifiziert[65]. Hinsichtlich der Voraussetzungen solcher Ansprüche betont er[66], daß eine starre Tatbestandsbildung nicht möglich sei, weil sie letztlich auf dem Gedanken von Treu und Glauben und damit auf den Umständen des Einzelfalles aufbauen[67]. Freilich soll damit nicht auf dem Weg über § 242 der totalen Einzelfallgerechtigkeit das Tor geöffnet werden. Vielmehr weist Canaris gerade an den ganz unterschiedlichen Beispielen aus verschiedenen Rechtsgebieten immer wieder dieselben Tatbestandsmerkmale nach, die zu einer Erfüllungshaftung aus Vertrauen führen. Sie sollen nun allerdings keinen starren Kanon bilden, sondern nach dem Beispiel des von Wilburg[68] entwickelten beweglichen Systems im beweglichen Zusammenwirken hinsichtlich ihrer Stärke jeweils unterschiedlich verwirklicht sein, ja sich auch derart vertreten können, daß die besonders starke Ausprägung eines Merkmals das Vorhandensein eines anderen gänzlich ersetzen kann. Diese Konzeption kommt auf augenfällige Weise dem Umstand entgegen, daß — wie soeben nochmals betont — die Typusstruktur des Arbeitsvertrages sehr beweglich ist und einzelne Elemente insbesondere durch Zeitablauf eine beliebige Verstärkung erfahren können. Freilich sind wir der Wilburg'schen Denkart an anderer Stelle[69] mit Skepsis begegnet. Dies war jedoch eine immanente Kritik: Bei so geringer Präzisierung, wie

---

[65] Vertrauenshaftung S. 266 ff.

[66] S. 302 ff. und 528 f.

[67] Weitgehende Verfestigung der Tatbestandsbildung nimmt *Canaris* nur bei Vertrauenshaftung kraft „dolus praeteritus" an, vgl. S. 530 (zusammenfassend).

[68] Vgl. Entwicklung eines beweglichen Systems im Bürgerlichen Recht, Grazer Rektoratsrede 1950. Vgl. auch *Hübner*, Festschrift für Wieacker S. 399 ff., 407, 410, der aber lediglich die Problematik anreißt und nur vage Denkanstöße gibt.

[69] Oben S. 92.

sie oben vorgefunden wurde, ist der Schritt zur willkürlichen Entscheidung zu klein. Richtig verstanden, kann der Denkansatz von Wilburg aber gerade in dem Zustand der Tatbestandsbildung, in dem sich der Anspruch aus Vertrauenshaftung befindet, sehr hilfreich sein[70].

c) Canaris führt folgende *Tatbestandsmerkmale* der Vertrauenshaftung auf:

Der Inanspruchgenommene muß eine bestimmte *Vertrauenslage* geschaffen haben[71]. Sie kann sich aus den unterschiedlichsten natürlichen Verhalten ergeben, wobei sich zwei Gruppen bilden lassen: Zum einen das arglistige Vorverhalten, das zu einer Vertrauenshaftung aus dolus praeteritus führt[72]; zum anderen kennzeichnet die Vertrauenslage „das Urteil über die ‚Widersprüchlichkeit' des Verhaltens des Haftenden"[73]. Entsteht diese Widersprüchlichkeit durch Zeitablauf, kann Vertrauenshaftung kraft Erwirkung[74] vorliegen; gründet sie sich auf eine bestimmte Handlung des Haftenden oder ein bestimmtes Ereignis, beruht die Vertrauenshaftung insoweit auf dem Grundsatz des venire contra factum proprium[75].

Es liegt auf der Hand, daß bereits bei dieser Bestimmung der Vertrauenslage gerade Elemente eine Rolle spielen, die eine herausragende Bedeutung im Arbeitsvertrag haben, sieht man vom allgemeinen Phänomen des dolus ab. Der Gedanke der Erwirkung beruht auf einem Umschlag der zeitlichen „Quantität" in die Qualität eines Anspruchs, und Zeitablauf ist das wesentliche Kriterium dafür, in welcher Stärke die Typusmerkmale des Arbeitsvertrages verwirklicht sind. Daß auch

---

70 So auch *Canaris,* Vertrauenshaftung S. 302 f. Die Gesamtkonzeption Wilburgs muß hier als bekannt vorausgesetzt werden. Eine kritische Auseinandersetzung mit ihren Vor- und Nachteilen (vgl. die von Wilburg vorgeschlagene Anwendung auf das kodifizierte Schadensersatzrecht, die einen Rückschritt wenigstens im Bereich der Rechtssicherheit bedeuten würde) würde den Rahmen sprengen. Vgl. dazu nur *Larenz,* Methodenlehre S. 453 ff., insbes. 463.

71 Zusammenfassend S. 495 ff. und 528 ff.

72 S. 273 ff.

73 S. 531.

74 S. 372 ff.

75 S. 287 ff. Auch *Staudinger / Nipperdey / Neumann* wollen das Prinzip des venire für die nichtigen Arbeitsverträge heranziehen (§ 611 Rdz. 104 a. E.): Die überwiegend vertretene ex-nunc-Wirkung aller Nichtigkeitsgründe sei rechtlich nicht begründbar; es müsse daher von voller Nichtigkeit ausgegangen werden. Die besondere Wirkung des Arbeitsverhältnisses als Dauerschuldverhältnis zeige sich darin, daß sich der Arbeitgeber — hat er einmal die Arbeitsleistung angenommen — wegen des venire-Grundsatzes nicht mehr auf die Nichtigkeit berufen könne. Hierbei sei auch eine Abwägung sonstiger Umstände wie etwa Kenntnis der Nichtigkeit etc. möglich. Methodisch ist dieser Ansatz den gleichen Einwendungen ausgesetzt, wie die These der „Berufung auf die Formnichtigkeit", zusätzlich fehlt es der „freien Abwägbarkeit" an Bestimmtheit und damit an Vorhersehbarkeit.

der Grundsatz des venire hier von entscheidender Bedeutung zu sein scheint, legt schon die Tatsache nahe, daß er gerade von der Rechtsprechung immer wieder als „Rettungsanker" herangezogen wird.

Die Schaffung dieser Vertrauenslage muß dem Inanspruchgenommenen *zurechenbar* sein[76]. Dies ist selbstverständlich immer der Fall bei dolus praeteritus. Im übrigen kann sich die Zurechenbarkeit der Schaffung der Vertrauenslage aus Verschuldensgrundsätzen ergeben: Der Anspruchsgegner hat die Vertrauenssituation beim Berechtigten schuldhaft oder fahrlässig entstehen lassen. Sie kann aber auch auf dem Risikogedanken beruhen: Es fällt in den Organisationsbereich des Inanspruchgenommenen, den Nichtigkeitsgrund zu erkennen oder auszuräumen bzw. der Entstehung der Vertrauenslage vorzubeugen. Schutzwürdigkeit des Arbeitnehmers und wirtschaftliche und soziale Überlegenheit des Arbeitgebers führen aber wiederum zwangsläufig zu der Annahme, daß die Zurechnung auf Grund Organisationsrisikos gerade bei fehlerhaften Arbeitsverträgen oft verwirklicht sein dürfte: Vom persönlichen Verhalten unabhängige Nichtigkeitsgründe (z. B. Verstöße gegen tarifliche Formvorschriften, mangelnde behördliche Genehmigungen, Tätigkeitsverbote) wird immer der Arbeitgeber auf Grund seiner Organisation und der von ihm geforderten Rechtskenntnisse primär aufzudecken haben[77].

Dem muß freilich auf Seiten des Vertrauenden *Gutgläubigkeit* gegenüberstehen[78]. Ein Arbeitnehmer, der z. B. den Formmangel genau kennt, ist nicht schützenswert, wenn er dies solange verschweigt, bis auch der Arbeitgeber zu der Erkenntnis kommt, daß der Vertrag formnichtig ist. In der Regel wird der Fall allerdings nicht so einfach liegen. Denn die Frage wird sich vielmehr so stellen, wer von beiden Vertragspartnern eher darauf kommen muß, daß noch weitere Wirksamkeitserfordernisse zu erfüllen sind. Dies ist der eigentliche Bereich, in dem dem Organisationsrisiko des Arbeitgebers Bedeutung zukommt.

Das Vertrauen des Anspruchsinhabers muß sich weiterhin in ganz besonderer Weise manifestiert haben. Die Vertrauensinvestition muß dadurch zum Ausdruck gekommen sein, daß er besondere Dispositionen getroffen hat[79]. Hier handelt es sich nun vollends um einen im vorliegenden Zusammenhang schon wohlvertrauten Begriff, denn gerade der Arbeitnehmer richtet sich meist *in irreversibler Art* in vielen Bereichen seiner wirtschaftlichen und sozialen Existenz auf den Arbeitsvertrag ein. Dies hängt im übrigen eng mit der Tatsache zusammen, daß der

---

[76] *Canaris,* Vertrauenshaftung z. B. S. 530 f. und die dort genannten Bezugsstellen; S. 386.

[77] Vgl. auch *Canaris* S. 386.

[78] *Canaris* S. 294, 373, 506.

[79] *Canaris* S. 510 ff. zusammenfassend.

Arbeitnehmer zur Erbringung der Leistung nicht Gegenstände seines Vermögens, sondern seine eigene Person einsetzt. Die Disposition kann sich allerdings in zweierlei Weise verwirklichen: Neben einem irreversiblen Nachteil der einen Seite ist es auch möglich, daß auf der anderen Seite ein irreversibler Vorteil vorliegt[80].

Eine letzte Gruppe von Merkmalen, die nach Canaris Voraussetzungen für den Erfüllungsanspruch aus Vertrauenshaftung sind, erlangt ihre Problematik daraus, daß der Anspruch an entscheidenden Punkten über das geschriebene Recht des BGB hinausgeht. Zunächst wird in diesem Zusammenhang der *Normzweck der Nichtigkeitsnorm* erörtert[81]. Da der Vertrauensanspruch ein gesetzlicher, kein rechtsgeschäftlicher Anspruch ist, wird zwar nur der Vertrag, auf dessen Unwirksamkeit die Entstehung der Vertrauenslage beruht, von der Nichtigkeit erfaßt; und er wird auch als von Anfang an und endgültig nichtig angesehen — dies unterscheidet ja gerade diesen Lösungsversuch, der einen gesetzlichen Anspruch gewährt, von den verschiedenen „Beschränkungstheorien". Dennoch stellt sich immer noch die Frage nach der Umgehung der jeweiligen Nichtigkeitsnorm; umgekehrt ausgedrückt muß also eine analoge Anwendung der Nichtigkeitsnorm auf den gesetzlichen Vertrauensanspruch erörtert werden[82]. Weiterhin soll nach Canaris ein Anspruch aus Vertrauenshaftung nur dann bestehen, wenn die Ansprüche der übrigen *gesetzlichen Ausgleichsordnung* (also Schadenersatz und Bereicherung) nicht zu einem angemessenen Ausgleich führen[83].

Rechtsfolge ist ein Erfüllungsanspruch[84]. Der Berechtigte erhält also, was er bei gültigem Vertrag als Leistung bekommen hätte.

Soweit die abstrakte Darstellung der Tatbestandsmerkmale der Vertrauenshaftung, wie sie Canaris sieht. Sie einer abstrakten Kritik zu unterziehen, wäre nach der Natur des Anspruchs aussichtslos. Der Tatbestand lebt wenn nicht gerade vom Einzelfall, so doch erst von der Anwendung auf konkrete Fallgruppen. Eine Überprüfung ist daher nur möglich, indem man sich mit der Anwendbarkeit in bestimmten Fällen auseinandersetzt. Das ist weniger verwunderlich als es erscheint: Wir bewegen uns auf dem Feld der Rechtsfortbildung. Will man hier einen „neuen", bisher nur latent existierenden Anspruch nachweisen, so kann das nicht durch das Aufstellen abstrakter Regeln, sondern nur in einem hermeneutischen Prozeß zwischen konkreter Anwendung und abstraktem Rechtssatz geschehen; jede Rechtsfortbildung gewinnt ihre Rechtfertigung nämlich erst daraus, daß das bestehende Recht insoweit als

80 *Canaris* S. 531 (zusammenfassend), 295.
81 *Canaris* S. 529 zusammenfassend.
82 *Canaris* S. 451 ff.; vgl. auch *Ballerstedt,* AcP 151 S. 501 ff., 508.
83 S. 304.
84 *Canaris* S. 301, 375, 431.

lückenhaft und ergänzungsbedürftig angesehen wird, was sich nur an konkreten Fallgruppen, nicht jedoch generell nachweisen läßt. Es bleibt also im folgenden zu prüfen, ob und in welchen Fällen ein Anspruch aus Vertrauenshaftung auch bei fehlerhaften Arbeitsverträgen bestehen kann, womit gleichzeitig und notwendigerweise eine Überprüfung der soeben kurz dargestellten Grundsätze verbunden ist. Im jetzigen Zeitpunkt läßt sich jedenfalls festhalten, daß ein Anspruch aus Vertrauenshaftung in der geschilderten Form von allen möglichen Lösungsansätzen den Besonderheiten des Arbeitsvertrages am besten entspricht. Dies rechtfertigt es, die Überprüfung an Hand der kritischen Fallgruppen vorzunehmen. Hierbei soll zunächst die Tatbestandsbildung untersucht werden, bevor anschließend auf die Fragen der genauen Bestimmung der Rechtsfolge eingegangen wird. Zuletzt bleibt die Problematik des Verhältnisses zur übrigen Rechtsordnung zu erörtern.

III. Der Tatbestand der Vertrauenshaftung nach Fallgruppen

1. Formnichtige Arbeitsverträge

Als erste Gruppe sollen Fälle formnichtiger Verträge untersucht werden. Dies erscheint aus mehreren Gründen angebracht; es handelt sich hier um eine Problematik, die auch bei verschiedenen anderen Vertragstypen[85] erörtert wird, und wir haben bereits oben gesehen[86], daß eine Lösung durch Restriktion des § 125 BGB mit Hilfe des allgemeinen Arglisteinwands abgelehnt werden muß. Schließlich handelt es sich um einen Nichtigkeitsgrund, der nicht zusätzlich durch subjektive Elemente (wie z. B. die Anfechtung) kompliziert ist und gerade im Arbeitsrecht auch recht häufig relevant sein dürfte, da eine Unzahl von Tarifverträgen konstitutive Schriftform für den Arbeitsvertrag vorsehen[87].

Als Ausgangspunkt kann die bereits mehrfach kritisierte, vom BAG immer wieder als Nachweis seiner Lehre vom fehlerhaften Vertrag zitierte Entscheidung zur TO für Filmschaffende dienen[88]. Mit dem BAG ist davon auszugehen, daß die auf Grund des AOG als Rechtsnorm erlassene TO für Filmschaffende aus dem Jahr 1943 noch Gültigkeit be-

---

[85] Vgl. nur die unter dem Stichwort Hofübergabefälle, Kleinsiedlerfälle etc. bekannten Problemkreise (z. B. BGH, WM 65 S. 315; BGH 16, 325; 20, 172; 12, 286; 23, 249).

[86] S. 86 ff.

[87] Vgl. *Wiedemann / Stumpf,* Tarifvertragsgesetz § 4 Rdz. 173; dem widerspricht nicht die geringe Zahl der zu dieser Frage ergangenen Entscheidungen.

[88] BAG 5, 58 ff. = AP 2 zu § 125 BGB.

saß und konstitutive Schriftform vorsah[89]. Der formunwirksam zwischen dem beklagten Arbeitgeber[90] und dem klagenden Filmschauspieler geschlossene Vertrag betraf ein Engagement des Schauspielers für eine Zeit von ca. 6 Wochen. Die Besonderheit des Falles lag darin, daß sich der Schauspieler nicht tatsächlich zur Mitwirkung bei den Dreharbeiten verpflichtet hatte; er hatte sich lediglich während der vereinbarten Zeit zur Verfügung zu halten, der Arbeitgeber andererseits mußte das Entgelt auch dann zahlen, wenn er auf die Mitwirkung des Schauspielers verzichtete. Letzteres war dann deshalb eingetreten, weil der Film gar nicht produziert wurde[91].

Das LAG hatte dem Arbeitgeber die Berufung auf die Formnichtigkeit wegen Verstoßes gegen Treu und Glauben verweigert[92]: Der Schauspieler habe während der ganzen Vertragsdauer „zur Verfügung gestanden“ (und das bedeutete im konkreten Fall, daß er geleistet hatte); der Arbeitgeber habe ihn nicht freigegeben und die Wirksamkeit des Vertrages ausdrücklich bestätigt. Dem hält das BAG entgegen, der Einwand der Arglist oder des unzulässigen Rechtsmißbrauchs lasse sich darauf allein nicht stützen[93]: Keine der Parteien habe vorgebracht, daß der Arbeitgeber bei Vertragsschluß oder während der Vertragsdauer Kenntnis von der Formbedürftigkeit hatte[94]. Das BAG verlangt also neben einigen objektiven Merkmalen auch das subjektive der positiven Kenntnis, was, soweit es um die Prüfung der Arglist geht, in sich jedenfalls ja richtig ist[95]. Daß allerdings weder der Weg über einen Einwand aus § 242 BGB gangbar ist, noch die Lösung des BAG, einen Anspruch wegen eines auf personenrechtlichen Bindungen beruhenden faktischen Arbeitsverhältnisses zu gewähren, einer Nachprüfung standhält, wurde bereits dargelegt.

---

[89] BAG 5, 58 ff., 60 f.

[90] Sachverhalt insofern vereinfacht.

[91] Korrekterweise hätte das BAG vorab prüfen müssen, ob der Vertrag nicht überhaupt auflösend bedingt geschlossen worden war (vgl. den wiedergegebenen Vertragswortlaut: „... sofern Sie ... die Finanzierung erhalten“) und evtl. später in einen unbedingten abgeändert wurde. Hier kann dieser Möglichkeit nicht mehr nachgegangen werden, da der mitgeteilte Sachverhalt insofern nicht ausreicht.

[92] Vgl. BAG 5, 58 ff., 62.

[93] In der dieselbe TO betreffenden Entscheidung BAG 2, 58 ff. hat das Gericht den Arglisteinwand zwar generell als möglich anerkannt, jedoch keine näheren Ausführungen gemacht, sondern zur Klärung der tatsächlichen Voraussetzungen zurückverwiesen.

[94] BAG 5, 58 ff., 64.

[95] Diese Einengung, die das BAG gar nicht explizit zum Ausdruck bringt, findet sich auch in der Rechtsprechung des BGH zu parallel gelagerten Fällen; vgl. die Nachw. bei *Lorenz,* JuS 65 S. 429 ff., 431 ff. der die Rechtsprechung zutreffend dahingehend analysiert, daß der Arglisteinwand gegen § 125 BGB im Grunde nur bei dolus praeteritus durchgehend gewährt wird.

Andererseits lassen der mitgeteilte Sachverhalt und die daraus von den Gerichten abgeleiteten Argumente eine auffällige Nähe zum eben geschilderten Tatbestand der Vertrauenshaftung erkennen. Wenn überhaupt, läßt sich nur daraus eine Haftung des Arbeitgebers *auf Erfüllung* begründen.

a) Vertrauenslage

aa) venire contra factum proprium

Zunächst ist deutlich, daß durch das Verhalten des Arbeitgebers eine Vertrauenssituation entstanden ist: Er hat dem Arbeitnehmer gegenüber nicht nur betont, daß er den Vertrag für wirksam halte, sondern ist unter Berufung darauf ausdrücklich der Bitte des Schauspielers nicht nachgekommen, ihn aus dem Engagement zu entlassen. Dies geschah obendrein zu einem Zeitpunkt *vor* dem vereinbarten Vertragsbeginn. Zu diesem seinem Verhalten setzt sich der Arbeitgeber augenscheinlich in Widerspruch, wenn er nachher die Formnichtigkeit geltend macht. Und zwar ist das auch und gerade dann der Fall, wenn er tatsächlich die die Formbedürftigkeit begründende Vorschrift der TO nicht gekannt hatte: Die Frage der Widersprüchlichkeit des Verhaltens ist ein objektives Merkmal. Ob der Arbeitgeber durch sein Verhalten eine Vertrauenslage geschaffen hat und ob er sich zu eben diesem Verhalten nachher in Widerspruch setzt, muß zunächst geklärt werden, ehe man erörtert, ob ihm dieses Verhalten und die daraus resultierende Vertrauenssituation auch zurechenbar ist. Für das Entstehen der Vertrauenslage ist allein das erkennbare Verhalten — hier des Arbeitgebers — ausschlaggebend, nicht seine subjektive Kenntnis oder seine Intentionen. Diese Fragen fallen in den Bereich der Zurechenbarkeit.

bb) Erwirkung

Die auf dem Verhalten des Arbeitgebers, nämlich seiner Aussage, er halte den Vertrag für wirksam, ursprünglich beruhende Vertrauenssituation hat nun während der ganzen Dauer des Vertrages angehalten. Damit kann sich die Vertrauenssituation auch noch aus dem Gesichtspunkt der *Erwirkung* ergeben. Der Tatbestand der Erwirkung ist dadurch gekennzeichnet, daß das tatsächliche Andauern eines Zustandes über längere Zeit die Entstehung eines Rechts (evtl. im Zusammentreffen mit anderen Voraussetzungen) bewirkt[96]. Sie stellt das logische Gegenstück zum allgemein anerkannten Institut der Verwirkung[97] dar.

---

[96] *Canaris*, Vertrauenshaftung, S. 372 ff. speziell zur Vertrauenshaftung m. w. Nachw.

[97] Vgl. *Larenz*, AT § 13 IV b S. 198 ff.; *Siebert*, Verwirkung; *Flume*, AT § 10, 3.

Vor der näheren inhaltlichen Präzisierung der Erwirkung ist zunächst Canaris für den Bereich der Vertrauenshaftung bei fehlerhaften Arbeitsverhältnissen Recht zu geben, daß die Erwirkung einen maßgeblichen Gesichtspunkt bei der Schaffung einer Vertrauenssituation bildet. Wenn sich nämlich die konstituierenden Elemente des Arbeitsvertrages vorrangig durch Zeitablauf verstärken bzw. umgekehrt mangels Zeitablauf im Einzelfall kaum zum Tragen kommen, so ist der Zeitablauf auch ein verläßlicher Maßstab zur Beurteilung der Situation im fehlerhaften Vertrag: Mit der tatsächlichen Durchführung — wenn auch auf nichtiger rechtsgeschäftlicher Grundlage — verwirklichen sich immer auch die Typusmerkmale des Arbeitsvertrages; d. h. auch der nichtige Vertrag ist, soweit die Parteien zur Verwirklichung schreiten, nicht typusneutral, sondern in seiner typologischen Struktur aus sich heraus klassifizierbar. Interessenlage und individuelle Vertrauenssituation *können* sich ebenso entwickeln wie das bei intakter rechtsgeschäftlicher Grundlage der Fall wäre. Damit besteht aber auch grundsätzlich die Möglichkeit, daß das Ausmaß dieser Verwirklichung maßgeblich durch Zeitablauf bestimmt wird. Es liegt auf der Hand, daß damit eine genaue Beschreibung des Vorgangs bei der Erwirkung gegeben ist, nämlich der Entstehung eines Rechts auf außerrechtsgeschäftlicher Grundlage durch eine über die Zeit sich erstreckende tatsächliche Situation[98].

Bei dem letztlich auf § 242 gegründeten Institut stellt sich vor allem die Frage, wieviel Zeit genau verstrichen sein muß, bis die Rechtsentstehung eintritt. Daß dies eine besonders schwere und eigentlich vom Einzelfall nicht loszulösende Frage ist, zeigt auch die lebhafte Kritik an der Rechtsprechung zur Betriebsübung, besonders was die Gratifikationen betrifft, die gerade hier ansetzt[99]. Die Fragestellung muß jedoch auf die Vertrauenshaftung beschränkt bleiben, und hier ist auch die Antwort in gewisser Weise erleichtert, und zwar aus zwei Gründen. Zum einen dient der „Erwirkungsvorgang" nur zur Ermittlung der Vertrauenssituation, die wiederum eines unter mehreren erforderlichen Merkmalen darstellt. Zum anderen haben wir bereits in verschiedenem Zusammenhang betont, daß der Grad der Verwirklichung schwanken kann: Sowohl die Typusmerkmale treten in unterschiedlicher Stärke

---

[98] Daß das Institut der Erwirkung im Arbeitsrecht nicht neu eingeführt wird, sondern vielmehr bereits „altbekannt" ist, zeigt schon ein Blick auf die Lehre von der Betriebsübung; vgl. dazu *Canaris,* Vertrauenshaftung S. 387 ff.; ihm folgend und die Betriebsübung zutreffend auf die Vertrauenshaftung zurückführend *Zöllner,* Studienbuch S. 53. Vgl. auch die Darstellung von *Seiter,* Die Betriebsübung S. 92 ff. und für die Nachweise aus der zahlreichen Rechtsprechung auch *Schaub,* Handbuch § 111 S. 535 ff. Freilich spielen auch hier andere Prinzipien eine Rolle wie etwa der Gleichbehandlungsgrundsatz. Dazu im einzelnen die eben Genannten.

[99] Vgl. *Zöllner,* Studienbuch S. 53, 121.

auf, als auch die Voraussetzungen des Anspruchs aus Vertrauenshaftung. Die Entstehung einer Vertrauenssituation durch Zeitablauf z. B. steht in engem Zusammenhang mit der Vertrauensinvestition der Gegenseite, nämlich mit Art und Ausmaß der jeweiligen Dispositionen. Ebenso kann sie zusammenspielen mit dem Grad der Zurechenbarkeit oder einem Ereignis, das den Grundsatz des venire contra factum proprium auf den Plan ruft.

cc) Verhältnis venire — Erwirkung

Obwohl in unserem Ausgangsfall der Widerspruch im Verhalten des Arbeitgebers in selten klarer Weise durch zwei Äußerungen deutlich wird, ist die Vertrauenssituation doch auch auf das Element der Erwirkung gestützt. Dies deutet auf eine These hin, die sich sogleich auch theoretisch begründen lassen wird: Jedenfalls im Bereich des Arbeitsvertrages ist eine allein auf dem Grundsatz des venire aufbauende Vertrauenslage praktisch nur selten denkbar; generell gilt, daß eine sich aus Erwirkungsgesichtspunkten ergebende Vertrauenslage *stets* auch ein Anwendungsfall des Grundsatzes über das venire ist[100]. Dies ergibt sich aus folgenden Gründen:

Da sich die Typusmerkmale des Arbeitsvertrages erst in der Zeit entwickeln und verstärken, mag es zwar vielleicht im Einzelfall einmal eine relativ schwache Vertrauenslage geben, die auf einem *widersprüchlichen Verhalten* allein beruht[101]; es ist aber als sicher anzunehmen, daß ein Anspruch aus Vertrauenshaftung jedenfalls an fehlenden Dispositionen des *Arbeitnehmers* scheitern wird, solange sie nicht durch das Element der Erwirkung verstärkt wird. „Reine" Fälle des venire sind allerdings sehr wohl im Bereich anderer Vertragstypen und im Falle eines dem *Arbeitgeber* zustehenden Vertrauensanspruchs[102]

---

[100] Für die Verwirkung sieht diesen Zusammenhang klar *Wieacker*, § 242 S. 28 im Rahmen der Erörterung von Formmängeln unter Berufung auf *Boehmer* und *Siebert*. Vgl. auch *Canaris* in der Einführung zum Abschnitt über die Vertrauenshaftung kraft Erwirkung S. 372, der freilich auf die Gründe der engen Verwandtschaft nicht eingeht. Zu knapp auch der Lösungsvorschlag von *Lorenz*, JuS 65 S. 429 ff., 436, der ausschließlich und pauschal auf den venire-Grundsatz verweist.

[101] Ein Beispiel läßt sich auch theoretisch nur schwer konstruieren. Allenfalls wäre an einen Arbeitnehmer zu denken, der vor Aufnahme der Arbeit seinen Wohnsitz verlegt und sich bereits nach ein paar Tagen z. B. Formnichtigkeit herausstellt, obwohl der Arbeitgeber Formfreiheit zugesichert hatte, was nicht von ungefähr zugleich ein Fall des dolus praeteritus sein wird. Ein anderes Beispiel wäre, daß der Arbeitnehmer eine andere Stelle ausgeschlagen hat und nun nichts Vergleichbares mehr findet.

[102] Einen solchen Fall behandelt die Entscheidung BAG AP 11 zu § 4 TVG: Der Beklagte war angestellter Pilot für Meßflugzeuge bei der Klägerin. Im vom Gericht untersuchten Sachverhalt ging es darum, daß der Beklagte auf Grund einer vertraglichen Nebenabrede, die nicht der Form des einschlägigen § 4 BAT entsprochen hatte, an einer Ausbildung zum Linienflugzeug-

denkbar. Dagegen knüpfen *Erwirkungstatbestände* nie allein an den reinen Zeitablauf an[103]. Ausschlaggebend ist auch hier eine Ausgangssituation oder ein Verhalten. Hätte beispielsweise im Ausgangsfall nicht der Arbeitnehmer aus dem Verhalten oder der positiven Aussage des Arbeitgebers schließen können, daß der Vertrag nicht nichtig war, hätte auch noch so langer Zeitablauf nicht zu einer Erwirkungssituation führen können. Dies wird vollends deutlich im Blick auf die anderen Merkmale der Vertrauenshaftung. Ganz zweifelsfrei muß die Entstehung der Vertrauenslage dem Inanspruchgenommenen zurechenbar sein. Reiner Zeitablauf jedoch ist nicht zurechenbar, sondern nur Verhalten. Das ist für den Extremfall der Zurechenbarkeit aus Verschuldensgrundsätzen unmittelbar einleuchtend: Hätte im Ausgangsfall der Arbeitgeber wider besseres Wissen z. B. behauptet, von der Formbedürftigkeit könne im Einzelfall abgewichen werden, und diese Behauptung während der ganzen Vertragsdauer nicht widerrufen, so hätte dieses Verhalten — über die Zeit erstreckt — eine Vertrauenssituation geschaffen, die dem Arbeitgeber zurechenbar ist, weil er die rechtliche Unhaltbarkeit seiner Äußerung kannte. Im Prinzip ist die Lage aber auch nicht anders, wenn die Zurechnung auf Risikogesichtspunkten beruht. Als Beispiel kann der bereits mehrfach zitierte Doppeldienstentschädigungsfall[104] dienen, der jedenfalls eine dem fehlerhaften Vertrag verwandte Situation aufweist, da es um die Zahlung einer Zulage ging, deren vertragliche Grundlage längst weggefallen war[105]. Nicht nur die Zahlung dieser

---

führerschein teilgenommen hatte. Die Kosten dafür betrugen ca. DM 10 000,— und wurden von der Klägerin übernommen, sollten aber zurückgezahlt werden, wenn der Beklagte innerhalb bestimmter Fristen nach Ablegung der Prüfung aus den Diensten der Klägerin ausschied. Diese einzelvertragliche Abmachung entsprach inhaltlich einer Regelung im BAT. Als der Arbeitnehmer 2 Tage nach der Prüfung kündigte, forderte die Klägerin u. a. die Kursgebühren zurück. Das BAG versagte dem Arbeitnehmer die Berufung auf die Formnichtigkeit unter Hinweis auf § 242 BGB und die einschlägige Rechtsprechung (vgl. auch die zustimmende, sich weitgehend auf Wiederholung der verschiedenen Meinungen beschränkende Anmerkung von *Kraft* ebenda). Der Arbeitnehmer hatte die Vertrauenssituation durch seine Teilnahme an der Ausbildung geschaffen und sich zu diesem Verhalten durch die sofortige Kündigung *ohne* zurückzuzahlen in Widerspruch gesetzt, andererseits einen unwiderbringlichen Vorteil durch die Ausbildung erlangt. Die Disposition des Arbeitgebers lag eben darin, daß er ihm diese Ausbildung zugute kommen ließ, um so eine für bestimmte Flugzeugtypen ausgebildete Kraft zu haben. Dies war neben einer rein personellen auch eine betriebsplanerische Entscheidung.

[103] Man bilde auch hier die Parallele zur Verwirkung und denke an den Unterschied zur Verjährung.

[104] BAG 5, 44 ff.; vgl. dazu auch *Canaris*, Vertrauenshaftung S. 391.

[105] Um eine formunwirksam vereinbarte Zulage geht es auch in BAG, DB 77 S. 2145. Da die Einstellung der Zahlung der Zulage in den Nachwirkungszeitraum des Tarifvertrags fiel, hat das BAG zurückverwiesen zur Klärung der Frage, ob zwischenzeitlich eine formfrei wirksame, neuerliche Vereinbarung getroffen worden war. Ob der Angestellte die früher gezahlten Zulagen behalten durfte, war nicht Streitgegenstand.

Zulage, sondern vor allem auch die Tatsache, daß der Arbeitgeber 15 Jahre lang die geltende Tarifordnung *nicht* angewandt hat, ist ihm jedenfalls bis zur Beanstandung durch den Rechnungshof aus Risikogesichtspunkten zuzurechnen, da es in seinen Aufgaben- und Organisationsbereich fiel, die TO anzuwenden. Auch diese Untätigkeit ist ein Verhalten, zu dem sich der Arbeitgeber später in Widerspruch setzt, und das — über lange Zeit beibehalten — ebenso eine Vertrauenssituation aus Erwirkungsgesichtspunkten entstehen läßt[106].

dd) Ausgangsfall

Im Ausgangsfall ist die Vertrauenssituation danach folgendermaßen zu beurteilen. Es bestand zweifelsohne ein Widerspruch im Verhalten des Arbeitgebers, der zunächst ausdrücklich betonte, er sehe den Vertrag als wirksam an, und sich später dennoch auf die Formnichtigkeit berief. Das Verhalten muß sich nicht direkt auf den Nichtigkeitsgrund beziehen, freilich ist die Widersprüchlichkeit in einem Fall wie dem vorliegenden nicht so eklatant. Diese relativ schwache Vertrauenslage erfährt zwar eine Verstärkung dadurch, daß sie bis zum Ablauf der Vertragsdauer anhielt; das Erwirkungsmoment ist aber sehr gering bei einer Vertragsdauer von nur sechs Wochen.

b) Zurechenbarkeit. Guter Glaube des Vertrauenden

Im Gegensatz zur Ansicht des BAG, das seinen Arglisteinwand an fehlender Kenntnis der Formbedürftigkeit seitens des Arbeitgebers scheitern läßt[107], ist die Schaffung der eben geschilderten Vertrauenslage ohne weiteres dem Arbeitgeber zuzurechnen. Neben dem Zurechnungsgrund der Arglist — der freilich Kenntnis voraussetzt — reicht in unserem Zusammenhang auch eine Zurechnung auf Grund von Fahrlässigkeit oder kraft Organisationsrisikos aus[108]. Letzteres war einwand-

[106] Auch das BAG argumentiert mit den Gesichtspunkten von Erwirkung und Vertrauenslage. Mit der im Text vertretenen Meinung auch übereinstimmend *Wieacker,* § 242 S. 28 f. Ebenso wäre im Fall BAG, DB 77 S. 2145 für die bereits gezahlte Zulage zu entscheiden gewesen. Für eine Zahlung der Zulage in Zukunft — wenn man von der Formunwirksamkeit ausgeht — aus Vertrauenshaftung kommt es wiederum auf nicht mitgeteilte Einzelheiten des Sachverhalts an: Es ging um eine *pauschalierte* Fliegerzulage, dennoch war die Arbeitgeberin von ca. 12 Flugstunden monatlich ausgegangen. Die Einstellung erfolgte, als der Arbeitnehmer ein halbes Jahr lang nur noch 1/6 dieser angenommenen Flugstundenzahl erreichte: War dem Arbeitnehmer die Pauschalierung zugesagt worden, *ohne* diese mit der „Grundlage" der angenommenen 12 Flugstunden zu verbinden, so durfte er auch darauf vertrauen, daß die Zahlung vom *Umfang* seiner Flugleistung unabhängig blieb, zumal dieser immer geschwankt hatte. Wäre dagegen die „Grundlage" der 12 Flugstunden als „Minimalleistung" in die Abrede einbezogen worden, hätte insofern auch keine Vertrauenslage entstehen können.

[107] BAG 5, 58 ff.

[108] s. o. S. 113.

frei gegeben. Wer als Arbeitgeber Verträge abschließt, die einer Tariffordnung unterstehen, muß über deren Geltung informiert sein. Dies im vorliegenden Fall um so mehr, als, nachdem offensichtlich Zweifel über die Weitergeltung der TO und deren konstitutive Formvorschriften bestanden hatten, insofern die Entscheidung des BAG in Bd. 2, 58 ff. bereits Klarheit geschaffen hatte[109].

Der Schauspieler hatte nach dem angegebenen Sachverhalt die Formbedürftigkeit nicht gekannt. Er war also insofern gutgläubig.

c) Disposition des Arbeitnehmers

Für die objektiven Voraussetzungen der Vertrauenshaftung reicht es, wie wir gesehen haben, nicht aus, daß der Inanspruchsgenommene eine Vertrauenslage schafft, das Vertrauen muß auch vom Berechtigten in irgendeiner Form in Anspruch genommen werden. Dies äußert sich darin, daß er im Vertrauen auf die vorgebliche Lage Dispositionen trifft. Im vorliegenden Fall hat der Arbeitnehmer das insoweit getan, als er sich die Zeit der Dauer des Vertrages freigehalten hat und keine anderen Engagements eingegangen ist. Eine derartige Disposition könnte aber nur dann die Vertrauenshaftung begründen, wenn die Vertrauenslage auf dolus praeteritus beruhen würde[110]. Denn wer die Vertrauenssituation arglistig herbeiführt, muß damit rechnen, bei jeder beliebigen Disposition des Getäuschten in Anspruch genommen zu werden. Baut die Vertrauenslage dagegen auf dem Gesichtspunkt der Erwirkung[111] auf, kann nicht jedwede Disposition des Vertrauenden ausreichen. Dies wird sofort deutlich, wenn man sich die Typologie des Arbeitsvertrages noch einmal vor Augen hält: Daß sich eine besondere Vertrauenslage ergibt, wurde als Folge der Tatsachen angesehen, daß der Arbeitnehmer seine eigene Person zur Erfüllung einsetzt und daß der Vertrag die Grundlage für seine persönliche und vor allem wirtschaftliche Existenz bildet. Während nun der Einsatz der Person ein stets gegebenes Merkmal ist, kann die Bedeutung für die Existenzgrundlage sehr verschieden sein. Damit kommen aber für den Anspruch aus Vertrauenshaftung grundsätzlich nur diejenigen Dispositionen in Frage, die tatsächlich Einfluß auf die Existenzgrundlage des Arbeitnehmers haben.

---

[109] Die Entscheidung v. 7. 7. 55 (2 AZR 27/53) war bereits im DB 55 S. 667 und BB 55 S. 669 veröffentlicht. Es ging in dieser Entscheidung hauptsächlich um diese Formfrage. Das Problem des Arglisteinwands greift das BAG zwar auf, verweist aber wegen weiterer tatsächlicher Aufklärung zurück.

[110] *Canaris,* Vertrauenshaftung S. 278, 512, 530.

[111] Zur Klärung der Terminologie: Erwirkung soll fortan in dem Sinne gebraucht werden, wie er soeben ermittelt wurde, also unter Einschluß des venire-Grundsatzes.

Hinzu kommt, daß auch dieses Merkmal eng mit dem Erwirkungsgesichtspunkt zusammenhängt und von ihm maßgeblich bestimmt wird: Je langfristiger sich ein Arbeitnehmer auf einen Arbeitsvertrag einstellt, um so stärker richtet sich seine wirtschaftliche Existenz danach. Der Gesichtspunkt der Erwirkung, der bei der Bestimmung des Typus des Arbeitsvertrages in der Gestalt der Zeitdauer die Rolle des verstärkenden Faktors spielt, erhält für die Vertrauenshaftung damit eine zentrale Bedeutung. Konnten wir oben noch bei der Feststellung stehenbleiben, daß der Erwirkungszeitraum *relativ kurz* bemessen ist, so muß man jetzt sagen, er war *zu kurz*, als daß der Schauspieler seine Existenzgrundlage beeinflussende Dispositionen hätte treffen können, und er hat es nach dem mitgeteilten Sachverhalt ja in der Tat auch nicht getan.

Dem kann nicht entgegengehalten werden, mit dieser Lösung benachteilige man gerade solche Personenkreise, die regelmäßig nur kurzfristig bei einem Arbeitgeber tätig sind. Für solche Arbeitnehmer besteht nämlich, argumentiert man schon auf dieser Ebene, auf der anderen Seite der Vorteil, daß sie auch nicht in ihrer ganzen Existenz von einem Arbeitgeber abhängen können.

Wenn hier gefordert wird, daß die Disposition die Existenzgrundlage des Arbeitnehmers betrifft, so heißt das nicht, daß in *jedem* Fall die Auswirkungen auf dessen wirtschaftliche Existenz im einzelnen nachgewiesen werden müßten. Erhält ein Arbeitnehmer z. B. jahrelang (wie im Doppeldienstentschädigungsfall) bestimmte Leistungen, so kann ohne weiteres davon ausgegangen werden, daß er sich in seiner Existenz darauf eingerichtet hat. Im vorliegenden Fall des nur für sechs Wochen engagierten Schauspielers dagegen besteht keine derartige Vermutung, hier wäre eine außergewöhnliche Sachverhaltsgestaltung erforderlich. Dagegen läßt sich nicht etwa vorbringen, mit dem Merkmal der Disposition lege man die Erfüllung des Tatbestandes der Vertrauenshaftung in die Hand des Arbeitnehmers. Denn einmal werden ja auch nur Dispositionen anerkannt, die er im guten Glauben an das Bestehen der Vertrauenslage macht, die wiederum dem Arbeitgeber zurechenbar sein muß. Und außerdem wirkt als Regulativ die Bedeutung des Erwirkungstatbestandes.

Damit steht fest, daß dem Schauspieler im Ausgangsfall kein Anspruch aus Vertrauenshaftung zugestanden hätte.

d) *Zusammenfassung*

Die bisher gefundenen Ergebnisse für einen dem Arbeitnehmer zustehenden Anspruch aus Vertrauenshaftung können in folgenden Grundsätzen zusammengefaßt werden:

1. Die Vertrauenssituation kann einmal auf *dolus praeteritus* beruhen; dann ist jedenfalls auch die Zurechnung gegeben und bei gutem Glauben des Anspruchsinhabers reicht im übrigen jede Disposition zur Begründung des Anspruchs. Im Bereich des Arbeitsvertrages findet er freilich wenige Anwendungsfälle.
2. Entscheidende Bedeutung haben dagegen die Fälle, in denen sich die Vertrauenslage aus dem Grundsatz der *Erwirkung* ergibt, die stets auch mit dem Prinzip des venire verbunden ist. Der Anspruch kann dann (bei Vorliegen der anderen Voraussetzungen) grundsätzlich nur bejaht werden, wenn die Dispositionen des Arbeitnehmers seine *Existenzgrundlage* betreffen; dies setzt einen starken Erwirkungstatbestand voraus. Durch diese wechselseitige Bedingtheit wird zum einen die schwierige Frage lösbar, wie lange der Erwirkungszeitraum dauern muß, ohne daß man darauf angewiesen ist — wie das BAG bei den Gratifikationsfällen —, ein für alle Mal feste Fristen angeben zu wollen. Zum anderen ergibt sich daraus, daß eine Vertrauenssituation, die allein aus dem venire-Grundsatz begründet werden kann, in der Regel nicht zu einem Anspruch führt[112].

e) *Sonstige Fälle des Formverstoßes*

Sie sind in der Rechtsprechung ungewöhnlich selten anzutreffen[113]. Das spricht nicht unbedingt gegen ein Vorkommen in der Praxis. Immerhin gibt es neben einigen gesetzlichen Formvorschriften viele Tarifverträge, die Schriftformklauseln für den ganzen Arbeitsvertrag oder Teile davon enthalten. Wann in solchen Fällen ein Tatbestand der Vertrauenshaftung gegeben ist, läßt sich mit den an dem außergewöhnlich gelagerten Ausgangsfall ermittelten Kriterien ohne weiteres feststellen. Der Regelfall wird ein unbefristeter Arbeitsvertrag sein, der eine gewisse Zeit trotz Nichtigkeit erfüllt wird. Vertrauenslage und Disposition ergeben sich wie oben maßgeblich aus der Verwirklichung des Erwirkungstatbestandes. Die Zurechnung ist stets eine Frage der subjektiven Kenntnis der Parteien und des Organisationsrisikos. Schließlich folgt aus den entwickelten Grundsätzen geradezu selbstverständlich eine Regel, die zwar niemand jemals ernsthaft bestritten hat, die sich aber insbesondere aus der Methode, mit der die Rechtsprechung arbeitet, schwer ableiten läßt: *Vor* Vollzug des Vertrages bestehen keine Ansprüche aus Vertrauenshaftung.

---

112 Zu Ausnahmen vgl. o. Fn. 101.

113 Vgl. die soeben zitierten Entscheidungen.

2. Die Anfechtung des Arbeitsvertrages

a) *Einleitung*

Fälle der Anfechtung des Arbeitsvertrages bilden den klassischen Ausgangspunkt für die Diskussion um die fehlerhaften Arbeitsverträge[114]. Besonders an Hand von § 142 BGB hat man immer wieder die Methode der Einschränkung der Nichtigkeitsfolge mit ex-nunc-Wirkung praktiziert[115]. Durch die Anknüpfung an den „Nichtigkeitsgrund" des § 142 BGB wird die Verallgemeinerung dieser Einschränkung leicht gemacht: § 142 ist dann ein Nichtigkeitsgrund unter vielen, ebenso wie § 134, § 138 etc. Vor Erörterung der Frage, ob statt der kritisierten Methode auch hier eine Lösung durch Gewährung eines Anspruchs aus Vertrauenshaftung möglich ist, muß schon diese Prämisse der Parallelität der verschiedenen Nichtigkeitsgründe angezweifelt werden. Das Recht der Anfechtung einer Willenserklärung weist einige charakteristische Merkmale auf, die es von anderen Nichtigkeitsgründen maßgeblich unterscheiden[116].

(1) Richtiger Ansicht nach handelt es sich beim Anfechtungsrecht um ein Gestaltungsrecht, dessen Ausübung zur Vernichtung eines voll gültigen Rechtsgeschäfts führt[117] und nicht etwa nur zur endgültigen Nichtexistenz des bloßen Anscheins eines Rechtsgeschäfts. Für den fehlerhaften Arbeitsvertrag bedeutet dies: Wird ein anfecht*barer* Vertrag in Vollzug gesetzt, so wird ein voll gültiges Rechtsgeschäft erfüllt. Erst die Ausübung des Gestaltungsrechts führt zur Nichtigkeit über die Rückwirkungsfiktion des § 142. Nicht die Anwendung strikten Rechts also, sondern die Ausübung des Gestaltungsrechts, die gleichzeitig Gestaltungsfreiheit bedeutet, führt erst zur Rechtsfolge der Nichtigkeit. Dies macht einerseits die These von der ex-nunc-Wirkung so einleuchtend: Geht es doch technisch „nur" um die Einschränkung einer gesetzlichen Fiktion. Dabei wird aber übersehen, daß sich dadurch auch zwei verschiedene Ansatzpunkte für die Lösung ergeben; nicht nur die

[114] Vgl. *Siebert*, Faktische Vertragsverhältnisse S. 69 ff.; *Ramm*, Anfechtung; vgl. auch die Darstellung bei *Hueck*, Lehrbuch S. 186 ff.

[115] Deutlich die Formulierung in BAG 5, 159 ff., 161; „Der in § 142 angeordnete, rückwirkende Wegfall der Willenserklärung gilt nicht. So auch noch — viel zu pauschal — *Zöllner*, Studienbuch S. 94.

[116] Vgl. *Staudinger / Nipperdey / Neumann*, § 611 Rdz. 104, wo zu Recht der Unterschied zwischen allgemeinen Nichtigkeitsgründen und der Anfechtung betont wird. Die Verf. schließen daraus, daß ex-nunc-Wirkung nur bei der Anfechtung begründbar, für sonstige Nichtigkeitsgründe aber nicht mit der Regelung des Gesetzes vereinbar ist.

[117] Vgl. *Larenz*, AT S. 338 f. und die dortigen Nachweise; auch *Canaris*, Vertrauenshaftung S. 421, der mit Recht auf die Ausgestaltung des § 144 Abs. 1 gegenüber § 141 hinweist.

Rechte des Anfechtungsgegners sind zu untersuchen, auch das Gestaltungsrecht selbst kann theoretisch in Frage gestellt werden.

(2) Der Gesetzgeber hat dem Anfechtungsgegner einen Schadensersatzanspruch auf das negative Interesse in § 122 gegeben. Darüber hinausgehen (das ist auch der Fall, wenn man „nur" die Nichtigkeitsfolge einschränkt) heißt, mehr als in anderen Fällen der Nichtigkeit, die Frage nach der Konkurrenz zu stellen. Freilich besteht dieses Problem nur bei einer Anfechtung nach § 119, nicht auch nach § 123.

(3) Überblickt man die arbeitsgerichtliche Rechtsprechung zu § 123 BGB, so erkennt man eine ganz typische Fallkonstellation. Soweit ersichtlich, ging es in allen veröffentlichten Entscheidungen darum, ob der Anfechtungs*gegner*, der immer der Arbeitnehmer war, Ansprüche hat. Anfechtungsgegner bei § 123 I ist aber der Täuschende. Das bedeutet, daß mit der harmlosen Einschränkung des § 142 hier faktisch die Rechte eines arglistig Getäuschten beschnitten werden, der manchmal sogar Opfer einer strafbaren Handlung geworden ist. Dieser Gedanke liegt auch denjenigen Vorschlägen zugrunde, die eine Einschränkung des § 142 nur auf die Fälle des § 119 begrenzen und für § 123 von ex-tunc-Wirkung sprechen[118].

b) Die Anfechtung nach § 123 BGB

Nachdem die Problematik der Wirkung der Anfechtung einige Male in den Entscheidungen des BAG nicht entscheidungserheblich war[119] und das Gericht dort unter Hinweis auf die Literatur und seine in der eben besprochenen Entscheidung (BAG 5, 58) aufgestellten „Grundsätze" auch für die Anfechtung generell von ex-nunc-Aufhebbarkeit gesprochen hatte, betont es in der Entscheidung AP 32 zu § 63 HGB, daß die ex-nunc-Wirkung auch für Fälle des § 123 gelte. Dies sei stän-

[118] *Hueck*, Lehrbuch § 32 III S. 186 f. und dort. Nachw.; aus dem späteren Schrifttum *Bydlinski*, Privatautonomie S. 147, der besonders die Bevorteilung des Täuschenden hervorhebt. Vgl. *Ramm*, Anfechtung S. 38 f., der die Anfechtung generell hinsichtlich der „Mindestbedingungen" nur ex nunc wirken lassen will, für § 123 aber die Ausnahme macht, daß hier volle Rückwirkung eintrete, weil § 123 auch die Interessen aller schütze. Teilweise wird die ex-nunc-Wirkung der Anfechtung nach § 123 wieder durch die Gewährung eines Arglisteinwandes aufgehoben, so *Staudinger / Nipperdey / Neumann*, § 611 Rdz. 97; *Nikisch*, Lehrbuch S. 196 ff.; *Hueck* in Anm. zu LAG Frankfurt AP 53 Nr. 105, der beide Methoden einfach zur Wahl stellt. Bei dieser Lösung wird offensichtlich um der Einheitlichkeit der Konstruktion willen ein überflüssiger Arglisteinwand gegen den Arglistigen gewährt. Unzutreffend auch AG Heilbronn AP 7 zu § 123 BGB unter Berufung auf Hueck. Aus der Rechtsprechung vgl. weiterhin LAG Frankfurt AP 53 Nr. 105; LAG Düsseldorf, BB 58 S. 841; LAG Hamm, DB 55 S. 268.

[119] BAG 5, 159 (hier wurde der Anfechtungsgrund verneint); BAG 11, 270 (hier wurde zur weiteren Klärung des Sachverhalts zurückverwiesen).

dige Rechtsprechung, Hinweise auf Belegstellen oder gegenteilige Meinungen hielt das Gericht offenbar für überflüssig[120]. In Wirklichkeit war die Frage weder in der Rechtsprechung[121] noch besonders in der Literatur je unumstritten. Autoren, die sich für eine ex-nunc-Wirkung auch der Anfechtung nach § 123 aussprechen, betonen dabei vor allem den Dauercharakter des Arbeitsvertrages und schließen daraus auf die Unmöglichkeit oder unüberwindlichen Schwierigkeiten einer „normalen" Rückabwicklung[122]. Die Gegenmeinung vertritt die Ansicht, gerade hier müsse die Bedeutung der Dauer des Vertrages in den Hintergrund treten[123].

Prüft man die Fälle der arglistigen Täuschung[124] unter dem Gesichtspunkt der Vertrauenshaftung, so bestehen bereits Bedenken, ob eine Vertrauenslage zugunsten des Anfechtungsgegners überhaupt vorstellbar ist. Denn wer seinen Partner täuscht, kann nicht in rechtlich anerkennenswerter Weise darauf vertrauen, daß dieser die Täuschung nicht bemerkt. Bemerkt er sie aber, wenn auch nach geraumer Zeit, wird i. d. R. in der späteren Ausübung des Anfechtungsrechts kein zu mißbilligender Selbstwiderspruch liegen.

Nun führt, wie wir gesehen haben, eine ausschließlich auf dem venire-Grundsatz beruhende Vertrauenslage generell nur in Ausnahmefällen zu Ansprüchen aus Vertrauenshaftung; und es wäre an sich naheliegend, bei entsprechendem Zeitablauf[125] eine auf Erwirkung aufbauende Vertrauenslage anzunehmen. Das ist jedoch unmöglich. Welche Bedeutung der Zeitfaktor für eine Anfechtung nach § 123 hat, ist gesetzlich geregelt in § 124: Wenn das Gesetz dem Berechtigten ein Jahr seit Aufdeckung der Täuschung Zeit gibt, so kann diese Bestimmung nicht mit einem Erwirkungstatbestand überwunden werden.

Gegen diese Argumentation besteht allerdings ein Einwand, der deutlich macht, daß die Problematik eigentlich auf einer ganz anderen Ebene liegt: Es ist denkbar, daß der Berechtigte zu Beginn oder im Laufe der Jahresfrist ein Verhalten an den Tag legt, das im Gegner

[120] Vgl. auch die harte Kritik von *Mayer-Maly* i. d. Anm. ebenda. Zur methodischen Kritik an der Entscheidung vgl. oben S. 69.

[121] Vgl. die Nachw. soeben in Fn. 119.

[122] So *Brox*, Einschränkung S. 241 f., der deshalb eine Lücke im Gesetz annimmt, unter Berufung auf Gschnitzer und Wieacker; *Siebert*, Faktische Vertragsverhältnisse S. 92 m. einer einschränkenden Interessenabwägung; *Nikisch*, Lehrbuch S. 226; *Schwerdtner*, Fürsorgetheorie S. 113.

[123] Vgl. *Ramm*, Anfechtung S. 38 und AuR 63 S. 99 ff.; *Bydlinski*, Privatautonomie S. 147 ff.; *Beitzke*, Nichtigkeit S. 25 ff.; in der Begründung offen *Hueck*, Lehrbuch S. 186 Fn. 8.

[124] Ein durch Drohnung zustande gekommener Arbeitsvertrag wird praktisch kaum vorkommen.

[125] Die anderen Merkmale der Vertrauenshaftung sind hier ausgeklammert. An der Gutgläubigkeit des Anfechtungsgegners z. B. wird es stets fehlen.

den Eindruck erweckt, er werde von seinem Anfechtungsrecht endgültig keinen Gebrauch mehr machen. Greift man nun auf die oben (unter a) zu 1) betonte Besonderheit der Anfechtung unter den Nichtigkeitsgründen zurück, so zeigt sich, daß die Vertrauenshaftung hier keine geeignete Kategorie ist: Nicht eine außerrechtsgeschäftliche Haftung im Rahmen einer nichtigen Vertragsbeziehung steht in Frage, sondern die Möglichkeit der Versagung eines Gestaltungsrechts. Es kann im Recht des anfechtbaren Arbeitsvertrages keine Vertrauenshaftung geben, die im hier gebrauchten Sinne auf Erwirkung beruht; dagegen kann sich ein endgültiger Fortbestand des Rechtsgeschäfts und damit echte vertragliche Ansprüche für Vergangenheit und Zukunft dann ergeben, wenn der Anfechtungsberechtigte sein Anfechtungsrecht *verwirkt* hat.

Damit bewegen wir uns wieder in den Bahnen eines anerkannten Rechtsinstituts des geltenden Zivilrechts[126], dessen Bedeutung gerade für Gestaltungsrechte richtigerweise betont wird[127], weil hier eine Verjährung nicht möglich ist. Über die Voraussetzungen der Verwirkung herrscht — bis auf Detailfragen, auf die hier nicht eingegangen werden kann, zumal da sie sich meistens aus speziellen anderen Rechtsgebieten ergeben — weitgehende Einigkeit: Der Berechtigte muß ein ihm zustehendes Recht über eine bestimmte Zeit hinweg nicht ausgeübt haben und dabei ein Verhalten an den Tag gelegt bzw. es muß eine Situation bestanden haben, die im Verpflichteten das Vertrauen darauf geweckt hat, er werde überhaupt nicht mehr in Anspruch genommen. Diese Kriterien werden objektiv bestimmt. Fragen der Zurechenbarkeit, der Kenntnis etc. sind primär nicht entscheidend. Sie erlangen jedoch dann Bedeutung, wenn sie im Einzelfall vorliegen und können insbesondere Einfluß auf die notwendige Zeitspanne haben. Schließlich mußte sich der Verpflichtete auf diese Situation einrichten können und das auch tatsächlich getan haben[128]. Nimmt man noch die allenthalben betonte Nähe der Verwirkung zum venire-Grundsatz hinzu, so erweist sich die oben entwickelte Form der Vertrauenshaftung kraft Erwirkung als ihr getreues Spiegelbild und als eine nur konsequente Fortführung des anerkannten Verwirkungsgedankens, keineswegs als sensationelle oder suspekte Rechtsneubildung.

Diese allgemeinen Grundsätze der Verwirkung können unmodifiziert auf die Anfechtung von Arbeitsverträgen wegen arglistiger Täuschung

---

[126] Vgl. die Literatur (mit zahlreichen Hinweisen auf die Rechtsprechung) zur Verwirkung in: *Staudinger / Weber*, § 242 D 607 ff.; *Soergel / Siebert / Knopp*, § 242 Rdz. 281 ff.; *Palandt / Heinrichs*, § 242 Anm. 9; *Flume*, AT § 10, 3; *Larenz*, Schuldrecht I S. 111 ff.; *Esser*, Schuldrecht (2. Aufl.) S. 120 ff.; *Bydlinski*, Privatautonomie S. 184 ff.; *Siebert*, Verwirkung.

[127] Vgl. z. B. nur bei *Larenz*, Schuldrecht I S. 111 ff.

[128] So insbesondere die Rechtsprechung, vgl. grundlegend BGH 25, 47 ff., 51 - 53 in einer Entscheidung zum Gesellschaftsrecht.

angewandt werden[129]. Dabei ist zunächst zu beachten, daß es sich um ein Gestaltungsrecht handelt, dessen Geltendmachung in § 124 zeitliche Grenzen gesetzt sind. Das bedeutet, daß bloßes Schweigen des Arbeitgebers innerhalb der Jahresfrist allein keinen Anhaltspunkt für die Verwirkung geben kann. Wenn der Arbeitgeber dagegen z. B. die Aufdeckung der Täuschung dem Arbeitnehmer ausdrücklich mitteilt, ihn etwa noch rügt, seine Arbeitsleistung aber wie bisher weiter in Anspruch nimmt und auch keine weiteren Maßnahmen in Aussicht stellt, kann der Arbeitnehmer nach gewisser Zeit, die sehr kurz bemessen sein kann, durchaus darauf vertrauen, daß der Arbeitgeber von seinem Anfechtungsrecht endgültig keinen Gebrauch mehr macht. Dies wird insbesondere dann der Fall sein, wenn der Arbeitnehmer sich in seiner Lebensführung besonders auf diesen Arbeitsvertrag eingestellt hat.

Ein weiterer denkbarer Fall ist derjenige, daß bis zur Aufdeckung des Mangels eine sehr lange Zeit (§ 124 begrenzt dies nur auf 30 Jahre) verstrichen ist, in der sich die Täuschung als gegenstandslos erwiesen hat; wenn etwa — um ein Schulbeispiel zu gebrauchen — der Buchhalter den Arbeitgeber über Vorstrafen wegen Betruges getäuscht hatte, nun aber viele Jahre lang seine Arbeit korrekt verrichtet hat.

In diesem Punkt besteht übrigens allgemeine Einigkeit. Eine Berufung auf den Anfechtungsgrund wird in diesen Fällen als Verstoß gegen Treu und Glauben versagt[130]. Einen derartigen Fall hatte auch das BAG zu entscheiden[131]: Um zu ermitteln, ob ein anzulernender Arbeitnehmer die erwartete Beständigkeit habe, hatte der Arbeitgeber bei der Einstellung nach der Dauer der früheren Beschäftigungsverhältnisse gefragt. Um zu verdecken, daß er eine Zeitlang in Untersuchungshaft verbracht hatte, hat der Arbeitnehmer den Beginn einer Beschäftigung wahrheitswidrig um zwei Jahre „vorverlegt". Dies deckte der Arbeitgeber drei Jahre nach der Einstellung auf. Das Gericht unterstellte einmal die Möglichkeit einer Anfechtung nach § 123 und versagte diese dem Arbeitgeber wegen eines Verstoßes gegen Treu und Glauben: Der Anfechtungsgrund habe im Laufe der 3 Jahre jegliche Bedeutung verloren; wenn der Arbeitgeber die Frage gestellt habe, um die Beständigkeit des Arbeitnehmers zu testen, so sei sein Verhalten „geradezu widersprüchlich", wenn er sich, nachdem die Beständigkeit erwiesen sei, darauf noch berufen wolle. Ist auch der Hinweis des BAG auf „Treu und Glauben" zu allgemein gehalten, so liegt hier doch ein echter Fall

---

129 Übertrieben verkompliziert wird die Lösung beim Vorschlag von *Wiedemann*, Arbeitsverhältnis S. 79: Der arglistige Arbeitnehmer habe den Vertrauensschutz, der zur ex-nunc-Aufhebung führt, verwirkt.

130 Vgl. nur aus dem arbeitsrechtlichen Schrifttum *Hueck*, Lehrbuch S. 188; *Nikisch*, Lehrbuch S. 225.

131 BAG AP 17 zu § 123 BGB = NJW 70 S. 1565; bestätigt in BAG AP 3 zu § 119 BGB.

der Verwirkung des Anfechtungsrechts vor. Der Arbeitnehmer hatte über eine Tatsache getäuscht, die zu der Annahme berechtigt hätte, er sei nicht „beständig". In seiner mehr als dreijährigen Tätigkeit hat sich aber herausgestellt, daß diese Annahme falsch gewesen wäre. Daher durfte er darauf vertrauen, daß auch bei Aufdeckung der ursprünglichen Täuschung der Arbeitgeber nicht mehr anfechten werde[132].

Die übrigen, in der Rechtsprechung entschiedenen Fälle bieten keine derartigen Fallkonstellationen. In den Entscheidungen BAG 5, 159[133]; 11, 270 und BAG AP 19 zu § 123 BGB wäre auch bei Vorliegen des Anfechtungs*grundes* kein Anhaltspunkt für eine Verwirkung gegeben gewesen, da jeweils unmittelbar nach Aufdeckung die Erklärung der Anfechtung seitens des Arbeitgebers erfolgte. Die Entscheidung, in der das Gericht den Grund bejahte und eine ex-nunc-Wirkung der Anfechtung annahm, ist in der Tat völlig verfehlt[134]. Eine Verwirkung des Anfechtungsrechts vor Kenntnisnahme ist nur in extremen Ausnahmefällen denkbar (etwa wenn der Arbeitgeber inzwischen wegen ganz anderer Interessen oder auch einer Versetzung des Arbeitnehmers seinen Willen, am Vertrag festzuhalten, manifestiert hat.). Nachdem der Arbeitgeber aber von der Täuschung erfahren hatte, hat er sofort die Anfechtung erklärt. Ganz abgesehen davon hatte sich der Arbeitnehmer bei seiner insgesamt nur 2stündigen Arbeit und 3wöchigen Krankheit in seiner Lebensführung allenfalls derart auf den Vertrag eingestellt, daß er in den Genuß der Lohnfortzahlung gekommen war. Das ist selbstverständlich unerheblich.

c) Die Anfechtung nach § 119 BGB

In Literatur und Rechtsprechung wird hier einhellig die These von der ex-nunc-Wirkung vertreten[135]. Praktisch relevant dürfte allerdings nur die Anfechtung wegen Eigenschaftsirrtum nach § 119 II sein, wobei allgemein zu Recht der Kreis der zur Anfechtung berechtigenden Eigenschaften eng gezogen wird[136]. Da der Arbeitgeber in Fällen des § 119 un-

[132] Mit Recht kritisiert *Beuthien* in seiner Urteilsanmerkung (AP 17 zu § 123 BGB) die zu vage Anknüpfung des Gerichts an § 242. Diesem Vorwurf ist die Lösung nach den Grundsätzen der Verwirkung nicht ausgesetzt; sie ist nach dem Vorschlag *Beuthiens* vorzuziehen, der eine Einschränkung des Anfechtungsgrundes durch dessen späteren Wegfall vornehmen will: Die tatsächlichen Voraussetzungen der Anfechtung haben sich *mit Ablauf der Zeit* als widerlegt erwiesen; dieses zusätzliche, der Verwirkung angehörende Element läßt sich nicht automatisch in die §§ 119, 123 einfügen, die nur die Bedeutung für den Vertrags*schluß* voraussetzen.

[133] = AP 15 zu § 123 BGB m. Anm. v. *Larenz* zur Zulässigkeit der Frage nach Schwangerschaften.

[134] So wörtlich *Mayer-Maly* in der Anm. zu BAG AP 32 zu § 63 HGB.

[135] Vgl. die Nachweise oben unter a) sowie die Entscheidung BAG AP 3 zu § 119 BGB.

verzüglich (§ 121) anfechten muß, ist eine Verwirkung des Anfechtungsrechts[137] hier nur in den bereits zu § 123 besprochenen Fällen denkbar, in denen der Verwirkungstatbestand *vor* Aufdeckung des Irrtums durch den Arbeitgeber eintritt, also praktisch dann, wenn der Arbeitnehmer in diesem Zeitraum längere Zeit ordnungsgemäß, d. h. ohne daß sich die fehlende Eigenschaft negativ ausgewirkt hat, gearbeitet hat[138].

Inhalts- und Erklärungsirrtum werden in der Regel praktisch sehr schnell aufgedeckt, da sonst die Abwicklung des Arbeitsvertrages nicht funktioniert. Sollte tatsächlich der Arbeitgeber sich längere Zeit an die irrtümlich abgegebene Erklärung halten (z. B. nach einem Schreibfehler bei der Angabe der Lohnhöhe erhält der Arbeitnehmer tatsächlich den „falschen" Lohn), so kann auch hier die Verwirkung des Anfechtungsrechts möglich sein.

3. Sittenwidrige Arbeitsverträge

a) Bisherige Lösungsvorschläge

Wie auch bei den anderen Nichtigkeitsgründen, fällt die Entscheidung, *ob* die Voraussetzungen des § 138 gegeben sind, nach den allgemeinen Regeln, die über die Sittenwidrigkeit von Rechtsgeschäften gebildet worden sind[139]. Aus der Fülle der anerkannten Fallgruppen sind einige gerade bei Arbeitsverträgen immer wieder relevant und waren auch in der Rechtsprechung wiederholt zu entscheiden:

— Als erste ist hier der Lohnwucher nach § 138 II zu nennen.

---

[136] Vgl .die Beispiele bei *Schaub*, Handbuch § 35 II S. 122; BAG AP 3 zu § 119 BGB zu körperlichen Leiden: Die „objektive Tauglichkeit des Arbeitnehmers" wird „durch seinen Gesundheitszustand erheblich herabgesetzt".

[137] Zu Unrecht spricht *Schaub*, Handbuch S. 121 von einer Verwirkung, wenn der Arbeitgeber nicht innerhalb der Zweiwochenfrist des § 626 II anficht. Mit einer Anwendung des § 626 II wird lediglich der Begriff „unverzüglich" speziell für Arbeitsverträge ausgefüllt; ob das *generell* sinnvoll ist, erscheint außerdem fraglich (vgl. dazu auch *Küchenhoff* in Anm. zu BAG AP 3 zu § 119 BGB m. w. Ang.).

[138] Das entspricht dem soeben besprochenen Fall zu § 123 in BAG AP 17 zu § 123 BGB. Im zuletzt vom BAG entschiedenen Fall (AP 3 zu § 119 BGB) war dafür kein Anhaltspunkt gegeben: Der Arbeitgeber hatte den Arbeitsvertrag eines Epileptikers sofort nach dessen erstem Anfall angefochten. Zur generellen Frage der Rechtsfolge brauchte das Gericht nicht Stellung zu nehmen, da Streitgegenstand nur die Feststellung der Auflösung durch Anfechtung sowie eine Lohnforderung *nach* dem Zeitpunkt der Anfechtung war. — Im bereits erwähnten Fall BAG 20, 298 ff. (vgl. o. S. 106) hat das Gericht die Anfechtbarkeit einer Pensionszusage unter Hinweis auf Treu und Glauben versagt; der Anfechtungsgrund ging in die aktive Zeit des Arbeitnehmers zurück und war damals nicht aufgefallen. Auch hier wäre richtigerweise von einer Verwirkung des Anfechtungsrechts auszugehen gewesen.

[139] Vgl. *Larenz*, AT S. 384 ff.; *Flume*, AT § 18, 3.

— Weiterhin kommen immer wieder Fälle vor, in denen ein außergewöhnliches Mißverhältnis zwischen den von beiden Parteien zu erbringenden Leistungen besteht, ohne daß der Wuchertatbestand gegeben ist (§ 138 I).

— Neben diesen beiden Fällen der Äquivalenzstörung tauchen auch Fälle einer sittenwidrigen Bindung einer Vertragspartei auf.

— Schließlich kann ein Arbeitsvertrag auch dann nichtig sein, wenn sein Inhalt gegen Strafgesetze verstößt (z. B. Betrügereien zum Gegenstand hat) oder dem allgemeinen Sittengesetz zuwider läuft.

— Sonderprobleme ergeben sich zuletzt dann, wenn nur bestimmte Teile oder Nebenabreden eines Arbeitsvertrages gegen § 138 verstoßen.

Lehre und Rechtsprechung behandeln die aus diesen ganz verschiedenen Gründen sittenwidrigen Arbeitsverträge überwiegend nach dem gleichen Schema: Auch hier wird die These von der ex-nunc-Nichtigkeit zum Grundsatz erhoben[140]. Dabei übernimmt die Literatur die in der Rechtsprechung besonders des BAG übliche Argumentation. Grundlegend (und immer wieder als Belegstelle zitiert) soll dabei die Entscheidung BAG AP 2 zu § 138 BGB sein. Es ging um die Vereinbarung eines sog. Hungerlohnes, und das Gericht hat hier in der Tat zum ersten Male deutlich ausgesprochen, daß auch für sittenwidrige Arbeitsverträge die Regel zu gelten habe, daß die Nichtigkeit nur ex-nunc wirke[141], freilich ohne eigene Begründung, sondern unter Berufung auf die bereits sattsam bekannte Entscheidung BAG 5, 58[142], wo es ja um einen formwidrig abgeschlossenen Vertrag ging. Diese Regel ließ sich selbstverständlich nicht strikt durchhalten, und so versuchte man — besonders in Fällen des Moralverstoßes[143] — eine Ausnahme für ganz besonders schwere Sittenverstöße zu machen und hier den Vertrag ex tunc nichtig sein zu lassen[144]. Im Fall der Stripteasetänzerin[145] ließ das

[140] So *Hueck*, Lehrbuch S. 192 ff.; *ders.*, Anm. zu BAG AP 2 zu § 138 BGB; *Schaub*, Handbuch S. 119 ff.; *Sorgel / Wlotzke / Volze*, § 611 Rdz. 33; *Staudinger / Nipperdey / Neumann*, § 611 Rdzn. 102 ff.

[141] BAG AP 2 zu § 138 BGB Bl. 438 und Bl. 440.

[142] Vgl. auch die noch aussagelosere Entscheidung BAG AP 1 zu § 611 BGB (Faktisches Arbeitsverhältnis).

[143] So BAG AP 18 zu § 611 BGB (Faktisches Arbeitsverhältnis) (Striptease); NJW 76 S. 1958 (Geschlechtsverkehr).

[144] So entschied das BAG im Fall NJW 76 S. 1958. Auch diese fragwürdige Unterscheidung wird in der Literatur häufig vertreten (so z. B. *Sack*, RdA 75 S. 171 ff., 177 m. w. Nachw.), sogar von Autoren, die sich — wie Sack — um eine „faßbare" Einschränkung der Nichtigkeit wegen Sittenwidrigkeit bemühen. Vgl. die parallele Unterscheidung des BGH (BGH 23, 249; 29, 6) zur Formnichtigkeit zwischen „lediglich harten" und „schlechthin unhaltbaren" Ergebnissen, die z. B. *Larenz*, Kennzeichen S. 10 und *Lorenz*, JuS 65 S. 429 ff., 435 zu Recht als unhaltbar kritisieren. *Siebert*, Faktische Vertrags-

BAG sogar die Frage offen, ob der Vertrag wirklich sittenwidrig sei, um der möglichen Nichtigkeit sofort den allgemeinen Arglisteinwand entgegenzuhalten: Jedenfalls könne sich der Arbeitgeber nicht auf die Nichtigkeit berufen.

Häufiger als bei anderen Nichtigkeitsgründen findet man hier die Erörterung einer Teilnichtigkeit mit dem Ergebnis einer Umkehrung des § 139[146] und zwar nicht nur in den naheliegenden Fällen, wo Nebenabreden nichtig sind, sondern teilweise wird auch die Lohnabrede allein unter Umkehrung des § 139 (und damit unter Aufrechterhaltung des restlichen Vertrages) als nichtig angesehen. Statt des wucherischen oder unverhältnismäßig niedrigen Lohnes wird dann die zu zahlende Vergütung dem § 612 II entnommen. So geht das BAG übrigens auch dann vor, wenn es den Grundsatz von der ex-nunc-Nichtigkeit „anwendet"[147].

b) *Lohnwucher*

Da die soeben geschilderten Lösungswege bereits als unhaltbar abgelehnt wurden, soll nun zuerst am Beispiel des wucherischen Arbeitsvertrages untersucht werden, ob dem bewucherten Arbeitnehmer ein Anspruch aus Vertrauenshaftung zustehen kann. Ausgangsfall ist die bereits zitierte Entscheidung BAG AP 2 zu § 138 BGB. Die klagende Bausparkasse verlangte vom Beklagten die Rückzahlung von Vorschüssen, die sie diesem auf seine Provision gewährt hatte, da keine Provisionsansprüche entstanden waren. Die Forderung erstreckte sich über den Zeitraum der ersten 3 Monate des mit dem Beklagten geschlossenen Vertrages. Zur Klärung der Frage, ob der Beklagte selbständiger Bausparkassenvertreter oder „normaler" Angestellter der Klägerin war, hat das Gericht die Sache an das LAG zurückverwiesen. Aus dem bisher bekannten Sachverhalt, der hier nicht in allen Einzelheiten dargestellt werden kann, lag die Möglichkeit eines Arbeitsvertrages näher; in dieser Variante soll der Fall auch hier untersucht werden. Da der Vorschuß auf die erfolgsabhängige Provision jedenfalls zurückzuzahlen war, geht es in der Entscheidung letztlich darum, mit welchen An-

---

verhältnisse S. 89, spricht sich generell für „Vollnichtigkeit" aus; ebenso *Beitzke*, Nichtigkeit S. 31, der dies für unstreitig hält.

[145] BAG AP 18 zu § 611 BGB (Faktisches Arbeitsverhältnis).

[146] So im Ergebnis BAG AP 23 zu § 138 BGB, wo zwar nicht explizit von § 139 gesprochen wird, die hinsichtlich der Kündigungsmöglichkeit nach § 140 vorgenommene Umdeutung aber notwendig voraussetzt, daß zuvor dieser Teil des Vertrages unter Aufrechterhaltung eines kündbaren Restes (!) als nichtig erkannt wurde. Vgl. auch die bei *Schaub*, Handbuch S. 119 unten aufgezählten Beispiele sowie LAG Bremen AP 33 zu § 138 BGB, das sich, was § 139 betrifft, allerdings zu Unrecht auf BAG AP 2 zu § 138 BGB beruft.

[147] So in BAG AP 2 zu § 138 BGB; auch LAG Bremen AP 33 zu § 138 BGB, das noch §§ 315, 316 zu Hilfe nimmt.

sprüchen der Vertreter[148] dagegen aufrechnen kann. Der (zu unterstellende) Sachverhalt hatte nun noch folgende Besonderheiten: Der Vertreter war mit einem hoffnungslos unattraktiven Bezirk betraut worden[149]. Der Arbeitgeber hätte das zumindest wissen müssen, da — soweit der Sachverhalt zu dieser Frage Aufschluß gibt — auch die Vorgänger des Vertreters keine besseren Ergebnisse erzielt hatten. Er selbst war in diesem Metier und Gebiet unerfahren. Mit nennenswerten Provisionsansprüchen war also von vornherein nicht zu rechnen. Zusätzlich hatte der Vertreter noch je ein volles Monatspensum an Arbeitsstunden im Innendienst arbeiten müssen, ohne daß eine besondere Vergütung vereinbart gewesen wäre. Das BAG schlägt für diese Fallkonstellation vor, dem Arbeitnehmer aus den Grundsätzen über faktische Arbeitsverhältnisse[150] einen Lohnanspruch zu gewähren, der sich in der Höhe an § 612 II (bzw. § 354 HGB) orientiert.

Der Arbeitgeber hat für den Vertreter eine Vertrauenslage geschaffen, indem er überhaupt mit ihm diesen Vertrag abschloß und als wirtschaftlich sinnvoll hinstellte. Vor allem aber hat er ihm sogleich einen Vorschuß gezahlt, von dem der Vertreter annehmen mußte, daß er an der untersten Grenze seiner Verdienstmöglichkeiten lag. Mit dieser Verdiensterwartung versuchte der Vertreter Bausparer zu werben (was ihm nicht gelang), verrichtete aber insbesondere auch den erheblichen Innendienst. Er setzte so seine volle Arbeitskraft für seinen Arbeitgeber ein in der Annahme, von dem erwirtschafteten Lohn seine Existenz bestreiten zu können. Dadurch daß der Arbeitgeber ihm von Anfang an den Vorschuß gewährt hatte, war er obendrein in einer Situation besonderer wirtschaftlicher und persönlicher Abhängigkeit, da er sich von dem Arbeitgeber ja nicht lösen konnte, ohne in Gefahr zu laufen, die Vorschüsse zurückzahlen zu müssen.

Es liegt hier also ein Arbeitsvertrag vor, dessen Typusstruktur besonders stark die Merkmale aufweist, die eine Einseitigkeit zu Lasten des Arbeitnehmers in der Interessenlage und Vertrauenssituation bedingen. Da nun aber diese Merkmale ihre Verstärkung (bzw. relative Schwäche) aus dem Zeitfaktor beziehen, ist hier umgekehrt ein recht kurzer Zeitraum wie die Dauer von drei Monaten ausreichend, um den Erwirkungstatbestand eintreten zu lassen. Wie ja auch bei der allge-

---

[148] Der Beklagte soll ungeachtet der Natur des Vertrages vereinfachend so bezeichnet werden.

[149] Es soll deshalb unterstellt werden, daß es ein Fall des § 138 II war und die erforderliche allgemeine Unerfahrenheit des Beklagten vorlag. Der mitgeteilte Sachverhalt läßt eine endgültige Entscheidung zwischen Wucher und Nichtigkeit wegen auffälligen Mißverhältnisses nicht zu. Sie ist auch letztlich unerheblich.

[150] Vgl. soeben unter a).

meinen Behandlung der Erwirkung hervorgehoben wurde[151], kommt es nicht allein auf einen besonders langen Zeitraum an, sondern ebenso auf die weiteren Umstände. Dies muß bei der Vertrauenshaftung im Arbeitsverhältnis um so mehr gelten, als der Erwirkungstatbestand hier an festumschriebene Typusmerkmale anschließt und deren besondere Ausprägung beeinflußt.

Der Vertreter hatte sich in seiner Lebensführung darauf eingestellt, zumindest soweit ihm Vorschuß gewährt worden war, von dem Ertrag seiner Arbeit zu leben. Dies ist eine seine Existenzgrundlage berührende Disposition. Die Entstehung der Vertrauenslage war dem Arbeitgeber auch zuzurechnen, denn er mußte zumindest von der Aussichtslosigkeit der Werbetätigkeit des Vertreters wissen, ganz abgesehen von dem zusätzlichen Innendienst. Der Arbeitnehmer dagegen war in Unkenntnis der zugrundeliegenden Umstände tätig geworden. Damit sind alle Voraussetzungen eines Anspruches aus Vertrauenshaftung gegeben.

Anders lag jedoch ein Fall, den das LAG Bremen zu entscheiden hatte[152]. Die Arbeitnehmer, ein Ehepaar, hatten sich verpflichtet, täglich in den Morgenstunden Brötchen und Milch auszufahren. Das Gericht hat den Wuchertatbestand bejaht, weil eine Umrechnung der Vergütung pro Lieferung zu einem Stundensatz von DM 1,04 führte, wobei die Arbeitnehmer davon auch noch die Unkosten für den verwendeten PKW tragen mußten. Nach 17 Tagen stellten sie ihre Tätigkeit wegen der fehlenden Verdienstmöglichkeit ein. Hier kann kein Anspruch aus Vertrauenshaftung gewährt werden. Spätestens als die Arbeitnehmer zwar nach Vertragsschluß, aber noch vor Arbeitsaufnahme ihren Bezirk und die Zahl der zu beliefernden Kunden erfuhren, mußten sie sich über die Verdienstmöglichkeiten klar sein. Weder lag ein widersprüchliches Verhalten vor noch konnten die Arbeitnehmer irgendwann, geschweige denn über längere Zeit, darauf vertrauen, etwa mehr zu verdienen. Vor allem aber lag keine die Existenzgrundlage betreffende Disposition vor: Die Arbeit wurde in einigen Morgenstunden erledigt und stellte sicher nicht die ganze Einnahmequelle der Arbeitnehmer dar. Da sie die minimale Verdienstchance von Anfang an kannten und nur 17 Tage tätig waren, wurde ihre Lebensführung durch diesen Vertrag gar nicht beeinflußt.

Man kann dieser Versagung des Anspruchs aus Vertrauenshaftung nicht entgegenhalten, daß danach gerade in Fällen, wo die Verdienstmöglichkeit praktisch gleich null ist, der Arbeitnehmer „leer" ausgeht. Erstens stimmt diese Prämisse nicht[153]. Und zweitens geht es bei der

---

[151] Vgl. die Nachweise o. S. 117 ff.

[152] AP 33 zu § 138 BGB.

[153] Vgl. zur Rechtsfolgenproblematik unten zu V.

Vertrauenshaftung nicht darum, generell Arbeitnehmer vor wirtschaftlichen Risiken zu bewahren, sondern ihnen dann einen Erfüllungsanspruch zuzugestehen, wenn eine den typischen Merkmalen des Arbeitsvertrages entsprechende spezifische Vertrauenslage eingetreten ist. Nur dann läßt sich die außergewöhnliche Rechtsfolge der „Haftung auf Erfüllung[153] rechtfertigen. Wenn das LAG in der vorliegenden Entscheidung in freier Gestaltung aus § 612 II i. V. m. (!) §§ 315, 316 einen Stundenlohn selbst festsetzt, so verkennt es insbesondere diese Tatsache. Außerdem übergeht eine isolierte Anwendung des § 612 II die Tatsache der Nichtigkeit des Rechtsgeschäfts in der gleichen Weise wie die offensichtlich vorgenommene richterliche Gestaltung eines nichtigen Vertrages.

c) Auffallendes Mißverhältnis zwischen Leistung und Gegenleistung

Anerkanntermaßen kann ein auffälliges Mißverhältnis zwischen den beiden Leistungen über den Wuchertatbestand hinaus dann die Sittenwidrigkeit nach § 138 I begründen, wenn das Mißverhältnis auf ein auf verwerflicher Gesinnung der begünstigten Partei beruhendes Verhalten zurückgeht[154]. Solche Fälle der Nichtigkeit hat die Rechtsprechung immer wieder dann zu prüfen, wenn in einem nicht tarifgebundenen Arbeitsvertrag ein erheblich unter dem geltenden Tarif liegender Lohn vereinbart wurde[155]. Dabei wird für die objektiven Voraussetzungen nicht allein darauf abgestellt, wie weit der vereinbarte Lohn unter Tarif liegt, sondern wie weit er den branchenüblichen Lohn unterschreitet[156]. In den vom BAG entschiedenen Fällen wurde die Sittenwidrigkeit wegen des fehlenden Mißverhältnisses abgelehnt.

Unterstellt man einmal im vom LAG Düsseldorf entschiedenen Fall[157] die Sittenwidrigkeit des Vertrages (die sehr wahrscheinlich fälschlicherweise bejaht wurde), so war hier jedenfalls die Gewährung des üblichen Lohnes direkt aus § 612 II fehlerhaft. Ob ein Anspruch aus Vertrauenshaftung möglich wäre, läßt sich nach dem mitgeteilten Sachverhalt nicht entscheiden. Generell ist das nur denkbar, wenn — bei Vorliegen aller anderen Voraussetzungen — der Arbeitnehmer

[154] H. M., vgl. statt aller *Larenz*, AT S. 388 f.; *Palandt / Heinrichs*, § 138 Anm. 2 a m. Nachw. aus Literatur und Rechtsprechung.

[155] Vgl. BAG AP 13 zu § 138 BGB = AP 46 zu § 3 TOA; BAG AP 30 zu § 138 BGB; LAG Düsseldorf, DB 78 S. 165.

[156] So BAG ständig, vgl. die vorherige Fußnote. Anders offensichtlich LAG Düsseldorf ebd; aus dem mitgeteilten Sachverhalt und den zugehörigen Gründen ist allerdings überhaupt nicht ersichtlich, weshalb der Vertrag sittenwidrig sein soll. Weder das auffallende Mißverhältnis noch die nach allg. Ansicht erforderliche „verwerfliche Gesinnung" des Arbeitgebers sind hier nachgewiesen.

[157] DB 78 S. 165.

keine Kenntnis von der Diskrepanz zwischen dem Tariflohn und dem vereinbarten Lohn hat, denn anderenfalls läßt er sich ja bewußt auf die ungünstige Regelung ein und kann nicht darauf vertrauen, doch den höheren Tariflohn zu erhalten.

Bezeichnenderweise hat das BAG in einem Fall, in dem ein Anspruch des Arbeitnehmers aus Vertrauenshaftung sicher nicht denkbar ist, wie selbstverständlich die völlige Nichtigkeit des Vertrages angenommen, ohne auch nur den „Lösungsweg" über § 612 zu erwähnen[158]. Hier war der Arbeitgeber im Zuge einer Darlehensaufnahme dazu veranlaßt worden, einen Buchhalter einzustellen, der offensichtlich mehr als „Aufpasser" denn als Arbeitnehmer tätig werden sollte; es war ihm freigestellt, ob er arbeitete, ob er einen Vertreter schickte, wann er seine Arbeit verrichtete etc.; außerdem war er noch am Gewinn zu beteiligen. Als er, ohne etwas gearbeitet zu haben, seinen Lohn einklagte, hielt das BAG den Vertrag zu Recht für sittenwidrig[159]. Es zeigt sich hier wieder, daß die Möglichkeit der Vertrauenshaftung untrennbar mit dem Grad der Verwirklichung der typischen Merkmale des Arbeitsvertrages verbunden ist. Interessenlage und Vertrauenssituation waren hier ganz anders verteilt: Der Arbeitnehmer brauchte nicht in Person zu leisten, von der Tangierung seiner Existenzgrundlage ganz zu schweigen. Auch war hier der Arbeitgeber zwar nicht der wirtschaftlich, wohl aber der faktisch abhängige, weil er keine Handhabe hatte, den Buchhalter zur Arbeit zu zwingen und eine Kündigung obendrein erschwert war[160].

d) Verträge mit sittenwidrigem Inhalt

Hierher würden einmal Fälle zählen, in denen sich Arbeitgeber und Arbeitnehmer in einem Arbeitsverhältnis zusammentun, um strafbare Handlungen zu begehen. Als Beispiel möge ein Teil der Problematik gelten, die das BAG in der Entscheidung BAG AP 2 zu § 611 BGB (fakt. Arbeitsverhältnis)[161] erörtert hat. Obwohl das nach dem mitgeteilten Sachverhalt nicht unzweifelhaft war[162], ging das Gericht davon aus, daß zwischen den Parteien, einem Rechtsanwalt und seinem Büro-

---

[158] AP 1 zu § 138 BGB.

[159] Inwieweit der Herleitung der verwerflichen Gesinnung zugestimmt werden kann (BAG AP 1 zu § 138 BGB, Bl. 435 Rücks.), mag fraglich sein, ist im vorliegenden Rahmen aber nicht von größerem Interesse, sondern wäre nur eine Frage weiterer Sachverhaltsaufklärung gewesen.

[160] Das bedeutet nun nicht umgekehrt, daß dem Arbeitgeber ein Anspruch aus Vertrauenshaftung zusteht. Ohne auf die hier anders gelagerten Voraussetzungen einzugehen, scheitert der Anspruch jedenfalls daran, daß der Arbeitgeber genau wußte, worauf er sich einließ.

[161] Mit Anm. v. *Brecher* = BAG 14, 180.

[162] Dazu sogleich unter e).

vorsteher, ein Arbeitsvertrag bestand, der darauf gerichtet war, gemeinsam Veruntreuungen von Mandantengeldern zu begehen, wozu der Bürovorsteher den Anwalt teilweise genötigt hatte, wie nach den Strafurteilen gegen beide feststand. Das BAG meint hier, die „Grundsätze" über die ex-nunc-Nichtigkeit fehlerhafter Verträge deshalb nicht anwenden zu können, weil sonst das Gericht durch sein Urteil die Straftaten der Parteien sachlich begünstigen würde[163]. Hier zeigt sich wieder einmal die Unlogik dieses Regel-Ausnahme-Verhältnisses. In Wahrheit bedarf es ja gar keiner Erörterung, daß einem solchen Vertrag nicht nur keine Gültigkeit zukommen kann, sondern sich an ihn auch keine sonstigen Ansprüche knüpfen können.

Zwei weitere Beispiele aus der Rechtsprechung behandeln Fälle, in denen die Leistung moralisch anstößig war. In der Entscheidung BAG AP 18 zu § 611 BGB (fakt. Arbeitsverhältnis) ging es um den Arbeitsvertrag einer Stripteasetänzerin. Ohne über die Sittenwidrigkeit des Vertrages überhaupt endgültig zu entscheiden, stützte das Gericht den Lohnanspruch gleich auf zwei Argumente: Zum einen seien fehlerhafte Arbeitsverträge sowieso nur ex-nunc nichtig[164]; ein besonders schwerer Verstoß sei ohnehin nicht gegeben und daher bestehe kein Grund, hier die in der Rechtslehre angeführte Ausnahme eingreifen zu lassen. Zum zweiten könne sich der Arbeitgeber auch gar nicht auf die Sittenwidrigkeit berufen, wenn sie vorläge; er habe die Leistung ohne sittliche Bedenken entgegengenommen, daher sei es „mit Treu und Glauben nicht vereinbar, wenn er den etwaigen Sittenverstoß benutzt, um sich von der Lohnzahlungspflicht zu lösen".

Diese Begründung kann nur so verstanden werden, daß sich das Gericht bewußt der Entscheidung über die Sittenwidrigkeit entziehen wollte. In konsequenter Anwendung dieser Begründung müßte über das Vorliegen eines Nichtigkeitsgrundes eigentlich nie entschieden werden, wenn es um die Lohnzahlung für die Vergangenheit geht. Außerdem erscheint es nicht einleuchtend, warum das Verhalten des Arbeitgebers arglistig sein soll, wenn nicht einmal festgestellt zu werden braucht, ob der Vertrag nun gegen § 138 verstößt oder nicht. Richtigerweise ist der Fall folgendermaßen zu entscheiden: War der Vertrag nicht sittenwidrig, so hat die Tänzerin den vertraglichen Anspruch. War er dagegen sittenwidrig, ist der Vertrag nichtig; auch ein Anspruch aus Vertrauenshaftung ist nach dem gegebenen Sachverhalt auszuschließen; die Arbeitnehmerin kannte ebenso wie der Arbeitgeber die tatsächlichen Voraussetzungen der Nichtigkeit[165].

---

[163] AP 2 zu § 611 BGB (faktisches Arbeitsverhältnis) Bl. 723 f.

[164] Zur Begründung beruft sich das BAG auf die „Standardentscheidungen" BAG 5, 58 und AP 2 zu § 138 BGB.

[165] Richtiger Ansicht nach ist davon auszugehen, daß in Fällen der Sittenwidrigkeit des Inhalts des Rechtsgeschäfts keine subjektiven Vorausset-

Dies kann gleichzeitig als Grundsatz für alle Fälle der Nichtigkeit des Inhalts eines Vertrages nach § 138 I festgehalten werden: Ist die Leistung als solche sittenwidrig, so haben davon notgedrungen beide Parteien Kenntnis; ein Vertrauen des Arbeitnehmers in die Rechtsgültigkeit des Vertrages ist nicht denkbar[166].

Damit ist auch die Begründung der Entscheidung des BAG zur Vorführung des Geschlechtsverkehrs auf der Bühne widerlegt[167]. Das Gericht hatte sich von der eben besprochenen, auf § 242 gegründeten Entscheidung auf die Art wieder distanziert, daß es einen besonders schweren Verstoß gegen die Sittenordnung annahm und in einem solchen Fall jeder Partei unter allen Umständen die Berufung auf § 138 zubilligte. Auch hier haben die Parteien in Kenntnis aller Umstände eine sittenwidrige Leistung vereinbart, die Arbeitnehmer wußten das und haben daher keinen Anspruch, der auf Erfüllung gerichtet sein kann. Es kommt also nicht darauf an, ob ein „leichter" oder ein „besonders schwerer" Sittenverstoß vorliegt.

e) Teilweise sittenwidrige Verträge

Gerade bei sittenwidrigen Verträgen kommt es häufig vor, daß nur Teile oder einzelne Klauseln vom Verbot des § 138 betroffen sind. Die Lösung dieser Fragen mit Hilfe des § 139 ist ein allgemeines Problem und nach den allgemeinen Grundsätzen zu entscheiden, die zu § 139 entwickelt worden sind. Es ist nicht angängig, mit dem bloßen Hinweis, das Arbeitsrecht verlange eine weitgehende Umkehrung des Regel-Ausnahme-Verhältnisses in § 139, möglichst viel vom Vertrag aufrechtzuerhalten. Allerdings ist zu berücksichtigen, daß sich insgesamt eine Entwicklung abzeichnet, die der Regelung des § 139 weitgehend die Starrheit nimmt.

In diesem Zusammenhang ist noch einmal auf die Entscheidung BAG AP 2 zu § 611 BGB (fakt. Arbeitsverh.) zurückzukommen. Der

---

zungen erforderlich sind, vgl. *Larenz*, AT S. 385 ff., *Flume*, AT § 18, 3 S. 372 ff., der — S. 373 Fn. 35 — nachweist, daß der Unterschied der Meinungen nicht so groß ist, wenn die Gegenansicht, wie z. B. *Nipperdey* in *Enneccerus / Nipperdey*, § 191 II 2, bereits die Möglichkeit, das Unsittliche zu erkennen, als Voraussetzung für das „Bewußtsein der Sittenwidrigkeit" ausreichen läßt. Vgl. zu dieser Frage auch *Mayer-Maly*, Das Bewußtsein der Sittenwidrigkeit.

[166] Ebensowenig konnten die Parteien auf eine freiwillige Erfüllung des nichtigen Vertrages vertrauen. Vgl. dazu *Canaris*, Vertrauenshaftung S. 352 ff., 356 (zur parallelen Problematik bei § 134), der zu Recht betont, daß sich das Vertrauen auf ein zukünftiges Verhalten der Parteien richten müßte, das — insbesondere wenn die Rechtsordnung der Erfüllungspflicht die rechtliche Anerkennung versagt — grundsätzlich nicht schutzwürdig sei.

[167] BAG, NJW 76 S. 1958 = AR-Blattei D V Entscheidung 2 mit zust. Anm. von *Söllner*.

ursprüngliche Anstellungsvertrag des Bürovorstehers verstieß nach Ansicht des BAG gegen § 138 II[168], weil ihm neben einer fixen Vergütung in erheblichem Maße Gebührenbeteiligungen zugesichert waren. Hier ist es sachlich nicht zu rechtfertigen, dem Vertrag über § 139 zu „teilen", denn der Wucher kann sich nur aus der Gesamtbetrachtung des Vertrages ergeben, zumal keine klare Abgrenzung zwischen verschiedenen Tätigkeitsbereichen des Bürovorstehers bestanden hatte. Ganz abgesehen davon hätte das gerade im vorliegenden Fall in keiner Weise dem Willen der Parteien entsprochen[169].

f) Zusammenfassung

Die Untersuchung sittenwidriger Arbeitsverträge hat ergeben, daß die weitgehend vertretene Unterscheidung zwischen „normalen" und „besonders schweren" Sittenverstößen nicht nur kaum durchführbar, sondern vor allem überflüssig ist. Eine Differenzierung ergibt sich vielmehr von selbst aus den verschiedenen Fallgruppen heraus. Es hat sich gezeigt, daß gerade bei den sittenwidrigen Verträgen die Typusmerkmale des Arbeitsvertrages in sehr geringem Umfang und sehr schwach ausgeprägt sind. Das hat verschiedene Gründe:

1. In der einen Gruppe lassen sich die Parteien in Kenntnis des *sittenwidrigen Inhalts* des Vertrages auf das Rechtsverhältnis ein[170]. Der Arbeitnehmer kann hierauf nicht berechtigterweise seine Existenz gründen; der Mangel ist beiden Parteien in gleicher Weise zuzurechnen.
2. In den Fällen der *Äquivalenzstörung* liegt es hauptsächlich daran, daß auch hier der Arbeitnehmer wegen der Kenntnis sich nicht in einer schützenswerten Vertrauenslage befindet. Außerdem kam es in der überwiegenden Zahl der Fälle so schnell zum Bruch zwischen den Parteien, daß die von vornherein sehr schwache Ausprägung der typischen Merkmale keine Verstärkung durch den Zeitfaktor erfahren konnte.

Daraus folgt, daß ein Anspruch aus Vertrauenshaftung in Fällen des *sittenwidrigen Inhalts* nie, bei *Äquivalenzstörung* nur in besonderen Ausnahmefällen möglich ist, nämlich dann, wenn der Arbeitgeber gerade hinsichtlich der Verdienstmöglichkeiten im Arbeitnehmer fal-

---

[168] Nach Ansicht von *Brecher* in der Anm. ebd. gegen Standesgrundsätze.

[169] In einem anderen Fall (AP 23 zu § 138 BGB) hatte das BAG eine Klausel wegen sittenwidriger Bindung für unwirksam gehalten, die die ordentliche Kündigung für 2 Jahre ausschloß. Da insoweit ein dem dispositiven Recht entzogener Rechtszustand besteht, hätte es des Rekurses auf § 138 BGB gar nicht bedurft. Damit wird auch die Ersetzung durch die gesetzliche Kündigungsfrist zur Selbstverständlichkeit.

[170] Vgl. *Canaris*, Vertrauenshaftung S. 333.

sche Erwartungen weckt und dieser im Vertrauen auf diese Verdienste gewisse Zeit tätig wird. Dies war die Situation im oben unter b) besprochenen Fall des Bausparkassenvertreters.

4. Verbotene Arbeitsverträge, § 134 BGB

Nach § 134 können Arbeitsverträge nichtig sein, wenn ein Verbot besteht, einen solchen Arbeitnehmer einzustellen (MuSchG, JArbSchG), wenn die Leistung an sich zwar erlaubt ist, aber nicht unter den vereinbarten Umständen erbracht werden darf (Schwarzarbeit), oder wenn schließlich die vorgesehene Leistung des Arbeitnehmers als solche verboten ist (Heilmittelwerbung). In der Literatur werden auch die Fälle des § 134 — wie die des § 138 — mit den bekannten Kategorien gelöst: Teilweise sollen verbotene Arbeitsverträge generell „vollnichtig" sein[171], teilweise wird hier wie bei § 138 zwischen „normalen" und besonders schweren Verstößen unterschieden[172], wobei man bei ersteren dieselben Regeln eingreifen läßt wie z. B. bei angefochtenen Arbeitsverträgen. Eine Ausnahmestellung nimmt hier lediglich die bereits oben abgelehnte[173] These von Sack ein, der durch eine Abstufung des Tatbestandes des § 134 zu abgestuften Rechtsfolgen kommen will. Ob stattdessen der einzig mögliche auf Erfüllung gerichtete Anspruch aus Vertrauenshaftung auch hier gegeben sein kann, ist an Hand der verschiedenen Fallgruppen zu untersuchen.

a) Verbotene Werbetätigkeit

Das jüngste Beispiel aus der Rechtsprechung stellt hier die Entscheidung des BGH zur unzulässigen Arzneimittelwerbung dar[174]. Nachdem der Beklagte 12 Jahre lang Handelsvertreter für die klagende Herstellerin von Moor-, Sole- und Fichtennadelpräparaten und Kursäften gewesen war, wurde er anschließend für dieselbe Firma als Werbeleiter tätig. Dabei veranstaltete er unter anderem nach der HeilmittelwerbeVO verbotene Filmvorführungen. Nach sechs Wochen stellte er diese Tätigkeit ein und kündigte aus nicht näher genannten Gründen fristlos. Im Prozeß ging es um eine Reihe wechselseitiger Forderungen, darunter die seitens der Klägerin gemachte Zusage eines Verdienstfixums für die Filmvorführungen. Der Beklagte hatte die Verbotsnorm nicht gekannt.

---

171 So *Siebert*, Faktische Vertragsverhältnisse S. 89; *Beitzke*, Nichtigkeit S. 31.

172 So *Hueck*, Lehrbuch S. 191 f. unter Berufung auf *Nikisch, Dietz* und *Siebert* (S. 191 Fn. 28).

173 *Sack*, RdA 75 S. 171 ff.

174 BGH 53, 152 ff.

Der BGH schließt sich zunächst in gegenüber dem von ihm zitierten BAG wesentlich differenzierterer Darstellung dessen Theorie vom fehlerhaften Arbeitsvertrag an, wobei er die Grundlegung in einem Verbot des venire contra factum proprium sieht. Auf Grund der Umstände dieses Falles wendet er diese Grundsätze auch auf den selbständigen Handelsvertreter an; die Gründe hierfür sind folgende: Die wirtschaftliche und soziale Überlegenheit der Klägerin, die den Vertrag einem abhängigen Arbeitsvertrag sehr nahe bringe; die unwiederbringlichen Vorteile, die die Klägerin aus der Tätigkeit des Beklagten gewonnen hatte (Auswertung der Adressen der Veranstaltungsteilnehmer); die Gutgläubigkeit des Beklagten hinsichtlich der Verbotsnorm sowie schließlich die Tatsache, daß der von der HeilmittelVO bezweckte Schutz der Bevölkerung nicht die Versagung des Entgelts für den Beklagten fordere[175]. Es fällt auf, wie genau der BGH hier viele Tatbestandsmerkmale der Vertrauenshaftung anspricht[176]. Freilich bringt die fehlende Einordnung in diesen Haftungsgrund eine Unklarheit mit sich, die vorab ausgeräumt werden muß: Wenn es heißt, der Zweck der Verbotsnorm erfordere nicht die Entgeltlosigkeit, so ist hier ein Argument verwendet, das nur für die Frage von Belang ist, ob der Vertrag tatsächlich nichtig ist. Nur insoweit hat auch der zweite Halbsatz des § 134 Bedeutung. Im Rahmen der vorliegenden Untersuchung kann die Frage nach dem „ob“ der Nichtigkeit nicht mit aufgerollt werden. Die Prüfung des Vertrauensanspruchs geht also von der Prämisse aus, daß das Verbot der HeilmittelwerbeVO zur Nichtigkeit der vertraglichen Vereinbarung führt. Freilich bleibt die Art und Weise, wie die Nichtigkeit festgestellt wird, nicht ohne Einfluß auf die Möglichkeit eines Vertrauensanspruchs. Denn dieser kann nur dem gutgläubigen Arbeitnehmer gewährt werden. Gutgläubigkeit bedeutet aber im Rahmen des § 134 Unkenntnis der Verbotsnorm[177], auf der Verschuldensebene Vorwerfbarkeit des Verstoßes[178]. Die Frage, wie diese Umstände zu beurteilen sind, wird durchaus nicht einheitlich beantwortet[179]. Hier

---

[175] Alle Zitate BGH 53, 159.

[176] Vgl. dazu auch *Canaris*, Vertrauenshaftung S. 334 m. Fn. 107 a.

[177] Das ist kein Gegensatz zur oben zu § 138 aufgestellten Behauptung, bei sittenwidrigen *Leistungen* sei die erforderliche Kenntnis stets gegeben: Im Bereich des Sittenverstoßes, der ja an die allgemeine Rechtsauffassung anknüpft, kann es nur auf die sog. Parallelwertung ankommen. Besteht dagegen eine gesetzliche Verbotsnorm, so ist die Kenntnis eben dieser Norm erforderlich. Vgl. *Palandt / Thomas* § 812 Anm. 2 c, der eine ganz ähnliche Unterscheidung im Rahmen des § 817 trifft. Wie hier auch *Larenz*, SchR II § 70 IV a. E., S. 521 Fn. 3; § 69 III b S. 498. Dem Problem, worauf sich die an vielen Stellen geforderte Kenntnis beziehen muß, kann im Rahmen dieser Untersuchung nicht nachgegangen werden.

[178] Es stellt sich hier also bei der Prüfung der Nichtigkeit gleichzeitig die Frage, welche Bedeutung einem Verbotsirrtum in derartigen zivilrechtlichen Fragen zukommt.

kann nur der Zusammenhang dargestellt werden, den sie mit der Vertrauenshaftung hat: Geht man nämlich davon aus, daß die Kenntnis der Verbotsnorm beider Parteien Voraussetzung für die Nichtigkeit ist, kann es keinen Anspruch aus Vertrauenshaftung geben. Er ist nur dann möglich, wenn man auf diese Voraussetzung verzichtet, die in dieser Ausschließlichkeit auch kaum jemand fordert[180], so daß im folgenden davon ausgegangen werden soll, daß die Nichtigkeit des Rechtsgeschäfts auch jeweils dann eintreten kann, wenn eine oder beide Parteien die Verbotsnorm nicht kannten. Das ist besonders dann der Fall, wenn die vom Arbeitnehmer erbrachte Leistung (wie hier die Filmvorführungen) als solche verboten ist.

Nachdem der Beklagte im vorliegenden Fall jahrelang als Handelsvertreter für die Klägerin tätig gewesen war, hat sie mit der Beschäftigung als Werbeleiter in ihm das Vertrauen geweckt, daß er weiterhin ebenso legal arbeiten werde wie bisher. Sie hat dieses Vertrauen während der ganzen Dauer der Werbetätigkeit des Beklagten aufrechterhalten und bestärkt. Freilich betrug dieser Zeitraum nur eineinhalb Monate. Der Beklagte hat sich aber in seinen wirtschaftlichen Dispositionen darauf eingestellt, besonders weil ihm ein Provisionsminimum zugesagt war; vor allem aber hat er während dieser Zeit der Klägerin Vorteile zugeführt, die nicht mehr rückgängig zu machen sind: Sie hat laufend die Adressen der bei den Filmvorführungen anwesenden potentiellen Kunden ausgewertet und auf dieser Grundlage weitere Werbung betrieben. Unter diesen Gesichtspunkten kann auch in dem relativ kurzem Zeitraum eine ausreichende Vertrauenssituation entstehen. Dies ist der Klägerin auch zuzurechnen, und zwar unabhängig von ihrer konkreten Kenntnis der HeilmittelwerbeVO auf Grund des Organisationsrisikos; eine Firma, die sich im Geltungsbereich der VO werbend betätigt, muß sich von den einschlägigen Vorschriften Kenntnis verschaffen. Der Beklagte dagegen war in einer Weise für die Klägerin tätig, die der Stellung eines abhängigen Arbeitnehmers weit näher kam als der eines selbständigen Handelsvertreters, wie das Gericht festgestellt hat[181]. Von ihm kann die gleiche Erkundigungspflicht nicht gefordert werden, er war hinsichtlich des Verbots gutgläubig. Damit hat der Vertreter in diesem Fall einen Anspruch aus Vertrauenshaftung; im Ergebnis und in der Argumentation ist dem BGH also weit-

---

[179] Vgl. statt aller *Flume*, AT § 17, 3, 4 S. 344 ff. und die dort zitierte Literatur und Rechtsprechung gegen *Soergel / Hefermehl*, § 134 Rdz. 18.

[180] Vgl. *Flume*, ebd.

[181] Damit zeigt sich wiederum, daß die Typusmerkmale gleitend in Erscheinung treten. Bei diesem selbständigen Handelsvertreter sind weitgehend die oben entwickelten Typusmerkmale gegeben. Das spiegelt sich in der konkreten Vertrauenssituation.

gehend zuzustimmen, wenn er auch vom unrichtigen Ansatzpunkt ausgeht[182].

b) *Verbotene Mehrarbeit*

Gesetzlich verboten ist auch Arbeit, die das Maß der nach der AZO zulässigen Mehrarbeit überschreitet. Handelt es sich in den meisten Fällen unzulässiger Mehrarbeit lediglich um Nebenabreden zu ansonsten gültigen Arbeitsverträgen[183], so hatte das BAG doch einmal einen Fall zu entscheiden, in dem ein ganzer Arbeitsvertrag wegen Verstoßes gegen die AZO nach § 134 BGB nichtig war[184]. Neben einer Ganztagsbeschäftigung war ein Metallarbeiter durchschnittlich 6 Stunden täglich drei Jahre lang bei einer anderen Firma tätig. Das BAG hielt den Vertrag zu Recht wegen erheblichen Verstoßes gegen die AZO insgesamt für nichtig, betonte aber, der Arbeitgeber könne sich für die Vergangenheit auf diese Nichtigkeit nicht berufen[185]. Hätte der Arbeitnehmer (statt des streitgegenständlichen Anspruchs auf Urlaubsabgeltung) den Lohn für die von ihm erbrachte Arbeitsleistung verlangt, wäre auch dies ein Anwendungsfall der Vertrauenshaftung gewesen. Der Arbeitgeber hatte den Metallarbeiter eingestellt und drei Jahre lang beschäftigt, obwohl er wußte, daß dieser bei ihm nur „nebenberuflich" tätig war, denn ihm lag nur eine zweite Lohnsteuerkarte vor. Der Arbeitnehmer durfte daher darauf vertrauen, daß er während der ganzen Zeit nicht ohne einen Anspruch auf die Gegenleistung arbeitete. Die Aufdeckung des Verstoßes gegen die AZO fiel in den Organisationsbereich des Arbeitgebers und war ihm deshalb zuzurechnen[186]. Der Anspruch würde nur dann scheitern, wenn z. B. beide Parteien sich einverständlich über das Verbot der AZO hinweggesetzt hätten, oder der Arbeitnehmer den Verstoß selbst genau gekannt hätte. Dafür gibt der mitgeteilte Sachverhalt keinen Anhaltspunkt. Schließlich hat sich der Arbeitnehmer selbstverständlich wäh-

---

[182] Auch in zwei anderen, atypische stille Gesellschaften betreffenden Fällen hat der BGH maßgeblich auf die Kenntnis der Gesellschafter von der Verbotswidrigkeit und ihr Vertrauen in die Gültigkeit des Gesellschaftsvertrages abgestellt (BGH LM 8 zu § 105 HGB und BGH 62, 234); daneben freilich argumentierte er in „herkömmlichen Bahnen": Ob der Vertrag ganz nichtig sei oder die Grundsätze über faktische Gesellschaften Anwendung fänden, entscheide sich nach den Interessen der Allgemeinheit, die das Verbotsgesetz schütze.

[183] Vgl. z. B. BAG 8, 246; BAG 9, 147; BAG 15, 30; *Meisel / Hiersemann*, AZO § 3 Anm. 48 ff.; Einl. Anm. 16 ff.

[184] BAG 8, 47 = AP 5 zu § 611 BGB (Faktisches Arbeitsverhältnis) = BAG AP 1 zu § 611 BGB (Doppelarbeitsverhältnis).

[185] Als Beleg gilt wiederum die Entscheidung BAG 5, 58 und das Hueck'sche Lehrbuch.

[186] Freilich wären hier nähere Angaben im Sachverhalt erforderlich gewesen.

rend der drei Jahre in seiner Existenzgrundlage auf diesen nichtigen Arbeitsvertrag eingestellt.

c) *Schwarzarbeit*

Nach § 1 SchwarzarbG[187] handelt ordnungswidrig, wer, ohne den aufgezählten Anzeige- und Eintragungserfordernissen nachzukommen, in erheblichem Umfang und aus Gewinnsucht Dienst- oder Werkleistungen *erbringt*. Auch wer einen unter Verstoß gegen § 1 Tätigen aus Gewinnsucht *beschäftigt*, macht sich einer Ordnungswidrigkeit schuldig (§ 2). Ob der schuldrechtliche Vertrag, der zu der entsprechenden Schwarzarbeit verpflichtet, wirksam ist, ist stark umstritten[188] und wird vor allem in den Fällen, in denen nur der Arbeitende gegen das Gesetz verstößt, verneint[189]. Auch wenn man die Meinung derjenigen vertritt, die Nichtigkeit annehmen, ist ein Anspruch aus Vertrauenshaftung jedenfalls ausgeschlossen. Das hat verschiedene Gründe: Verstoßen beide Vertragspartner gegen das Gesetz, so bedeutet das gleichzeitig, daß beide den vollen Ordnungswidrigkeitstatbestand einschließlich seiner subjektiven Merkmale erfüllt haben. Gutgläubigkeit und Zurechenbarkeit auf nur einer Seite des Vertrages ist daher von vornherein ausgeschlossen. Daß auch die anderen Merkmale des Anspruchs nicht erfüllt wären, zeigt die zweite Gruppe der Fälle, wo nur der Arbeitende gegen das Gesetz verstößt: Möglich wäre hier allenfalls ein Anspruch des Auftraggebers; wenn aber noch keine Leistung erbracht worden ist, kann logischerweise auch keine Vertrauenslage entstehen, da das Vertragsverhältnis noch gar nicht ins Ausführungsstadium getreten ist. Außerdem handelt es sich in den meisten Fällen um kurzfristige Verträge, nie um das einzige Beschäftigungsverhältnis des Arbeitenden (der ja fast immer Handwerker ist oder wie ein solcher tätig wird), so daß auch ausreichende Dispositionen nicht getroffen werden können.

d) *Zusammenfassung*

Ein Anspruch aus Vertrauenshaftung kann bei nach § 134 nichtigen Verträgen nur in seltenen Ausnahmefällen gewährt werden. Die Frage entscheidet sich regelmäßig am Kriterium der Kenntnis vom Verbotsgesetz. Im übrigen fehlen meistens die Typusmerkmale des Arbeitsver-

[187] Gesetz zur Bekämpfung der Schwarzarbeit in der Fassung v. 31. 5. 1974.

[188] Vgl. die Darstellung des Meinungsstandes bei *Benöhr*, BB 75 S. 232 ff., 234 f. m. ausf. Zusammenstellung von Literatur und Rechtsprechung.

[189] Vgl. OLG Celle, JZ 73 S. 246 ff.; LG Osnabrück, BB 64 S. 904; *Benöhr*, S. 235; a. A. z. B. *Schmidt*, MDR 66 S. 463; *Wittmann* in Anm. zu LG Osnabrück, BB 64 S. 904.

trages weitgehend, was dazu führt, daß auch die anderen Voraussetzungen des Vertrauensanspruchs entfallen.

5. Fehlende Mitwirkungsakte

Es gibt einige Fälle, in denen bei der Einstellung eines Arbeitnehmers die Mitwirkung außer- oder innerbetrieblicher Organe erforderlich ist. Führt das Fehlen oder die Fehlerhaftigkeit dieses Mitwirkungsaktes zur Unwirksamkeit des Arbeitsvertrages, so stellt sich auch hier die Frage, ob der Arbeitnehmer, der seine Arbeitsleistung bereits erbracht hat, Ansprüche aus Vertrauenshaftung geltend machen kann.

a) Die Arbeitserlaubnis nach § 19 I AFG

Ausländer benötigen zur Ausübung einer Beschäftigung eine Erlaubnis nach § 19 I S. 1 AFG. Arbeitgeber dürfen Arbeitnehmer, die eine solche Erlaubnis nicht besitzen, nicht beschäftigen (§ 19 I S. 4 AFG). Verstöße beider Parteien sind nach § 229 AFG als Ordnungswidrigkeiten zu ahnden. Ob und inwieweit daraus die Nichtigkeit eines ohne Erlaubnis geschlossenen Arbeitsvertrages folgt, ist umstritten. Überwiegend wird im Anschluß an das BAG[190] folgendes angenommen: Kennen beide Parteien das Erfordernis der Erlaubnis, beabsichtigen aber gleichwohl die Durchführung des Vertrages, ohne die Erlaubnis einzuholen, so ist der Vertrag nichtig nach § 134 BGB[191]. Wird die Erlaubnis beantragt, der Arbeitnehmer aber bereits vor Erteilung beschäftigt, so ist der Vertrag schwebend unwirksam bis zur Entscheidung über den Antrag[192]; daraus folgert Engels[193] zu Recht, daß das Gericht die Erlaubnis als privatrechtsgestaltenden Verwaltungsakt ansieht. Der Ablauf der Erlaubnis bei einem unbefristeten Arbeitsverhältnis soll in keinem Fall die Nichtigkeit des Vertrages zur Folge haben, sondern lediglich dem Arbeitgeber ein Recht (falls der Arbeitnehmer sich nicht ausreichend um eine Verlängerung bemüht oder Zweifel an ihrer Erteilung bestehen) bzw. die Pflicht (falls die Verlängerung endgültig verweigert wird) zur Kündigung geben[194].

---

[190] BAG 22, 22 = AP 4 zu § 35 AVG m. Anm. v. *Krebs*. Im Anschluß daran bzw. ebenso: LAG Hamm, BB 72 S. 799; LAG Baden-Württemberg (Mannheim), DB 72 S. 193; *Hueck*, Lehrbuch S. 192; *Schaub*, Handbuch S. 91; *Staudinger / Nipperdey / Neumann*, § 611 Rdz. 80; *Woltereck*, DB 65 S. 799. Vgl. auch die Darstellung des Meinungsstandes in BAG, NJW 77 S. 1608.

[191] So BAG 22, 22 ff., 27.

[192] BAG 22, 28.

[193] RdA 76 S. 165 ff., 168.

[194] BAG, BB 77 S. 1201; WM 77 S. 959; SAE 78 S. 257; AG Gießen, AuR 77 S. 124.

Gegen die Nichtigkeit wird vorgebracht[195], Verstöße gegen § 19 AFG gingen in der Regel vom Arbeitgeber aus, da er die Antragstellung und Verwahrung der Erlaubnis meist übernehme; die Nichtigkeitsfolge sei aber eher dazu angetan, ihn zu diesem Verhalten anzuregen als ihn davon abzuhalten. In Anwendung des Vorbehalts in § 134 BGB sei der privatrechtliche Vertrag daher stets wirksam. Diese Meinung ist allerdings nur dann schlüssig, wenn man eine Anwendung des § 134 auch dann bejaht, wenn beide Parteien keine Kenntnis von der Verbotsnorm haben; andernfalls führt sie zu der zweifelhaften Konsequenz, daß ein als Ordnungswidrigkeit unter Strafe gestelltes Verhalten zivilrechtlich einklagbar ist[196].

Probleme der Abwicklung des fehlerhaften Vertrages können somit nur unter Zugrundelegung der h. M. und nur in folgenden Fällen auftreten: Wenn beide Parteien sich bewußt über das Erfordernis der Erlaubnis hinwegsetzen; wenn die Erlaubnis nach Aufnahme der Beschäftigung endgültig verweigert wird; wenn (in konsequenter Weiterentwicklung der h. M.) eine Partei die andere über das Genehmigungserfordernis im Unklaren läßt oder gar eine erfolgte Erteilung vorspiegelt[197]. Ob die Nichtigkeit dabei aus § 134 hergeleitet oder mit der Konstruktion des privatrechtsgestaltenden Verwaltungsaktes begründet wird, ist in diesem Zusammenhang bedeutungslos.

Die Frage nach der Möglichkeit eines Anspruchs aus Vertrauenshaftung ist in den verschiedenen Fällen unterschiedlich zu beantworten:

— Aus einem kollusiv unter Umgehung des § 19 AFG zustandegekommenen „Arbeitsverhältnis“ kann ein solcher Anspruch keinesfalls hergeleitet werden. Das ergibt sich aus denselben Gründen, die soeben zu § 134 dargelegt wurden.

— Das gleiche Ergebnis gilt für den Fall einer endgültigen Versagung der beantragten Erlaubnis: beide Parteien, insbesondere auch der Arbeitnehmer kennen den Schwebezustand und das Risiko der unklaren Rechtslage; dies steht der Entstehung einer Vertrauenslage entgegen.

— Anders ist die Situation lediglich im zuletzt genannten Fall. Hat z. B. der Arbeitgeber das gesamte Antragsverfahren übernommen und spiegelt dann dem Arbeitnehmer die Erteilung vor (etwa um sich die Disposition über die Arbeitskraft zu verschaffen), so hat der gutgläubige Arbeitnehmer einen Anspruch aus Vertrauenshaftung. Der Arbeitgeber wird in diesem Fall, falls er praktisch rele-

[195] LAG Ffm., DB 72 S. 2264; *Engels*, RdA 76 S. 167 ff.

[196] *Engels*, RdA 76 S. 167 ff. hilft sich mit der Anwendung der Unmöglichkeitsregeln aus dieser Situation.

[197] Was durchaus auf Seiten des Arbeitgebers denkbar sein kann, da die Arbeitnehmer die Erlaubnis sowieso meist nicht ausgehändigt erhalten.

vant werden sollte, zwar stets arglistig handeln. Auch dies ist aber — ebenso wie die Vertrauenslage aus „reinem“ venire contra factum proprium — im Ergebnis doch ein Erwirkungstatbestand, der seinen Ausgang nicht von einem widersprüchlichen, sondern von einem arglistigen Verhalten nimmt. Neben dem starken Zurechnungskriterium der Arglist seitens des Arbeitgebers wird auch regelmäßig die Disposition des Arbeitnehmers erhebliches Ausmaß haben, handelt es sich doch um einen Ausländer, der, um diesen Arbeitsplatz zu erhalten, hier Wohnsitz nimmt, seinen Lebenszuschnitt besonders darauf einstellt etc. In Anbetracht dessen kann — in gleicher Weise wie oben beim Lohnwucher — der Erwirkungszeitraum relativ kurz bemessen sein, ganz darf er jedenfalls nicht fehlen[198].

b) §§ 99 ff. BetrVG

Nach §§ 99 - 101 BetrVG zählt die „Einstellung“ eines Arbeitnehmers zu den zustimmungsbedürftigen personellen Maßnahmen. Wie sich diese betriebsverfassungsrechtliche Regelung individualarbeitsrechtlich auf den Vertrag des betroffenen Arbeitnehmers auswirkt, hat der Gesetzgeber weitgehend im Unklaren gelassen[199], was sich bereits an den Formulierungen zeigt, die mehr dem allgemeinen Sprachgebrauch als der Terminologie des Vertragsrechts entlehnt sind (z. B. „Einstellung“[200]; „aufheben“ in § 101; „Ende“ der vorläufigen Maßnahme nach § 100 Abs. 3). Im entsprechend heftig entbrandeten Streit um das Schicksal des Arbeitsvertrages überwiegt die Zahl derer, die ein Zustimmungserfordernis im Sinne der §§ 182 ff. BGB annehmen[201] und daraus folgern, daß während der Schwebezeit ein „faktisches“ Arbeitsverhältnis besteht, das jederzeit auflösbar ist. Obwohl dies anscheinend den Intentionen des Gesetzgebers entspricht[202], sprechen doch die besseren Argumente für die Gegenansicht[203]. Hierfür sei nur angeführt, daß es den Zweck des Gesetzes, den Arbeitgeber zur Ein-

---

[198] Die Begründung ist die gleiche wie oben zum venire contra factum proprium vgl. S. 117 ff.

[199] Vgl. die Darstellung bei *Dietz / Richardi*, Betriebsverfassungsgesetz § 100 Rdzn. 55 ff., der besonders herausstellt, an wie vielen Stellen die Regelung lückenhaft ist; der (vgl. Anm. 55) offenbar gewordene Gesetzeszweck hilft hier (entgegen *Richardi*, ebd.) nur wenig weiter.

[200] Vgl. zu den Problemen, die sich gerade aus diesem Begriff — aber auch allgemein aus der Terminologie des Gesetzes — ergeben, *Matthes*, DB 74 S. 2007 ff.

[201] Vgl. insbesondere *Boewer*, RdA 74 S. 72 ff.; *Richardi*, DB 73 S. 428; *Dietz / Richardi*, Betriebsverfassungsgesetz § 100 Rdzn. 55 ff., vgl. dort auch Nachweise (Rdz. 55) zu weiterer Literatur.

[202] Nachweise bei *Dietz / Richardi*, Betriebsverfassungsgesetz Rdz. 55.

[203] Vgl. dazu insbesondere *Matthes*, DB 74 S. 2007 ff.; *Dietz / Richardi*, Betriebsverfassungsgesetz Rdz. 55.

haltung des Verfahrens der §§ 99 ff. zu bewegen, in keiner Weise fördert, wenn der Arbeitsvertrag auch noch unwirksam ist[204]. Ganz abgesehen davon ist der vorgeschlagene Lösungsweg des jederzeit auflösbaren Arbeitsverhältnisses nach der vorliegenden Untersuchung nicht gangbar.

Wenn man der überwiegenden Meinung folgt, muß man richtigerweise zu dem Ergebnis kommen, daß der Vertrag nichtig ist[205]. Auch ein Anspruch aus Vertrauenshaftung kann dem Arbeitnehmer nur in einem, praktisch nicht sehr häufigen Fall zustehen: Der Vertrag wurde seitens des Arbeitgebers unter Verletzung der Aufklärungspflicht des § 100 Abs. 1 S. 2 vorläufig oder ohne Zustimmung des Betriebsrats „endgültig" geschlossen und dennoch nimmt dieser seine Rechte aus § 101 nicht wahr. Hat der Arbeitnehmer dann im guten Glauben an die Wirksamkeit des Vertrages diesen erfüllt und seinen Lohn bezogen, so liegt hier — in Anbetracht der Fristen der §§ 99 ff. wohl bereits nach spätestens einem Monat — ein ausreichender auf Erwirkung gegründeter Vertrauenstatbestand vor. Daß im übrigen Schadensersatzansprüche kaum realisierbar sind, gibt die überwiegende Meinung selbst zu[206]. Auch dieses Ergebnis spricht aber in seiner praktischen Auswirkung gegen sie: Letztlich muß sich ein Arbeitnehmer danach nämlich vor Abschluß des Vertrages im eigenen Interesse darum bemühen, ob die Parteien der betriebsverfassungsrechtlichen Pflichten, also Arbeitgeber und Betriebsrat, das vorgeschriebene Verfahren eingehalten haben, obwohl er in diesen Pflichtenkreis überhaupt nicht einbezogen ist.

6. Mangelnde Vertretungsmacht

Die Rechtsprechung haben einige Fälle beschäftigt[207], in denen juristische Personen als Arbeitgeber beim Abschluß des Anstellungsvertrages nicht wirksam vertreten waren. Dabei zeigt der Sachverhalt (und das spiegelt sich auch in der Argumentation des Gerichts in den Gründen) der Entscheidung BGH 41, 282 besonders gut[208] die Möglich-

---

[204] So insbesondere *Matthes*, DB 74 S. 2009 f.

[205] Eine Ausnahme kann nach dieser Meinung nur in dem Fall bestehen, daß der Arbeitnehmer unter Vereinbarung einer auflösenden Bedingung vorläufig eingestellt wurde (was der Konstruktion des gesetzlichen Zustimmungserfordernisses nicht widersprechen würde).

[206] Vgl. die Nachweise oben in Fn. 201.

[207] Vgl. BAG 12, 104 ff.; BGH 41, 282 ff. Nicht um einen Arbeitsvertrag, sondern um eine Pensionszusage ging es im Fall BAG AP 1 zu § 242 BGB (Geschäftsgrundlage) mit Anm. von *Larenz;* vgl. dazu die Ausführungen von *Canaris*, Vertrauenshaftung S. 376 f., die den hier gefundenen Ergebnissen entsprechen.

[208] Wohingegen in BAG 12, 104 der Sachverhalt in entscheidenden Punkten unzureichend ist. Zu BGH 41, 282 ff. vgl. in diesem Zusammenhang *Gerlach*,

keit einer Vertrauenshaftung. Der Anstellungsvertrag eines Vorstandsmitgliedes (Beklagter) einer Aktiengesellschaft war vom Vorsitzenden des Aufsichtsrates ohne den erforderlichen Aufsichtsratsbeschluß abgeschlossen worden. Der Beklagte war zwei Jahre lang als Vorstandsmitglied und danach noch drei Jahre beratend für die Firma tätig gewesen. Als Vergütung hatte er u. a. eine hochdotierte Lebensversicherung erhalten, die Streitgegenstand im Prozeß mit dem nunmehrigen Konkursverwalter der AG war.

Die Beurteilung der Vertrauenssituation macht hier wieder besonders deutlich, wie eng das Zusammenspiel von Erwirkung und venire contra factum proprium ist[209]. Obwohl der Aufsichtsrat — notgedrungen[210] — Kenntnis von der Anstellung des Beklagten hatte und damit auch von den nicht korrekten Umständen des Vertragsschlusses, konnte dieser zwei Jahre lang die Funktion des Vorstandsmitgliedes bekleiden. Wenn sich der Konkursverwalter nunmehr auf die Unwirksamkeit berufen will, so setzt er sich nicht nur zu der Duldung der Gesellschaft in Widerspruch, die lange Dauer dieser Duldung hat auch zur Erwirkung auf Seiten des Beklagten geführt. Hinsichtlich dieser der AG zurechenbaren Vertrauenslage war der Beklagte gutgläubig. Er hatte keinen Einblick in die internen Beschlußvorgänge des Aufsichtsrates, dessen Vorsitzenden er durchaus als zum Abschluß legitimiert betrachten durfte. Schließlich hat er sich im Laufe der Dauer seiner Tätigkeit in seinen wirtschaftlichen Dispositionen und der Grundlage seiner Existenz auf die Gültigkeit eingestellt. Das gilt hier in besonderem Maße, da ihm neben einer monatlichen Vergütung als Gegenleistung für seine Tätigkeit neben Tantiemen auch die Lebensversicherung gewährt wurde, die er gleichzeitig in die Planung und Berechnung seiner Altersversorgung einbezog. Gerade solche langfristigen Dispositionen sind nicht mehr rückwirkend durch andere Maßnahmen zu ersetzen. Dagegen spricht auch nicht, daß beim Anstellungsverhältnis eines Vorstandsmitgliedes nicht das üblicherweise beim Arbeitsvertrag vorkommende Verhältnis der wirtschaftlichen und sozialen Unterlegenheit unter den Arbeitgeber besteht. Auch ein solcher Anstellungsvertrag kann je nach Lage des einzelnen Falles die der Vertrauenshaftung entsprechende Typusstruktur aufweisen, wobei hier die Unterlegenheit durch die Stärke des Vertrauenstatbestandes und die Tragweite der Dispositionen ohne weiteres ausgeglichen wird.

Ähnlich gelagert war der Fall in BGH 65, 190: Nach zwölfjähriger Tätigkeit in leitender Position wurde der Kläger für drei Jahre zum

---

Die AG 65 S. 251 ff., *Canaris*, Vertrauenshaftung S. 449 und *Hengeler*, Festschrift für Barz S. 129 ff.

[209] Vgl. dazu oben S. 117 ff.

[210] So auch zu Recht BGH 41, 287.

stellvertretenden Vorstandsmitglied bestellt. Der hierfür maßgebliche Vertrag wurde seitens der Gesellschaft durch einen „Zweimann-Ausschuß“ abgeschlossen. Zwei Jahre später kam es zum Streit über die Wirksamkeit des Vertrages.

In dieser Entscheidung stellt der BGH in frappierender Weise gerade auf die eben als Grundlage des Vertrauensanspruchs herausgearbeiteten Gesichtspunkte ab: Das Vorstandsmitglied habe sich über Jahre in seiner beruflichen Existenz auf die Wirksamkeit eingestellt und wegen der unsicheren Rechtslage (die erst durch die vorliegende Entscheidung beendet wurde) auch keine Kenntnis von der Unwirksamkeit gehabt. Da auch hier eine Alterssicherung vereinbart war, habe er außerdem unnachholbare eigene Maßnahmen unterlassen. Schließlich sei er mit Kenntnis aller maßgeblichen Organe tätig geworden. Der BGH gründet seine Argumentation auf Treu und Glauben. Ausdrücklich erkennt er die Unzulänglichkeit der „Regeln“ über fehlerhafte Verträge an: Es bedürfe ihrer im vorliegenden Fall nicht[211].

7. Geschäftsunfähigkeit und beschränkte Geschäftsfähigkeit

Die Literatur[212] hat sich allenthalben ausführlich mit der Frage beschäftigt, was bei Beteiligung eines Minderjährigen am Arbeitsvertrag zu gelten habe[213]. Ist der Minderjährige der Arbeitnehmer, so wird einhellig angenommen, daß ihm für die Zeit, in der er gearbeitet hat, sowohl Lohn als auch alle sonstigen vertraglichen Ansprüche zustehen.

Eine ältere Meinung[214] begründet das mit einer Analogie zu § 110 BGB; über die Arbeitskraft könne der Minderjährige von Natur aus frei verfügen, diese Tatsache sei der Erlaubnis des gesetzlichen Vertreters gleichzustellen. Das kann freilich nicht richtig sein, denn dann würde gerade die einschneidendste Form einer Leistung generell von den Regelungen der §§ 104 ff. ausgenommen. Siebert[215] schlägt eine restriktive Auslegung der §§ 104 ff. BGB vor; die gesetzliche Regelung bezwecke den Schutz des Minderjährigen, dies werde bei Verträgen über Vermögenswerte durch die Nichtigkeitsfolge voll

---

211 BGH 65, 190 ff., 195.

212 Dagegen bietet die Rechtsprechung — zumindest die höchstrichterliche — aus dem Arbeitsvertragsrecht keine Beispiele.

213 Vgl. *Schaub*, Handbuch S. 124 f.; *Siebert*, Faktische Vertragsverhältnisse S. 87 ff.; *Hueck*, Lehrbuch S. 190 f.; *Staudinger / Nipperdey / Neumann*, § 611 Rdz. 105; *Riezler*, Venire S. 134 ff. Verwirrend dagegen der Vorschlag von *Ramm*, Anfechtung S. 41 ff., der entsprechend seiner Grundthese die „sozialen Grundrechte“ und den Gleichheitssatz ins Spiel bringt.

214 Nachweise bei *Riezler*, Venire S. 136.

215 Faktische Vertragsverhältnisse S. 87 ff.

erreicht. Bei Abschluß eines Arbeitsvertrages sei aber umgekehrt der Schutz des Minderjährigen gerade durch die Gültigkeit des Vertrages gewährt. Im Ergebnis führt auch dieser Vorschlag dazu, daß das Zustimmungserfordernis für Arbeitsverträge überflüssig wird, was in dieser Allgemeinheit sicher zu weit geht.

Die bei weitem überwiegende Meinung stützt sich für die Begründung des Lohnanspruchs und sonstiger vertraglicher Ansprüche auf den Grundsatz des venire contra factum proprium[216]. Diese Ansicht geht auf die Schrift Riezlers zurück[217], der betont, „wer eine nicht mehr rückgängig zu machende Leistung entgegennimmt, hat damit das Recht verwirkt, sich auf die Ungültigkeit des Vertrages zu berufen“[218]. Mit der Entgegennahme der Leistung habe der Arbeitgeber den Vertrag als gültig behandelt und dürfe sich dazu nicht zum Nachteil der Gegenseite in Widerspruch setzen. Diese These freilich ist von einer Allgemeinheit, daß Riezler[219] folgerichtig zu dem Schluß kommt, sie sei auch auf andere Nichtigkeitsgründe ausdehnbar. Was sie nämlich von der Problematik der Rückabwicklung jedes anderen nichtigen Vertrages gleich welchen Typs unterscheidet, ist allein die „nicht mehr rückgängig zu machende Leistung“, genauer gesagt die daraus geschlossene faktische Schädigung des vorleistenden Arbeitnehmers. Dies ist aber die Ausgangssituation für *alle* fehlerhaften Arbeitsverträge; das heißt, man käme zu der von niemandem vertretenen Konsequenz, daß in jedem Fall der Lohnanspruch besteht[220].

Die bisherigen Untersuchungen haben aber ergeben, daß einmal die Versagung der „Berufung auf die Nichtigkeit“ aus konstruktiven Gründen kein gangbarer Weg ist. Was aber den Anspruch aus Vertrauenshaftung betrifft, so muß eine ganze Reihe von Voraussetzungen erfüllt sein, eine schlichte „Anwendung“ des Grundsatzes des Verbots des widersprüchlichen Verhaltens reicht keinesfalls aus.

In Wirklichkeit vergrößert die herrschende Meinung die Problematik unnötig. Dies gilt vor allem für die Bemühungen, dem Minderjährigen die Ansprüche aus Schutzgesetzen zu wahren. Daß diese auch im

---

[216] *Siebert*, ebd., scheint dies (unter Berufung auf den Akademieentwurf von 1938) nur de lege ferenda in Betracht ziehen zu wollen.

[217] *Riezler*, Venire S. 134 ff., 137. Ihm hat sich insbesondere *Hueck*, Lehrbuch S. 190 angeschlossen; diesen folgend *Staudinger / Nipperdey / Neumann*, § 611 Rdz. 105; mit Einschränkungen *Nikisch*, Lehrbuch S. 218; ebenso *Küchenhoff*, RdA 58 S. 121 ff., 129.

[218] Venire S. 137.

[219] Venire S. 139 ff.

[220] Das dürfte auch der (unausgesprochene) Grund sein, warum so viele Autoren *Riezler* zwar für den Fall der Geschäftsfähigkeit folgen, bei den übrigen Nichtigkeitsgründen aber anders argumentieren. Immerhin gerät auch der BGH in der oben III. 4. a) besprochenen Entscheidung (Heilmittelwerbung) in diese Gefahr.

durchgeführten nichtigen Vertrag gelten, wurde bereits nachgewiesen[221]; es bestehen hier keine Besonderheiten. Dem Grundsatz des venire aber kann nur Bedeutung zukommen, wenn ein Anspruch aus Vertrauenshaftung möglich ist. Dies ist letztlich nicht der Fall. Zugunsten eines Minderjährigen, der schließlich sein Alter kennt, kann eine anzuerkennende Vertrauenslage grundsätzlich[222] nicht entstehen, auch nicht wenn er über längere Zeit hinweg seine Arbeitsleistung erbringt[223]. Wer die Zustimmung des gesetzlichen Vertreters noch nicht hat, muß immer damit rechnen, daß sie verweigert wird. Auch die Voraussetzung der Gutgläubigkeit des Arbeitnehmers wäre damit nicht erfüllt.

Diese Hindernisse ließen sich in der Tat nur dann überwinden, wenn man in diesem Fall die Merkmale des anerkennenswerten Vertrauens und der Gutgläubigkeit durch den Schutzzweck der §§ 104 ff. BGB anderweitig ausfüllen könnte[224]. Auch das ist aber nicht möglich. Denn es ist nicht alleiniger Zweck dieser Vorschriften, dem Minderjährigen möglichst viele materielle Vorteile zukommen zu lassen. Vielmehr ist vorrangig seine (noch als mangelhaft vorausgesetzte) rechtsgeschäftliche Entschließungsfreiheit geschützt. Dieses Ziel, vertragliche Bindungen — und damit eine Einschränkung der privatautonomen Gestaltungsfreiheit — nur mit Zustimmung des gesetzlichen Vertreters zuzulassen, kann nur durch die Nichtigkeit des Vertrages erreicht werden. Freilich soll der Minderjährige auch vor zusätzlichen Schäden bewahrt werden. Sein Vermögen wird aber entgegen den Argumenten der Vertreter der Gegenmeinung nicht zusätzlich geschädigt, wenn der Anspruch auf bereits erhaltenen oder noch zu zahlenden Lohn sich allein auf die §§ 812 ff. stützte oder noch stützt. Hinzu kommt, daß der gesetzliche Vertreter einen günstigen Vertrag jederzeit genehmigen kann, selbstverständlich auch zu dem alleinigen Zweck, um ihn sofort ordentlich zu kündigen. Ob er hierbei die richtige Wahl trifft, ist nicht mehr eine Frage des Arbeitsvertrages, sondern seines Verhältnisses zum Minderjährigen. Im Ergebnis können also nicht die Vertrauenslage und die Gutgläubigkeit als Voraussetzungen für eine Vertrauenshaftung aus dem Schutzzweck der §§ 104 ff. heraus ergänzt werden[225].

---

[221] s. o. S. 99 ff.

[222] Dies gilt mit einer Ausnahme: Wenn er sich in der Form über die Nichtigkeits*folge* irrt, daß er meint, sich in den Grenzen von § 113 BGB zu bewegen. Ein Vertrauen auf freiwillige Erfüllung ist dagegen nicht schützenswert.

[223] *Riezler,* Venire S. 137 spricht daher zu Unrecht von „Verwirkung" (der in der hier angewandten Form das Element der Erwirkung entsprechen würde).

[224] Insofern stimmt der Ansatz von *Siebert,* Faktische Vertragsverhältnisse S. 87 ff.

Ist umgekehrt der Arbeitgeber minderjährig, so wird allgemein von „voller“ Nichtigkeit des Vertrages ausgegangen[226]. Dabei ist zu betonen, daß gerade hier in der Praxis die Fälle fehlender Zustimmung des gesetzlichen Vertreters sehr selten sein werden[227]. Für einen Anspruch aus Vertrauenshaftung des Arbeitgebers gegen den Arbeitnehmer auf Arbeitsleistung fehlen ersichtlich die Voraussetzungen. Einen Vertrauensanspruch gegen den Minderjährigen kann es aber, wie Canaris[228] zu Recht feststellt, nicht geben. Ihm fehlt stets die für das Kriterium der Zurechnung notwendige Zurechnungsfähigkeit.

IV. Zwischenergebnis

Nach diesem Überblick über die wesentlichen, praktisch vorkommenden Fallgruppen steht fest, daß der Tatbestand der Vertrauenshaftung in allen diesen Fällen gegeben sein kann — mit zwei Ausnahmen: er ist grundsätzlich ausgeschlossen bei der Beteiligung Minderjähriger. Und er kommt nicht zum Tragen in allen Fällen anfechtbarer (und angefochtener) Verträge. Hier wird vielmehr das Anfechtungsrecht verwirkt. Dies ergibt sich aus der Natur des Anfechtungsrechts als Gestaltungsrecht (und nicht als einfacher Nichtigkeitsgrund) und ist im Grunde nur eine Bestätigung für die Annahme der Vertrauenshaftung in den anderen Fällen: die Voraussetzungen der Verwirkung, wie sie allgemein anerkannt sind, sind gleichsam spiegelbildlich identisch mit den hier entwickelten Merkmalen der Vertrauenshaftung.

Im übrigen hat sich die enge gegenseitige Abhängigkeit zwischen der Verwirklichung des Typus des Arbeitsvertrages und dem Anspruch aus Vertrauenshaftung bestätigt: der Anspruch scheitert immer dann, wenn

---

[225] Etwas anderes würde auch nicht für den Geschäfts*un*fähigen, besonders den so beliebten unerkannt Geisteskranken gelten, obwohl seine Willenserklärungen nicht durch Zustimmung wirksam werden können — auch *Canaris*, Vertrauenshaftung, scheint einen Anspruch aus Vertrauenshaftung nicht unbedingt bejahen zu wollen; vgl. die Ausführungen S. 319 f., 449, 469. Der S. 286 besprochene Fall wies die Besonderheit auf, daß die Vertrauenslage durch einen *Dritten* geschaffen wurde, der später zum Erben und damit Rechtsnachfolger des Geschäftsunfähigen wurde.

[226] Vgl. *Hueck*, Lehrbuch S. 91; *Schaub*, Handbuch S. 124 f., der bei der Kollision von faktischem Vertrag und Schutzzweck des § 106 letzterem den Vorrang einräumt; *Riezler*, Venire S. 139 führt das Ergebnis darauf zurück, daß der Arbeitgeber keine immaterielle Leistung erbringt; *Siebert*, Faktische Vertragsverhältnisse S. 87 ff. will beide Schutzinteressen abwägen und sieht den Arbeitgeber als weniger belastet an als den Arbeitnehmer, der für seinen Lebensunterhalt gearbeitet hat. A. A. *Zöllner*, Studienbuch § 11 II 1 b S. 94 Fn. 7 für den Fall einer überhöhten Gehaltsvereinbarung (allerdings o. Begr.).

[227] So zu Recht *Hueck*, Lehrbuch S. 191.

[228] Vgl. die Nachweise oben Fn. 225.

die Art der Nichtigkeit oder die besonderen Umstände des Falles es mit sich bringen, daß die Typusmerkmale des Arbeitsvertrages nur bruchstückhaft verwirklicht sind (z. B. Schwarzarbeit oder der Fall des „Arbeitnehmers“ als Aufpasser im Betrieb). Er scheitert auch regelmäßig dann, wenn der die Merkmale verstärkende Zeitfaktor fehlt (z. B. BAG 5, 58; im übrigen meist bei Verträgen mit sittenwidrigem Inhalt, wo es stets sehr bald zum Bruch kommt); also im extremsten Fall des fehlenden Zeitablaufs stets, wenn mit der „Erfüllung“ des Vertrages noch nicht begonnen wurde. Dies entspricht der zentralen Bedeutung der Erwirkung für die Entstehung der Vertrauenssituation. Schließlich richtet sich die Frage, ob ein Anspruch aus Vertrauenshaftung im konkreten Fall gegeben ist, sehr oft danach, ob der Vertrauende Kenntnis vom Nichtigkeitsgrund hat, denn nur dem Gutgläubigen kann der Anspruch aus Vertrauenshaftung zustehen.

Zusammenfassend kann ein Anspruch aus Vertrauenshaftung in folgenden Fallgruppen bestehen:

— bei formnichtigen Arbeitsverträgen;
— bei wegen Wuchers oder sonstiger Äquivalenzstörung sittenwidrigen Verträgen;
— bei nach § 134 nichtigen Verträgen, wenn man sich der Meinung anschließt, daß Nichtigkeit ohne Kenntnis des Nichtigkeitsgrundes möglich ist;
— bei fehlenden Mitwirkungsakten ebenfalls in engen Grenzen und falls man die Nichtigkeit des Vertrages voraussetzt;
— bei mangelhafter Stellvertretung auf Seiten des Arbeitgebers.

Ob der Anspruch im konkreten Einzelfall jeweils besteht, ist an Hand aller Voraussetzungen stets individuell zu prüfen.

V. Rechtsfolgen des Anspruchs aus Vertrauenshaftung

1. „Erfüllung“ als Vertrauensentsprechung

Nachdem der Tatbestand der Vertrauenshaftung bei fehlerhaften Arbeitsverträgen umrissen ist und feststeht, in wieweit er in den verschiedenen Fallgruppen verwirklicht sein kann, bleibt noch im einzelnen zu klären, welche Rechtsfolge er nach sich zieht. Es wurde bereits mehrmals betont, daß der Anspruch auf Vertrauensentsprechung in Form der Erfüllung gerichtet ist[229]. Nimmt der Arbeitnehmer den Ar-

[229] s. o. einleitend S. 110; vgl. *Canaris*, Vertrauenshaftung S. 266 ff., besonders S. 518 ff. Unter dieser Voraussetzung wurde ja der Tatbestand geprüft,

beitgeber also aus Vertrauenshaftung in Anspruch, so muß ihn dieser so stellen, als gäbe es den Nichtigkeitsgrund nicht. Das hat zunächst die Konsequenz, daß der Arbeitnehmer für bereits geleistete Arbeit so zu entlohnen ist, wie es vereinbart war und daß er auf rechtmäßiger Grundlage geleistet hat. Eine Rückabwicklung kommt also nicht in Frage.

Die Rechtsnatur des Anspruchs läßt aber eine Beschränkung auf die Vergangenheit nicht zu. Es hat sich nämlich herausgestellt, daß die Vertrauenslage regelmäßig auf einem Erwirkungstatbestand beruht. Erwirkung bedeutet aber Rechtserwerb in dem durch die Vertrauenssituation umschriebenen Umfang. Damit wird das Ausmaß des intendierten Rechtsgeschäfts zum Maßstab für die Rechtsfolge des Vertrauensanspruchs: Macht ihn der Arbeitnehmer geltend, so ist er auch für die Zukunft so zu stellen, als wenn ein wirksamer Vertrag geschlossen worden wäre[230]. War der Vertrag unbefristet geschlossen, so hat der Arbeitnehmer Anspruch auf Weiterbeschäftigung gegen den „vereinbarten" Lohn. Eine Loslösung des Arbeitgebers ist nur unter Einhaltung der allgemeinen Kündigungsschutzvorschriften möglich. Die Begründung dieses gegenüber allen anderen Vorschlägen, insbesondere dem der herrschenden Meinung von der (willkürlichen) ex-nunc-Nichtigkeit, wesentlich weiterreichenden Ergebnisses aus der Natur des Erwirkungstatbestandes läßt sich noch durch folgende Argumente präzisieren:

Die Erwirkung als Tatbestand des Rechtserwerbs stellt das Spiegelbild des Rechtsverlustes durch Verwirkung dar. So hat sich auch für die Fälle des anfechtbaren Arbeitsvertrages kein Erfüllungsanspruch des Arbeitnehmers ergeben, sondern vielmehr unter den gleichen Voraussetzungen die Verwirkung des Gestaltungsrechts des Arbeitgebers. Ihm wird damit die Möglichkeit genommen, durch Anfechtungserklärung den geschlossenen Vertrag zu beseitigen; dieser bleibt endgültig wirksam. Das ist aber praktisch die gleiche Folge wie die „Erfüllungshaftung" auf Grund der Erwirkung.

Auch die Sonderstellung des Tatbestandes, d. h. seine außergewöhnlich engen Voraussetzungen rechtfertigen die weitreichende Rechtsfolge; neben der auf Erwirkung beruhenden Vertrauenslage sind ja

als einzig methodisch und dogmatisch haltbarer Weg, den Arbeitnehmer „wie im wirksamen Vertrag" zu stellen.

[230] Damit hat sich im Rahmen dieser Untersuchung bestätigt, was *Canaris* für andere Fälle der Erwirkung (Vertrauenshaftung S. 374 ff.) betont und auch für die fehlerhaften Verträge kurz anregt (ebd. S. 450). Bezeichnenderweise erkennt der BGH diese Rechtsfolge in der oben S. 150 f. besprochenen Entscheidung BGH 65, 190 ff. ausdrücklich an, nachdem er die hier herausgearbeiteten Voraussetzungen des Vertrauensanspruchs als wesentlich erkannt hat. Vgl. auch *Hengeler*, Festschrift für Barz S. 129 ff., 145 f.

noch Zurechnung und Gutgläubigkeit und insbesondere die die Existenzgrundlage des Arbeitnehmers betreffende Disposition erforderlich[231]. Es wurde bereits mehrfach betont, daß der Anspruch nur dann bestehen kann, wenn alle die Interessenlage und die Vertrauenssituation im Arbeitsvertrag ausmachenden Elemente, insbesondere auch deren einseitige Verteilung gegeben sind. Daraus (neben den Zurechnungskriterien) rechtfertigt sich dann auch die starke Bindung des Arbeitgebers.

Die herrschende Meinung gibt dem Arbeitgeber demgegenüber zu viel: er soll sich sofort[232] von dem Arbeitnehmer trennen können, ohne daß irgendwie auf die hier als wesentlich erkannten Merkmale Rücksicht genommen wird. Da umgekehrt auch das Abgrenzungskriterium des besonders schweren Verstoßes an der falschen Stelle differenziert, kann der Arbeitgeber nach dieser Ansicht in einigen Fällen noch zusätzlichen Vorteil aus seinem verwerflichen Verhalten ziehen.

Schließlich sei noch darauf hingewiesen, daß die Rechtsfolge der Erfüllung auch für die Zukunft nicht etwa den Arbeitnehmer, dem der Anspruch zusteht, zu sehr bindet. Zum einen entsteht durch den Anspruch aus Vertrauenshaftung nur eine einseitige Bindung: Der Vertrauende kann wählen, ob er ihn durchsetzen will oder auf die Geltendmachung verzichtet[233]. Wählt er den Vertrauensanspruch, so ist er nicht stärker, sondern genau ebenso gebunden wie im wirksamen Vertrag; es bleibt ihm nicht nur die Möglichkeit der jederzeitigen ordentlichen Kündigung, er kann auch unter den entsprechenden Voraussetzungen außerordentlich kündigen. Das wird für ihn z. B. dann vorteilhaft sein, wenn ihm auf Grund des Verhaltens des Arbeitgebers eine Fortführung des Arbeitsverhältnisses unzumutbar ist, er aber für die Vergangenheit noch Lohnansprüche geltend machen will.

2. Die Berücksichtigung der Nichtigkeitsnorm und die Problematik einer Bindung für die Zukunft

Die eben entwickelte Rechtsfolge des Vertrauensanspruchs kollidiert ohne Zweifel mit der Nichtigkeitsnorm; denn wo diese die Unwirksam-

---

[231] Vgl. *Canaris*, Vertrauenshaftung S. 375, für die „Übung" S. 390.

[232] Daß auch hier enorme Schwierigkeiten bei der Bestimmung des Zeitpunkts entstehen können, besonders bei der Durchführung von Prozessen, wird meist übergangen. In der Regel spricht man vom Zeitpunkt der Aufdeckung.

[233] Vgl. *Canaris*, Vertrauenshaftung S. 518 ff., 519, 520. Wenn dies besonders betont wird, so ist es im Grunde nichts anderes als der Hinweis darauf, daß es sich um einen „ganz normalen" Anspruch handelt. Ein Anspruchsberechtigter hat diese Wahlmöglichkeit stets. Es ist andererseits deshalb ganz selbstverständlich, daß der Gegner des Vertrauensanspruchs sich nicht auf die Vertrauenssituation „berufen" kann.

keit eines Rechtsgeschäfts fordert, führt der Vertrauensanspruch zu einer dem wirksamen Rechtsgeschäft gleichgestellten Rechtsfolge. Dies bedarf einer besonderen Begründung in zweierlei Hinsicht: als Frage der Konkurrenzlehre und als Frage nach der eventuellen analogen Anwendung der Nichtigkeitsnorm auch auf den Vertrauensanspruch[234]. Beide können jedoch zusammen behandelt werden; die Argumente sind dieselben. Sie gründen sich wiederum wesentlich auf die Tatsache, daß wir es hier mit einem sehr differenziert ausgearbeiteten Fall der Erwirkung zu tun haben. Das Vorliegen aller notwendigen Voraussetzungen führt regelmäßig dazu, daß der Zweck der Nichtigkeitsnorm zurückzutreten hat[235]; der Rechtserwerb durch Erwirkung hat ja gerade die Überwindung der an sich durch die Nichtigkeitsnorm gegebenen Rechtslage zur Folge, und die weiteren Merkmale der Zurechnung und insbesondere der Disposition gewährleisten die Beschränkung auf die Fälle, in denen der Vertrauensschutz tatsächlich überwiegt.

Weniger der Zweck der Nichtigkeitsnorm als vielmehr ihre Natur und der typischerweise von ihr erfaßte Sachverhalt spielen aber dennoch in einem anderen Zusammenhang bei der Rechtsfolgenbestimmung eine Rolle. Der oben aufgestellte Grundsatz der Erfüllungshaftung auch für die Zukunft hat unbeschränkt Gültigkeit in all den Fällen, wo die Nichtigkeitsnorm nur die *Umstände des Vertragsschlusses* betrifft, also bei Formfehlern und Mängeln in der Vertretungsmacht; das Gleiche gilt für den oben[236] besprochenen Fall der fehlenden Zustimmung des Betriebsrats zur Einstellung[237].

Eine Modifikation erfährt der Grundsatz jedoch in all den Fällen, in denen der Vertrag deshalb nichtig ist, weil die *Tätigkeit* des Arbeitnehmers *verboten* ist; dazu zählen die oben[238] besprochenen Fälle der verbotenen Arzneimittelwerbung, der verbotenen Mehrarbeit sowie auch die eine Möglichkeit der Vertrauenshaftung beim Verstoß gegen

---

[234] Den ersten Aspekt betont *Canaris*, Vertrauenshaftung S. 374 ff., wenn er untersucht, ob „der Schutzzweck der fraglichen Norm im Einzelfall ... hinter den rechtsethischen Geboten zurücktreten muß" (S. 374); den zweiten S. 451 ff. (§ 36), wo es auch um die Frage der Anwendbarkeit *einer* Nichtigkeitsnorm auf *andere* Fallgruppen geht. Darauf kann hier nicht näher eingegangen werden; es sei auf die Ausführungen von *Canaris* ebd. verwiesen.

[235] Für Formzwecke insofern etwas einschränkend *Canaris*, Vertrauenshaftung S. 375. Allgemein zu Formzwecken *Häsemeyer*, Gesetzliche Form S. 59 f., S. 164 ff.

[236] Unter III. 5. b).

[237] Vgl. auch *Canaris*, Vertrauenshaftung S. 374 ff., 386 ff., der zum gleichen Ergebnis kommt und besonders darauf hinweist, daß gerade in den letztgenannten Fällen es im Grunde nur an einer von den Parteien herbeizuführenden Willenserklärung fehlt, die durch ihr Verhalten überwunden wird.

[238] Unter III. 4. a).

§ 19 AFG[239]. Würde man hier den Grundsatz der Erfüllungshaftung auch für die Zukunft uneingeschränkt anwenden, so hätte das zwangsläufig zur Folge, daß der Arbeitnehmer (und möglicherweise auch der Arbeitgeber) dadurch indirekt zu einem rechtswidrigen Verhalten gezwungen würde. Diese Rechtsfolge kann aber auch der stärkste Erwirkungstatbestand nicht nach sich ziehen. Andererseits handelt es sich in den wenigen Fällen, in denen der Tatbestand der Vertrauenshaftung erfüllt ist, gerade um eine besonders ausgeprägte Vertrauenslage, wenn der Arbeitnehmer schon in Unkenntnis der Verbotsnorm tätig wird (vgl. den Fall der Arzneimittelwerbung).

Aus der Verbotsnorm folgt nun zunächst, daß der Arbeitnehmer sofort (d. h. zu jedem frühesten Zeitpunkt, in dem er von der Verbotsnorm Kenntnis erlangt) nicht mehr zur Arbeit verpflichtet sein kann. Damit allein ist aber bereits der Verbotsnorm Rechnung getragen. Sie schließt es dagegen nicht aus, daß die Vertrauenslage andererseits erfordert, daß der Arbeitgeber zur Lohnzahlung für die Vergangenheit verpflichtet ist; darüber hinaus aber bleibt diese Verpflichtung auch bis zum nächsten ordentlichen Kündigungstermin bestehen. Denn wenn in diesen Fällen die Natur der Verbotsnorm schon eine Einschränkung des Vertrauensschutzes verlangt, so muß sich diese im geringst möglichen Rahmen halten. Auch im gültigen Arbeitsvertrag hat der Arbeitnehmer aber nur bis zum jeweils nächsten ordentlichen Kündigungstermin die Gewähr des Bestandes des Vertrages[240]. In Anbetracht des Verbotes fällt hier außerdem die Notwendigkeit der sozialen Rechtfertigung selbstverständlich weg; nur die Kündigungs*fristen* sind als Maßstab für die Rechtsfolge heranzuziehen.

3. Sonderprobleme bei Äquivalenzstörungen

Besondere Probleme ergeben sich schließlich in den Fällen der sog. Äquivalenzstörung, also beim Lohnwucher und den nach § 138 I BGB sittenwidrigen Verträgen mit auffälligem Mißverhältnis zwischen den Leistungen[241]. Hier ist dem Arbeitnehmer mit einem Anspruch auf „Erfüllung", d. h. den vereinbarten Lohn einfach deshalb nicht geholfen, weil gerade hierin der Fehler des Vertrages liegt.

Es handelt sich um ein Problem, das auch bei allen anderen vorgeschlagenen Lösungsversuchen auftaucht. Im Gegensatz zu jenen berei-

---

[239] Vgl. oben unter III. 5. a).

[240] Das ist kein Widerspruch dazu, daß *generell* die Rechtsfolge unbefristet eintritt, denn das ordentliche Kündigungsrecht — gleich aus welchem Grund — wird ja nicht berührt. Einziger Unterschied ist also der notwendige Wegfall einer sozialen Rechtfertigung.

[241] Vgl. dazu *Canaris*, Vertrauenshaftung S. 463 gegen *Bydlinski*, Privatautonomie S. 147.

tet die Bestimmung der Lohnhöhe für den Vertrauensanspruch nur geringe Schwierigkeiten: tatbestandliche Voraussetzungen und die grundsätzliche Rechtsfolge der Erfüllungswirkung sind bereits nachgewiesen, im Gegensatz zu den Meinungen, die ohne entsprechende Anspruchsgrundlage „frei" mit der ex-nunc-Nichtigkeit argumentieren. Unter den gegebenen Voraussetzungen drängt es sich aber geradezu auf, die Vorschrift des § 612 BGB analog anzuwenden. Sie wird hier — im Gegensatz zur oben[242] kritisierten Meinung von Wilburg und Bydlinski — wie bei der direkten Anwendung dazu herangezogen, einen bestehenden Anspruch *lediglich der Höhe nach* auszufüllen. Daß dabei im tatsächlichen Bereich Schwierigkeiten bei der Bemessung der üblichen Vergütung entstehen können, spricht keineswegs gegen die Analogie zu § 612: es sei denn man erklärte ihn stets und in jedem Fall für unbrauchbar[243].

VI. Bereicherungsansprüche in vertrauensrechtlich nicht zu lösenden Fällen

Nicht in allen Fällen des fehlerhaften Arbeitsvertrages ist ein Anspruch aus Vertrauenshaftung gegeben. Es stellt sich daher die Frage, wie diese Gruppe von Verträgen abzuwickeln ist. Was die anzuwendenden Rechtsnormen betrifft, ist die Antwort nach dem Ergebnis der bisherigen Untersuchungen eindeutig: Die Parteien können ausschließlich Ansprüche aus Bereicherungsrecht haben. Bei der Bestimmung des Umfangs der Bereicherungsansprüche tauchen jedoch einige Probleme auf.

1. Die erlangte Arbeitsleistung

Wie bereits bekannt, führen die meisten Autoren, die sich mit dem fehlerhaften Arbeitsvertrag befassen, die Schwierigkeiten bei der Ermittlung des Gegenstandes des Bereicherungsanspruchs als Grund für die These an, das Bereicherungsrecht als solches sei hier als Regelung unzureichend. Ihre Argumente wurden bereits entkräftet[244]. Was zunächst das „Erlangte" i. S. von § 812 I betrifft, so ist darunter nicht erst

---

[242] 2. Teil III.

[243] Es zeigt sich somit auch, daß der Vorschlag von Sack (vgl. 2. Teil II. 2. a) bb)), bei Lohnwucher generell den geringst zulässigen Lohn zu gewähren, unzureichend fundiert ist: Unter den engen Voraussetzungen des Erfüllungsanspruchs besteht kein Anlaß, den Arbeitnehmer derart zu benachteiligen. Denn wie der besprochene Fall zeigt, richtet sich sein Vertrauen hier gerade darauf, *angemessen* vergütet zu werden. Und wenn kein Anspruch aus Vertrauenshaftung besteht, fällt die Entscheidung wieder nach ganz anderen Kriterien (vgl. unten VI. 4.).

[244] s. o. 2. Teil II. 2.

der wirtschaftliche Erfolg[245] zu verstehen, den der Arbeitgeber (evtl.) durch die Tätigkeit des Arbeitnehmers erzielt.

Bekanntlich wird insbesondere seit der Flugreiseentscheidung des BGH[246] eine heftige Diskussion darüber geführt, wie das Erlangte bei Dienstleistungen zu bestimmen ist. Zu Recht wird es heute allgemein abgelehnt, das Erlangte i. S. v. § 812 I und die Bereicherung, die für § 818 III maßgeblich ist, dergestalt zu vermengen, daß das Erlangte in einer Vermögensdifferenz oder in der Ersparnis von Aufwendungen gesehen wird. Andererseits geht Lieb[247] zu weit, wenn er die bloße Verwendungsmöglichkeit ausreichen läßt[248]. Vielmehr erlangt der Arbeitgeber die *Arbeitsleistung* als solche.

Um eine Begründung dieser Sichtweise haben sich insbesondere Lieb und Beuthien bemüht[249]; sie führen sie auf eine „spezifische Risikoverteilung" im Arbeitsverhältnis zurück[250]. Allerdings bewegen sie sich unnötig weit vom Bereicherungsrecht weg, wenn sie damit ein ganzes Vertragsgefüge einzubeziehen scheinen. In Wirklichkeit geht es allein um die Bestimmung der *Leistung;* und es ist eigentlich eine Selbstverständlichkeit, daß mit einer Leistungskondiktion die Leistung nur so zurückgefordert werden kann, wie sie der (nichtige) Vertrag vorgesehen hat. Mit anderen Worten ist die Bestimmung der erbrachten und zurückzugewährenden Leistung die natürliche Nahtstelle zwischen dem Vertragstyp und dem typusungebundenen Bereicherungsrecht. Mag es auch zutreffen, daß die Regelungen der §§ 812 ff. am Leitbild des Vertrages mit einmaligem Austausch von Vermögensleistungen ausgerichtet sind[251], so fordert das doch nicht, andersartige Leistungen in diesen Vertragstyp zu zwängen. Das Bereicherungsrecht ist insofern doch wieder offener als meist angenommen wird.

Geht man aber davon aus, daß der Arbeitgeber nur eben das erlangen kann, was ein Arbeitnehmer im Arbeitsvertrag typischerweise schuldet, so läßt sich die Aussage, der Arbeitgeber erlange „die Leistung als solche" noch wesentlich näher präzisieren: Der Arbeitnehmer

---

[245] So zu Recht *Lieb*, Ehegattenmitarbeit S. 86 ff.; *ders.*, NJW 71 S. 1289 ff.; *Beuthien*, RdA 69 S. 161 ff.; *Canaris*, JZ 71 S. 561.

[246] BGH 55, 218; vgl. dazu *Canaris*, JZ 71 S. 561 ff.; *Lieb*, NJW 71 S. 1289 ff.; *Koppensteiner*, NJW 71 S. 1774 ff.; *Pinger*, MDR 72 S. 101 ff.; *Gursky*, JR 72 S. 279 ff., 280 f.; *Koppensteiner / Kramer*, Bereicherung S. 128; *Larenz*, Schuldrecht II S. 408.

[247] Ehegattenmitarbeit S. 96 f. und NJW 71 S. 1289 ff., 1291.

[248] Diese These wurde bereits oben S. 85 f. widerlegt. Vgl. auch die Gegenargumente von *Canaris*, JZ 71 S. 561.

[249] *Lieb*, insbes. NJW 71 S. 1289 ff., 1291; *Beuthien*, RdA 69 S. 161 ff.; vgl. aber auch *Canaris*, JZ 71 S. 561; *Pinger*, MDR 72 S. 101 ff.

[250] *Beuthien*, RdA 69 S. 165 ff.

[251] Das betonen vor allem die Gegner der Anwendung des Bereicherungsrechts.

muß in der festgesetzten Zeit und in der „vertraglich vereinbarten" Weise tätig werden; nur diese Tätigkeit kann der Arbeitgeber erlangen[252]. Im intakten Arbeitsvertrag wäre weder die Erzielung von Betriebsgewinn geschuldet noch umgekehrt bloß das Zurverfügungstellen von Arbeitskraft, sondern ausschließlich das Tätigwerden nach Maßgabe des Vertrages. Diese Tätigkeit stellt daher auch im Bereicherungsrecht die Leistung dar, die der Arbeitgeber erlangt hat.

2. Der Wert der erlangten Arbeitskraft

Es ist einleuchtend, daß die so aus dem Vertragstyp bestimmte Leistung ihrer Natur nach nicht selbst herausgegeben werden kann[253]. Statt dessen hat der Arbeitgeber Wertersatz nach § 818 II zu zahlen. Diese Wertermittlung im Rahmen des § 818 II gehört mittlerweile zu den vielen heftig umstrittenen Problemen des Bereicherungsrechts. Die — durchwegs älteren — Publikationen, die die Tauglichkeit des Bereicherungsrechts zur Rückabwicklung fehlerhafter Arbeitsverträge bezweifeln[254], argumentieren u. a. damit, daß der „objektive Wert" der Arbeitsleistung nicht bestimmbar sei. Dies wurde bereits widerlegt. Es ist heute allerdings auch umstritten, ob statt des objektiven Wertes nicht eine subjektive Betrachtungsweise (und damit notwendig eine Einbeziehung der vermögensmäßigen Entreicherung nach § 818 III) angebracht ist[255]. Beuthien und Lieb sehen bekanntlich den Marktwert der Arbeitskraft als maßgeblich an[256]; sie halten also an einer objektiven Wertermittlung fest. Diese objektive Bestimmung ergibt sich in der Tat für die Feststellung des Wertes der Tätigkeit des Arbeitnehmers geradezu zwingend. Denn geht man richtigerweise davon aus, daß der Arbeitgeber nicht erst einen betriebswirtschaftlichen Gewinn als Erfolg der Arbeit erlangt, sondern die Tätigkeit des Arbeitnehmers selbst, so kann sich deren Wert nur nach der marktüblichen Bewertung eines solchen Arbeitnehmers richten.

Die praktischen Probleme, die dabei auftauchen, sind nicht größer als bei der Feststellung des Wertes von Vermögensgegenständen[257]. Es ist

[252] Und nicht einen Vermögensvorteil, der nur kausal in der Tätigkeit begründet ist, aber ebensowenig die bloße „Verwendungsmöglichkeit" hinsichtlich der Arbeitskraft.

[253] Vgl. *Lieb* und *Beuthien* ebd.; *Canaris*, JZ 71 S. 561.

[254] Nachweise siehe oben 2. Teil in den Fn. 113 - 116.

[255] Vgl. zu dem sehr umfangreichen Schrifttum die neueste zusammenfassende Darstellung von *Larenz*, Festschrift für von Caemmerer S. 209 ff. Für einen objektiven Wertbegriff vgl. *Palandt / Thomas*, § 818 Anm. 5 c.; *Medicus*, Bürgerliches Recht Rdz. 719.

[256] *Beuthien*, RdA 69 S. 164; *Lieb*, Ehegattenmitarbeit S. 91 ff. Die Kontroverse wird im übrigen hauptsächlich zur aufgedrängten Bereicherung ausgetragen, vgl. *Larenz*, Festschrift für von Caemmerer S. 209 ff., 210 m. w.. Nachw.

nicht einmal erforderlich[258], in jedem Fall Ermittlungen auf dem Arbeitsmarkt anzustellen. Grundsätzlich kann nämlich der „vereinbarte" Lohn als der „Marktlohn" vermutet werden. Dies vor allem, wenn er einem Tarif entspricht, aber auch wenn das nicht der Fall ist: Der marktübliche Lohn ist ja nichts anderes als eine Zusammenschau aller (oder jedenfalls der Überzahl der) auf diesem Gebiet ausgehandelten Entgelte, so daß eine Vermutung dafür besteht, daß der konkret vereinbarte „Lohn" in diesem Rahmen liegt. Freilich ist die Vermutung widerleglich. Dazu reicht es allerdings wiederum nicht aus, daß etwa ein einschlägiger, aber nicht für diesen Vertrag geltender Tarif existiert, denn auch Tarifverträge decken durchaus nicht immer den jeweiligen „Markt" ab[259, 260].

Ist der Marktwert der Arbeit geringer als der „vereinbarte" Lohn, so besteht nach dem eben Gesagten kein Anlaß, durch eine analoge Anwendung des § 346 S. 2 den Bereicherungsanspruch auf die Höhe des letzteren zu bringen; die Privilegierung der Erfüllungshaftung kommt eben nur demjenigen zugute, der den Anspruch aus Vertrauenshaftung hat. Hier liegt der grundlegende Unterschied zu Beuthien, der diese Analogie vorschlägt und sie tatsächlich auch benötigt, da er *alle* Fälle des fehlerhaften Arbeitsvertrages mit seinem Modell lösen möchte[261]. Auch wenn der Marktwert höher ist als der „vereinbarte" Lohn, besteht kein Grund, ihn durch letzteren zu ersetzen[262]. Der Arbeitnehmer steht durch diesen Wertersatz bei weitem noch nicht besser als bei wirksamem Vertrag oder Erfüllungsanspruch aus Vertrauenshaftung: Ihm geht ja der Bestandsschutz des Arbeitsvertrages verloren[263].

---

257 Auch dort gibt es ja nicht nur zu festen Preisen gehandelte Gattungsware, sondern ebenso ausgefallene Speziessachen, wo eventuell umfangreiche Tatsachenfeststellungen erforderlich sind.

258 Wie *Beuthien*, RdA 69 S. 164 das verlangt.

259 Damit deckt sich dieses Ergebnis mit dem Vorschlag der Rechtsprechung zur Lohnhöhe bei wegen auffallenden Mißverhältnisses unwirksamen Verträgen, allerdings arbeiten die Gerichte auch hier ohne Anspruchsgrundlage.

260 Hierin kommt also ein Gedanke zum Tragen, der dem des § 346 Satz 2 BGB durchaus verwandt ist. Das ist im Sinne der Einheit der verschiedenen Rückabwicklungsvorschriften zu begrüßen. Dennoch muß *Beuthien* widersprochen werden, wenn er diese Vorschrift einfach analog im Bereicherungsrecht anwenden will (RdA 69 S. 168): Die unterschiedliche Ausgangssituation kann nicht ohne weiteres eine Analogiegrundlage bilden; vertragliches (freie Vereinbarung) und auch gesetzliches (zugestanden wegen bestimmten Verhaltens der Gegenpartei) Rücktrittsrecht sind vom nichtigen Vertrag zu verschieden.

261 *Beuthien*, RdA 69 S. 164 ff.

262 Wie *Beuthien*, RdA 69 S. 164 ff. annimmt — mit der Begründung, der Arbeitnehmer dürfe nicht besser stehen als im wirksamen Vertrag. Außerdem fällt damit *Beuthiens* Theorie vom Arbeitswert in sich zusammen: Er wendet einerseits § 346 Satz 2 an und beschränkt den Anspruch andererseits nach oben durch die nichtige Vereinbarung; diese ist also *stets* maßgebend.

263 Alle Autoren, die über § 818 II die Kondiktion des Gewinnes zulassen

Teilweise wird vorgeschlagen, die Wertermittlung noch individueller zu gestalten[264] und z. B. die Tatsache als wertmindernd zu berücksichtigen, daß die Arbeit schlecht war und den in einen solchen Arbeitnehmer gesetzten Erwartungen nicht entsprach. Canaris[265] begründet dies mit einer Parallele zur Feststellung des Wertes einer Sache; auch dort würde es berücksichtigt, wenn die Sache fehlerhaft sei. Diese Parallele zur Wertermittlung bei Sachen erscheint nicht zutreffend. Auch für den Wert einer Leistung ist ihr typischer Charakter maßgeblich; der Vertragstyp ist insofern für § 818 II ebenso von Bedeutung wie für das „Erlangte" in § 812 I. Deshalb können hier gerade nicht Ergebnisse aus einem anderen Vertragstyp einfach übertragen werden. Stattdessen ist vielmehr eine Parallele zur Behandlung der Leistung im wirksamen Vertrag zu ziehen; und dann kann der Käufer einer Sache sehr wohl deren Fehlerhaftigkeit geltend machen, nicht aber der Arbeitgeber die unbefriedigende Leistung eines Arbeitnehmers; er kann ihm nur kündigen. Es besteht aber kein Anlaß, den Arbeitgeber im nichtigen Vertrag besser zu stellen als im wirksamen.

3. Der Wegfall der Bereicherung

Was die Anwendbarkeit des § 818 III betrifft, finden sich in der Literatur zwei konträr entgegengesetzte Positionen: Einerseits wird, wie bereits dargestellt, aus der Art der Leistung geschlossen, daß die Bereicherung in keinem Fall wegfallen kann[266]. Andererseits wird behauptet, die Bereicherung entfalle notwendigerweise mit der Inanspruchnahme der Leistung, wobei eine Parallele zum Ge- oder Verbrauch einer Sache gezogen wird[267]. Eine mittlere Position nimmt Lieb ein, der zwar den grundsätzlichen Wegfall der Bereicherung bejaht, die Anwendbarkeit des § 818 III aber durch eine Restriktion der Vorschrift ausschließt[268].

Wenn auch der Begriff der Bereicherung in § 818 III anders gesehen werden muß als das „Erlangte" in § 812 I, so kann doch für die Fortdauer der Bereicherung nicht eine Vermögenslage gefordert werden, wie sie bei der Erfüllung des wirksamen Vertrages nie eingetreten wäre[269]; m. a. W. Ausgangspunkt muß wiederum die erbrachte Leistung

---

(vgl. Nachweise bei *Larenz*, Festschrift von Caemmerer S. 218 ff.), haben offensichtlich insofern auch keine Skrupel.

264 So z. B. *Canaris*, JZ 71 S. 561 r. Sp. unter Hinweis auf *Esser*, Schuldrecht BT 3. Aufl. § 105 I 2.

265 JZ 71 S. 561 r. Sp.

266 *Lieb*, Ehegattenmitarbeit S. 96 f.; *Beuthien*, RdA 69 S. 161 ff., 165.

267 *Canaris*, JZ 71 S. 561; *Gursky*, JR 72 S. 279 ff., 282.

268 NJW 71 S. 1289 ff., 1293; ebenso zu einer Restriktion des § 818 III kommt *Regnier*, AcP 177 S. 418 ff., 438 ff.

sein[270]. Hier gewinnt nun der richtige Kern der These Liebs von der Nutzungsmöglichkeit Bedeutung[271]: Der Arbeitgeber erlangt die Arbeitsleistung und ist damit um den Produktionsfaktor Arbeitskraft bereichert; er hat die Möglichkeit, diesen „in Betriebsgewinn umzusetzen"; ob das letztlich der Fall ist, ob die Arbeitsleistung also erfolgreich für den Betrieb des Arbeitgebers war, ist eine Frage der Effektivität des Betriebes, nicht des Arbeitnehmers[272].

Schließlich muß noch geklärt werden, welche Rolle der Zeitfaktor in diesem Zusammenhang spielt. Denn im Gegensatz zu Sachleistungen ist die Arbeitsleistung „flüchtig": Wird sie nicht im Augenblick der Erbringung in Produktionsgewinn umgewandelt, so ist dies nicht mehr nachholbar. Da der Arbeitnehmer aber dem Arbeitgeber diesen betriebswirtschaftlichen Erfolg nicht zu verschaffen hat, liegt die Bereicherung lediglich in der Möglichkeit, ihn zu erzielen[273], und diese Bereicherung kann in der Tat auch durch Zeitablauf nicht entfallen[274].

4. Einzelne Fallgruppen

a) Abschließend muß noch auf die einzelnen möglichen Fallgruppen eingegangen werden. Betrifft der Grund der Nichtigkeit den Vertragsschluß[275], so ist die Wertermittlung nach den soeben aufgezeigten Maßstäben unproblematisch. Eine Abweichung zwischen Marktwert und vereinbartem Lohn kann insbesondere häufig dann auftreten, wenn ein Anfechtungsgrund auf einer Eigenschaft des Arbeitnehmers beruht. Hier wird also der Fall gegeben sein, daß der Marktwert, der zu ersetzen ist, unter der Vereinbarung liegt.

b) Für verbotene und sittenwidrige Leistungen sieht das Bereicherungsrecht in § 817 eine Sonderregelung vor; sie ist nach herrschender Meinung so zu handhaben, daß sowohl S. 1 als auch S. 2 für alle Fälle

---

269 Vgl. *Lieb*, NJW 71 S. 1289 ff., 1293 r. Sp., der betont, für § 818 III könnten nur solche Umstände maßgeblich sein, die auch bei Wirksamkeit des Vertrages eingetreten wären.

270 Damit verbietet sich die Parallele zu Sachen ebenso wie soeben bei der Wertermittlung.

271 Vgl. dazu oben S. 85.

272 Das gilt auch für die Frage, ob sich der Arbeitgeber etwa in seinen Erwartungen getäuscht sieht, weil dieser Arbeitnehmer nicht so effektiv arbeitet wie angenommen; er kann sich auch im wirksamen Vertrag nur durch Kündigung lösen.

273 Insofern zeigt sich auch hier wieder ein richtiger Kern in der These von *Lieb*, vgl. NJW 71 S. 1289 ff., 1292.

274 A. A. auch insofern *Canaris*, JZ 71 S. 561 f.

275 Das sind die Fälle der Formnichtigkeit, der fehlenden Vertretungsmacht, der Beteiligung Minderjähriger (mit Einschränkung), der fehlenden Betriebsratszustimmung, des nicht verwirkten Anfechtungsrechts (mit Einschränkung).

der Leistungskondiktion gelten. Im praktischen Ergebnis bedeutet das, daß der Rückforderungsausschluß des S. 2 stets dann eingreift, wenn das Grundgeschäft wegen Verstoßes gegen § 134 oder § 138 nichtig ist[276]. So war es in allen oben erörterten Fällen[277]. Insbesondere fallen hierunter auch die sog. Äquivalenzstörungen, also der wucherische Arbeitsvertrag und die Nichtigkeit wegen auffälligen Mißverhältnisses[278]. Dabei muß Larenz[279] zugestimmt werden, daß der Zweck des § 817 S. 2 nicht in einer Strafsanktion zu sehen ist, sondern vielmehr in einer Entscheidung des Gesetzgebers, demjenigen, der sich selbst außerhalb der Rechtsordnung stellt, den Rechtsschutz vorzuenthalten, wobei in Kauf genommen werden muß, daß die Leistung dann eben beim Empfänger verbleibt[280]. (Im gegenseitigen Vertrag, wo beide Leistungen unter § 817 S. 2 fallen, bedeutet das im Ergebnis, daß jeder mit dem vollen Risiko leistet, nichts zurückzubekommen, womit die vermeintliche Ungerechtigkeit bereits ausgeschlossen ist). Um diese Enthaltsamkeit der Rechtsordnung zu rechtfertigen, muß freilich der Leistende Kenntnis von der Verbotsnorm haben bzw. müßte er sie kennen; der objektive Verstoß allein reicht nicht aus[281]. Warum andererseits Kennenmüssen nicht ausreichen soll, ist nicht einzusehen[282].

Für den Bereich der fehlerhaften Arbeitsverträge wird überwiegend die Anwendbarkeit des § 817 S. 2 rundweg abgelehnt[283]. Dahinter steht wohl der reichlich allgemeine Gedanke, wenn der Arbeitnehmer schon in einem nichtigen Vertrag geleistet habe, solle er auch bei Verbots- oder Sittenwidrigkeit wenigstens etwas dafür erhalten[284]. Hier muß insbesondere Beuthien widersprochen werden: Er bejaht zwar die Notwendigkeit der Kenntnis des Leistenden für die Anwendung des § 817 S. 2, meint aber, diese Einschränkung allein reiche nicht aus. Weil Beuthien — ohne das explizit zuzugeben — auf dem Standpunkt steht,

---

[276] Vgl. dazu statt aller die Darstellung bei *Larenz*, Schuldrecht II § 69 b S. 496 ff. und *Koppensteiner / Kramer*, Bereicherung S. 74 ff.

[277] s. o. S. 137 ff. und S. 141 ff.

[278] s. o. S. 133 ff. und S. 136 f.

[279] Schuldrecht II S. 497 mit ausführlicher Auseinandersetzung mit der Gegenmeinung. Zur Entstehung und Zweckmäßigkeit des § 817 vgl. *Honsell*, Rückabwicklung S. 98 ff.

[280] *Koppensteiner / Kramer*, Bereicherung S. 75; *Larenz*, Schuldrecht II S. 497. Zum Zweck des § 817 S. 2 unter dem Gesichtspunkt des Wuchers vgl. auch *Medicus*, Festschrift f. Larenz S. 61 ff., 66 f.; *ders.*, Bürgerl. Recht Rdnrn. 696 ff.

[281] Das ist strittig. Wie hier *Larenz*, Schuldrecht II S. 498 und die wohl h. L.; zur Gegenmeinung vgl. bei *Larenz* ebd. Fn. 2.

[282] So aber der BGH, vgl. *Palandt / Thomas*, § 817 Anm. 2 c.

[283] Vgl. die Darstellung bei *Beuthien*, RdA 69 S. 161 ff., 169 und die dortigen Nachweise aus dem Schrifttum.

[284] Vgl. *Beuthien* ebd.

§ 817 S. 2 habe Strafcharakter, will er die Anwendung des § 817 S. 2 nur dann zulassen, wenn die Rechtsordnung „den Leistenden härter treffen will als den Leistungsempfänger“[285]. Für den Arbeitnehmer könne das allerdings nicht gelten; da er im Betrieb sowieso der wirtschaftlich und persönlich unterlegene sei, dürfe ihn diese Benachteiligung nicht treffen. Dabei verkennt Beuthien, daß bereits der Abschluß des Vertrages verboten ist, der Arbeitnehmer also kraft Privatautonomie die Verpflichtung zur verbotenen oder sittenwidrigen Arbeit eingeht; sein Argument paßt also nur für die wenigen Fälle der Nötigung zum Vertragsschluß. Man kann auch nicht pauschal behaupten, allein der Zweck des Verbotsgesetzes entscheide über die Anwendbarkeit des § 817 S. 2[286]. Letztlich verbietet jedes Verbotsgesetz, daß der Arbeitnehmer seine Arbeitskraft in dieser Weise zu Geld macht[287].

Es besteht also kein Grund, § 817 S. 2 im Bereich der fehlerhaften Arbeitsverträge nicht nach den allgemein für richtig erachteten Regeln anzuwenden. Das läßt sich nicht nur theoretisch, sondern auch am praktischen Ergebnis für die einzelnen relevant gewordenen Fälle nachweisen.

— Verbotene Arbeitsverträge: Oben[288] wurde ein Anspruch aus Vertrauenshaftung für den Arbeitnehmer bejaht, der verbotene Heilmittelwerbung betrieben hatte, ohne die Verbotsnorm zu kennen. Da der Vertrag nichtig war, hatte er selbstverständlich daneben auch einen Bereicherungsanspruch nach § 812 I S. 1, 1. Alt. Darauf ist zwar § 817 S. 2 anwendbar; da der Arbeitnehmer aber die Verbotsnorm nicht kannte, entfällt auch sein Bereicherungsanspruch nicht nach § 817 S. 2. Da im Gegenteil der Arbeitgeber seinerseits mit der Annahme der Leistung gegen das Verbot der Filmvorführungen verstieß, haftet er nach §§ 817 S. 1[289], 819 II; der Arbeitnehmer hat also einen Ersatzanspruch nach allgemeinen Regeln. Hätte dagegen auch der Arbeitnehmer die Verbotsnorm gekannt, wären beider Ansprüche an § 817 S. 2 gescheitert.

Die gleiche bereicherungsrechtliche Lage besteht in dem erörterten Fall des Verstoßes gegen die AZO[290].

---

[285] Ebd. S. 169 linke Spalte unten.

[286] So aber *Beuthien*, ebd. S. 169 rechte Spalte im Anschluß an die durchaus nicht unbestrittenen Ausführungen von *Fabricius*, JZ 63 S. 85 ff. Wie problematisch dieser Vorschlag ist, dazu *Larenz*, Schuldrecht II S. 499 f. Außerdem „löst“ der Vorschlag nicht die Fälle der Sittenwidrigkeit. Wollte man auch hier eine Zweckgebundenheit einführen, so stünde man denselben Einwänden gegenüber wie die oben abgelehnte Theorie von *Sack*.

[287] So mit der Formulierung von *Beuthien*, RdA 69 S. 169.

[288] S. 214 ff.

[289] Der in Zusammenhängen wie diesem die Funktion hat, § 814 für die normale Leistungskondiktion auszuschließen.

[290] Vgl. oben S. 144 f.

Verstößt in den Fällen der Schwarzarbeit[291] allein der Arbeitende gegen das Gesetz, so gilt für seinen Bereicherungsanspruch aus § 812 I S. 1, 1. Alt ebenso § 817 S. 2. Hat der Auftraggeber bereits eine Vergütung gezahlt, haftet ihm der Arbeitende nach §§ 817 S. 1, 819 II. Haben dagegen beide gegen das Gesetz verstoßen, scheitern beide Bereicherungsansprüche an § 817 S. 2.

— Sittenwidrige Arbeitsverträge: Es ist wiederum zwischen den Verträgen mit sittenwidrigem Inhalt und den wegen Äquivalenzstörungen nichtigen Verträgen zu unterscheiden. Da im ersten Fall beide Parteien die Sittenwidrigkeit notwendigerweise kennen[292], scheitern die Bereicherungsansprüche an § 817 S. 2. Die zweite Gruppe betrifft insbesondere den Lohnwucher, und hier kann, wie der Fall des Bausparvertreters gezeigt hat[293], der Arbeitnehmer durchaus gutgläubig hinsichtlich des Nichtigkeitsgrundes sein. Das hat zur Folge, daß sein Bereicherungsanspruch auch nicht an § 817 S. 2 scheitern würde. Auch hier haftet der Arbeitgeber nach § 819 II, da davon auszugehen ist, daß der Lohnwucherer[294] mit der Entgegennahme der Leistung des Bewucherten gegen die guten Sitten verstößt.

Es wurde soeben bewußt nicht nur die bereicherungsrechtliche Lösung für diejenigen Fälle untersucht, in denen der Vertrauensanspruch gescheitert ist, sondern beide Alternativen gegenübergestellt. Hatte sich bereits für den Vertrauensanspruch ergeben, daß sehr häufig das Abgrenzungskriterium die Kenntnis der Parteien ist, so findet sich dazu im Bereicherungsrecht eine verblüffende Parallele, wenn man § 817 in der oben dargelegten Weise versteht: In den (sicher zahlenmäßig weniger häufigen) Fällen, wo der Arbeitnehmer die Verbotsnorm oder die Sittenwidrigkeit nicht kennt, hat er (wenn die anderen Voraussetzungen dazukommen) einen Anspruch aus Vertrauenshaftung, mindestens aber (nach § 817 S. 1) den allgemeinen Anspruch nach § 819 II. Der praktische Unterschied besteht in der Gewährung des Bestandsschutzes der Kündigungsschutzfristen beim Vertrauensanspruch[295]. Kennen dagegen beide Parteien den Verstoß (und das wird der weitaus häufigere Fall sein), so entzieht ihnen § 817 die Bereicherungsansprüche; durch ihren „Vertragsschluß" stellen sie sich außerhalb der Rechtsordnung, die ihnen damit das volle Risiko ihrer jeweiligen Leistungen aufbürdet. In solchen Fällen besteht auch in der Tat kein Anlaß, den Arbeitnehmer besonders schützenswert zu finden.

---

[291] Vgl. oben S. 145.

[292] Vgl. oben S. 137 ff.

[293] Vgl. oben S. 133 ff.

[294] Als Wucherbeispiel wird hier fast ausschließlich der Zinswucher beim Darlehensgeschäft besprochen, vgl. die Nachweise oben Fn. 280.

[295] s. o. S. 159.

5. Konkurrenzfragen

Bereicherungs- und Schadensersatzansprüche können durchaus neben dem Anspruch aus Vertrauenshaftung gegeben sein. Es sei daher zum Abschluß ein Blick auf ihr Verhältnis untereinander geworfen. Grundsätzlich bereiten Konkurrenzfragen im Zivilrecht keine größeren Schwierigkeiten: ergeben sich für ein Leistungsbegehren mehrere rechtliche Anspruchsgrundlagen, so bestehen sie nebeneinander; der Gläubiger kann die ihm günstigste auswählen, wobei er seinen Anspruch allerdings nur einmal durchsetzen darf[296]. Nun sieht Canaris es als eine *Voraussetzung* des Vertrauensanspruchs an, daß die gesetzliche Ausgleichsordnung versagt[297], daß gegenüber der Erfüllung als Rechtsfolge die Bereicherungs- und Schadensersatzansprüche keine „mit Treu und Glauben zu vereinbarende Lösung" darstellen[298], weil sie typischerweise für eine bestimmte Fallgruppe versagen[299]. Die Unzulänglichkeiten der gesetzlichen Ausgleichsvorschläge gleichsam als tatbestandliche Voraussetzungen für den Anspruch aus Vertrauenshaftung anzusehen, wäre aber nur dann angemessen, wenn die verschärfte Rechtsfolge bei ansonsten gleichen Voraussetzungen eintreten sollte. Der evtl. mögliche Wertungswiderspruch zwischen der allgemeinen Ausgleichsordnung und dem Vertrauensanspruch wurde in Wahrheit aber bereits bei der Herausbildung seiner Tatbestandsmerkmale beseitigt: Es hat sich gezeigt, daß die Rechtsordnung insofern eine Schutzlücke aufweist, als sie keinen Ausgleichsanspruch zur Verfügung stellt, der die erforderliche individualisierende Betrachtung des Vertragstyps ausreichend berücksichtigt[300]. Der Bereicherungsanspruch ist, wie gezeigt, typusungebunden bis auf die Tatsache, daß bei der Leistungskondiktion die Art der Leistung aus dem intendierten Vertragstyp zu entnehmen ist. Beim Vertrauensanspruch dagegen werden gerade die Typusmerkmale des Arbeitsvertrages vorrangig berücksichtigt. Damit ist aber bereits erwiesen, daß die Rechtsordnung diesen „neuen" Anspruch fordert, weil er für von der allgemeinen Ausgleichsordnung nicht berücksichtigte Voraussetzungen eine besondere Rechtsfolge anordnet. Er steht damit gleichberechtigt im Gefüge aller zivilrechtlichen Anspruchsgrundlagen.

---

296 Vgl. *Larenz*, AT S. 224 ff. mit Nachweisen zur gesamten Konkurrenzproblematik.

297 Vertrauenshaftung, S. 449.

298 Vertrauenshaftung, S. 372 f., vgl. auch S. 533 Fn. 43 a.

299 Vertrauenshaftung, S. 300 f., 303 f.

300 Vgl. dazu *Larenz*, Methodenlehre S. 410 zur fehlerhaften Gesellschaft.

Wesentliche Ergebnisse

I.

1. Alle im Zusammenhang mit fehlerhaften Arbeitsverträgen auftauchenden Probleme sind mit den *Kategorien des allgemeinen Zivilrechts* zu bewältigen. Dies setzt eine genaue Klärung des Schuldvertragstyps „Arbeitsvertrag“ voraus. Die *typologische Struktur des Arbeitsvertrages* wurde bisher nur unzureichend unter den Schlagworten „personenrechtliches Gemeinschaftsverhältnis“, „Dauerrechtsverhältnis“ und „Schutzbedürftigkeit des Arbeitnehmers“ erfaßt. Der Typus des Arbeitsvertrages wird nicht nur durch die Art der Hauptleistungspflichten, sondern vor allem durch die besondere Ausprägung der typischen Interessenlage und der konkreten Vertrauenssituation bestimmt.

2. Konstituierend für die *typische Interessenlage* sind vier Elemente: Der Arbeitsvertrag bildet die Grundlage für die wirtschaftliche Existenz des Arbeitnehmers und in gewissen Grenzen auch des Arbeitgebers. Zur Vertragserfüllung setzt der Arbeitnehmer allein seine Person und nicht wie bei anderen Schuldvertragstypen sein Vermögen ein. Die Einseitigkeit dieser Interessenlage auf Seiten des Arbeitnehmers hat dessen besondere Schutzwürdigkeit zur Folge. Verstärkend oder abschwächend für die Verwirklichung dieser Merkmale wirkt die Dauer des Vertrages.

3. Die *individuelle Vertrauenssituation* ergibt sich aus den Umständen im Umfeld des Vertrages. Besondere Bedeutung gewinnt dabei die Tatsache, daß der Arbeitsvertrag für den Arbeitnehmer die Grundlage für weitreichende wirtschaftliche und persönliche Dispositionen darstellt. Nimmt man die wirtschaftliche und soziale Überlegenheit des Arbeitgebers hinzu, so zeigt sich, daß das in die Gegenpartei investierte Vertrauen beim Arbeitsvertrag besonders groß ist.

II.

Die *bisherigen Lösungsversuche* für die Probleme fehlerhafter Arbeitsverträge werden weder dieser besonderen Typusstruktur des Arbeitsvertrages gerecht noch halten sie unter methodischen Gesichtspunkten einer Kritik stand.

1. Die Lehre vom *faktischen Vertrag* ist mit der geltenden Rechtsordnung nicht zu vereinbaren. Die Privatrechtsordnung kennt nur den Vertragsschluß kraft rechtsgeschäftlich relevanten Willens; die Anknüpfung vertraglicher Rechtsfolgen an ein „Faktum" widerspricht den Grundwertungen der Rechtsgeschäftslehre und kann ihr deshalb auch nicht im Wege der Rechtsfortbildung eingegliedert werden.

2. Die bisher überwiegende Meinung, insbesondere die arbeitsgerichtliche Rechtsprechung, arbeitet mit einer *Einschränkung der Nichtigkeitsfolge.* Die Gerichte bilden die Regel, daß bei allen Arten von Nichtigkeitsgründen die Rechtsfolge ex nunc eintritt; nur in „besonders schwerwiegenden" Fällen soll die Unwirksamkeit ex tunc gelten. Dieses Regel-Ausnahme-Verhältnis wird mit einer pauschalen Verweisung auf den Charakter des Arbeitsverhältnisses belegt, in den Ausnahmefällen auf Treu und Glauben verwiesen, ohne daß diese Voraussetzungen im Einzelfall überhaupt noch geprüft werden. Da dieser Satz nicht zu Gewohnheitsrecht erstarkt ist, ist es nicht zulässig, ein dem Gesetz konträr widersprechendes Ergebnis auch in den — in der Praxis gerade sehr häufigen — Fällen anzunehmen, in denen die angeblichen Voraussetzungen gar nicht vorliegen.

3. Auch der Vorschlag, den jeweiligen *Nichtigkeitsgrund einzuschränken,* muß abgelehnt werden. Ganz abgesehen davon, daß damit einer zu weit gehenden Billigkeitsrechtsprechung das Tor geöffnet wird, ist die Bildung eines auf der Tatbestandsseite abgestuften Nichtigkeitsgrundes aus methodischen Gründen nicht möglich.

4. Eine Lösung mit Hilfe einer *Umkehrung von § 139 BGB* würde die Problematik auf eine formelle Ebene verschieben, ohne Kriterien für die grundlegende Wertungsfrage anzugeben, wann diese Umkehrung statthaft ist.

5. Die weitverbreitete Ansicht, das *Bereicherungsrecht* sei für die Abwicklung fehlerhafter Arbeitsverträge gänzlich ungeeignet, ist unrichtig. Mit Hilfe eines am Vertragstyp orientierten Leistungsbegriffs kann der Kondiktionsanspruch durchaus sinnvoll gestaltet werden. Freilich bleibt außer der Natur der Leistung im übrigen die Vielschichtigkeit des Vertragstyps unberücksichtigt, so daß das Bereicherungsrecht allein nicht für jeden Fall eine adäquate Lösung bieten kann.

6. Auch den Versuchen, eine *außerrechtsgeschäftliche Anspruchsgrundlage* in Anlehnung an *§ 612 BGB* zu bilden, kann nicht zugestimmt werden. § 612 BGB ist eine Vorschrift zur Bestimmung des Inhaltes eines gegebenen Anspruchs und reicht, auch in Verbindung mit der Lehre vom Zuweisungsgehalt, nicht zur formalen Abstützung eines

solchen Anspruchs aus, der von den Vertretern dieser Meinung zudem tatbestandlich viel zu unscharf gefaßt wird.

III.

Für die *Lösung* der Probleme fehlerhafter Arbeitsverträge sind *drei Gesichtspunkte* maßgebend:

1. Das im Zivilrecht allgemein anerkannte Institut des *gesetzlichen Schutzpflichtverhältnisses* gilt selbstverständlich auch im Arbeitsvertragsrecht. Daraus folgt, daß Ansprüche aus vertraglichen Schutz- und Nebenpflichten auch bei nichtigem Vertrag bestehen. Dies gilt für die allgemeinen Schutz- und Erhaltungspflichten insofern, als sie die Rechtsgüter der Parteien unmittelbar schützen, nicht jedoch für aus Gründen des allgemeinen Arbeitnehmerschutzes vorgenommene Modifizierungen der Hauptleistungspflichten. Auch Loyalitätspflichten und sonstige Abwicklungspflichten bestehen nur dann auf Grund des gesetzlichen Schutzpflichtverhältnisses, wenn sie nicht der Erbringung bzw. Abwicklung der Hauptleistungspflichten dienen. Die Redlichkeit der Parteien hinsichtlich des nichtigen Vertragsschlusses ist für die Existenz des gesetzlichen Schuldverhältnisses ohne Belang.

2. Hinsichtlich der Hauptleistungspflichten kann ein *Anspruch aus Vertrauenshaftung* bestehen. Er ist nichtrechtsgeschäftlicher Natur und auf Erfüllung gerichtet. Dieser Anspruch ist auf den verschiedensten Gebieten des Zivilrechts nachgewiesen; er wird als einziger der im Arbeitsvertrag verwirklichten typischen Interessenlage und der individuellen Vertrauenssituation voll gerecht. Seine *tatbestandlichen Voraussetzungen* sind die folgenden: Der Inanspruchgenommene muß eine Vertrauenslage geschaffen haben. Da sich die Typusmerkmale des Arbeitsvertrages erst in der Zeit entwickeln und verstärken, beruht diese Vertrauenslage grundsätzlich auf einem Erwirkungstatbestand, teilweise unterstützt durch die Grundsätze des venire contra factum proprium oder des dolus praeteritus. Die Schaffung dieser Vertrauenslage muß dem Inanspruchgenommenen zurechenbar sein. Selbstverständlich kann sich diese Zurechenbarkeit aus Verschuldensgrundsätzen ergeben; ebenso maßgeblich ist aber auch der Risikogedanke: Den Grund für die Nichtigkeit zu erkennen oder auszuräumen, fällt in der Regel in den Organisationsbereich des Arbeitgebers. Auf Seiten des Vertrauenden müssen die wirtschaftliche Existenzgrundlage betreffende und deshalb regelmäßig irreversible Dispositionen vorliegen. Er muß außerdem gutgläubig hinsichtlich der Nichtigkeit des Vertrages sein.

Daß dieser Anspruch — unter den angeführten Voraussetzungen — *bei allen untersuchten Fallgruppen* gegeben sein kann, hat die Einzelanalyse der verschiedenen Nichtigkeitsgründe gezeigt. Eine Ausnahme bilden nur die Fälle der *Anfechtung:* Da das Anfechtungsrecht kein Nichtigkeitsgrund, sondern ein Gestaltungsrecht zur Beseitigung eines bestehenden Vertrages ist, kommt man hier unter den gleichen Voraussetzungen wie beim Vertrauensanspruch zur *Verwirkung* dieses Gestaltungsrechts. Auch dabei hat sich gezeigt, daß die Voraussetzungen des auf dem Erwirkungsgedanken beruhenden Vertrauensanspruchs den allgemein anerkannten Regeln über die Verwirkung spiegelbildlich entsprechen.

Der Anspruch ist *auf „Erfüllung"* gerichtet. Der Vertrauende kann also vom Inanspruchgenommenen verlangen, so gestellt zu werden, wie wenn der Vertrag wirksam wäre. Ein Arbeitnehmer hat folglich zunächst den Anspruch auf Vergütung bereits geleisteter Dienste. Es ist aber eine Folge des Erwirkungstatbestandes, daß der Anspruch auch eine *Bindung für die Zukunft* beinhaltet: Der Inanspruchgenommene Arbeitgeber kann sich also nur unter den Voraussetzungen der allgemeinen Kündigungsschutzvorschriften lösen. Diese außergewöhnliche Rechtsfolge rechtfertigt sich zusätzlich aus den besonders engen tatbestandlichen Voraussetzungen der Vertrauenshaftung. Betrifft die *Nichtigkeit den Vertragsschluß,* so gilt dieser Grundsatz uneingeschränkt. Ist dagegen gerade die *Tätigkeit* des Arbeitnehmers *verboten,* so muß er diese Tätigkeit sofort nach Aufdeckung des Mangels einstellen, hat aber bis zum nächsten ordentlichen Kündigungstermin einen Vergütungsanspruch. In den Fällen der *Äquivalenzstörungen* ist der Anspruch des Arbeitnehmers der Höhe nach mit Hilfe des § 612 BGB auszufüllen.

3. In den *vertrauensrechtlich nicht zu lösenden Fällen* bestehen ausschließlich *Bereicherungsansprüche.* Wesentlichster Gesichtspunkt ist dabei, daß die Bestimmung der *Leistung* für die Leistungskondiktion aus dem *Vertragstyp* zu erfolgen hat; sie bildet die natürliche Nahtstelle zwischen dem ansonsten typusungebundenen Bereicherungsrecht und dem jeweiligen Vertragstyp. Das „Erlangte" ist demnach die Arbeitsleistung als solche; denn der Arbeitnehmer muß lediglich in der vorgeschriebenen Zeit tätig werden, nicht Betriebsgewinne herbeiführen. Diese Leistung ist in Natur nicht herauszugeben; der Wertersatz richtet sich nach dem Marktwert der Arbeitsleistung, auch wenn dieser vom „vereinbarten" Lohn abweicht. Auch für die Bereicherung i. S. v. § 818 III BGB kann nicht mehr gefordert werden, als der Arbeitgeber im wirksamen Vertrag erhalten hätte: Seine Bereicherung ist die Arbeitskraft oder anders gewendet die Möglichkeit, mit dieser Arbeitskraft Betriebsgewinne zu erzielen. Diese Möglichkeit ist ihm ein für

alle Mal zugeflossen und entfällt auch nicht wieder durch Zeitablauf. § 817 ist auf diesen Bereicherungsanspruch anwendbar.

Alle erwähnten, möglicherweise gleichzeitig gegebenen Ansprüche stehen untereinander in einem normalen Konkurrenzverhältnis.

Literaturverzeichnis

(Die Zitierweise ist durch Kursivschrift kenntlich gemacht bzw. in Klammern angegeben.)

Ballerstedt, Kurt: Zur Haftung für culpa in contrahendo bei Geschäftsabschluß durch Stellvertreter, AcP 151 S. 501 ff.

— Arbeitskraft und Handlungsbegriff, JZ 1953 S. 389 ff.

— Besprechung von Simitis, Die faktischen Vertragsverhältnisse, AcP 157 S. 117 ff.

— Probleme einer Dogmatik des Arbeitsrechts, RdA 1976 S. 5 ff.

Beitzke, Günther: *Nichtigkeit*, Auflösung und Umgestaltung von Dauerrechtsverhältnissen, Schloß Bleckede/Elbe 1948

— Arbeitsrecht und Zivilrechtsdogmatik, Jbl. 1959 S. 153 ff.

Benöhr, Hans-Peter: Rechtsfragen des Schwarzarbeitsgesetzes, BB 75 S. 232 ff.

Beuthien, Volker: Das fehlerhafte Arbeitsverhältnis als bürgerlich-rechtliches Abwicklungsproblem, RdA 1969 S. 161 ff.

Blomeyer, Wolfgang: AR-Blattei, D Arbeitsvertrag — Arbeitsverhältnis V, Mängel des Arbeitsvertrages

Bötticher, Eduard: Vertragstheorie und Eingliederungstheorie, RdA 55 S. 321 ff.

Boewer, Dietrich: Die Auswirkungen der §§ 99, 100 BetrVG auf die individualrechtliche Stellung des Arbeitnehmers, RdA 74 S. 72 ff.

Brox, Hans: Die *Einschränkung* der Irrtumsanfechtung, Karlsruhe 1960

Bydlinski, Franz: Lohn- und Kondiktionsansprüche aus zweckverfehlenden Arbeitsleistungen, Festschrift für Wilburg, Graz 1965 S. 45 ff.

— *Privatautonomie* und objektive Grundlagen des verpflichtenden Rechtsgeschäfts, Wien, New York 1967

— *Arbeitsrechtskodifikation* und Allgemeines Zivilrecht, Wien, New York 1969

Canaris, Claus-Wilhelm: Ansprüche wegen „positiver Vertragsverletzung“ und „Schutzwirkung für Dritte“ bei nichtigen Verträgen, JZ 65 S. 475 ff.

— Atypische faktische Arbeitsverhältnisse, BB 67 S. 165 ff.

— Die *Vertrauenshaftung* im deutschen Privatrecht, München 1971

Charmatz, Hans: Zur Geschichte und Konstruktion der *Vertragstypen* im Schuldrecht — mit besonderer Berücksichtigung der gemischten Verträge, Frankfurt/Main 1968 (unveränderter Neudruck von Brünn, Wien 1937)

von Craushaar, Götz: Der Einfluß des *Vertrauens* auf die Privatrechtsbildung, München 1969

Dersch, Hermann: Entwicklungstendenzen im Arbeitsrecht unter Abweichung vom BGB, RdA 58 S. 441 ff.

Dietz, Rolf / *Richardi,* Reinhard: Betriebsverfassungsgesetz, Kommentar, 5. Auflage München 1973

Engels, Gerd: Auswirkungen der fehlenden Arbeitserlaubnis auf das Arbeitsverhältnis ausländischer Arbeitnehmer, RdA 76 S. 165 ff.

Enneccerus, Ludwig / *Nipperdey,* Hans-Carl: Allgemeiner Teil des Bürgerlichen Rechts, 15. Aufl. 1. Halbband Tübingen 1959, 2. Halbband Tübingen 1960

Esser, Josef: Gedanken zur Dogmatik der „faktischen Schuldverhältnisse", AcP 157 S. 86 ff.

— Schuldrecht Bd. 1, Allgemeiner Teil; Bd. 2, Besonderer Teil, 3. Aufl. Karlsruhe 1968 bzw. 1969, 4. Aufl. Karlsruhe 1970 bzw. 1971

Fabricius, Fritz: Einschränkung der Anwendung des § 817 S. 2 BGB durch den Zweck des Verbotsgesetzes? JZ 63 S. 85 ff.

— *Leistungsstörungen* im Arbeitsverhältnis, Tübingen 1970

Falkenberg, Rolf-Dieter: Fragen des Arbeitgebers an den einzustellenden Arbeitnehmer, BB 70 S. 1013 ff.

Farthmann, Friedhelm: Zur Anfechtbarkeit von Arbeitsverträgen, RdA 1958 S. 338 ff.

— Der „personenrechtliche Charakter" des Arbeitsverhältnisses, RdA 1960 S. 5 ff.

Fikentscher, Wolfgang: Schuldrecht, 6. Auflage, Berlin, New York 1976

Flume, Werner: Rechtsgeschäft und Privatautonomie, 100 Jahre Deutsches Rechtsleben Band I, Karlsruhe 1960 S. 135 ff.

— Allgemeiner Teil des Bürgerlichen Rechts, 2. Band: Das Rechtsgeschäft, Berlin, Heidelberg, New York 1965 *(AT)*

Frey, Erich: Können Arbeitsverhältnisse angefochten werden? AuR 1953 S. 167 ff.

Gamillscheg, Franz: *Gedanken* zur Rechtsfindung im Arbeitsrecht, Festschrift für Hans Schmitz, Bd. I, Wien, München 1967

— Zivilrechtliche Denkformen und die Entwicklung des Individualarbeitsrechts. Zum Verhältnis von Arbeitsrecht und BGB. AcP 176 S. 197 ff.

Gerhardt, Walter: Der Haftungsmaßstab im gesetzlichen Schutzverhältnis (Positive Vertragsverletzung, culpa in contrahendo), JuS 70 S. 597 ff.

Gernhuber, Joachim: Formnichtigkeit und Treu und Glauben, Festschrift für Schmidt-Rimpler, Karlsruhe 1957 S. 151 ff.

v. Gierke, Otto: Der *Entwurf* eines Bürgerlichen Gesetzbuches und das deutsche Recht, Leipzig 1889

— Die soziale Aufgabe des Privatrechts, Berlin 1889

— Die Wurzeln des Dienstvertrages, Festschrift für Heinrich Brunner 1914 S. 36 ff.

— Deutsches Privatrecht, Band I, Leipzig 1895, Band III, Leipzig 1917

— Dauernde Schuldverhältnisse, JherJb. Bd. 64 S. 355 ff.

Grimmer, Klaus: Die Rechtsfigur einer „Normativität des Faktischen" — Untersuchungen zum Verhältnis von Norm und Faktum und zur Funktion der Rechtsgestaltungsorgane, Berlin 1971

Gursky, Karl-Heinz: Ersparnisgedanke und Reserveursache im Bereicherungsrecht, JR 72 S. 279 ff.

Habscheid, Walther J.: Bericht über die Tagung der Zivilrechtslehrer in Bad Mergentheim am 9. und 10. Oktober 1957, AcP 157 S. 100 ff.

Häsemeyer, Ludwig: Die *gesetzliche Form* der Rechtsgeschäfte, Frankfurt/Main 1971

Hagen, Horst: Funktionale und dogmatische Zusammenhänge zwischen Schadens- und Bereicherungsrecht, Festschrift für Larenz, München 1972 S. 847 ff.

Hanau, Peter: Objektive Elemente im Tatbestand der Willenserklärung, AcP 165 S. 220 ff.

Hanau, Peter / *Adomeit,* Klaus: *Arbeitsrecht,* 3. Auflage Frankfurt 1974, 4. Auflage Frankfurt 1976

Haupt, Günter: Über *faktische Vertragsverhältnisse,* Leipzig 1941/1943

Herschel, Wilhelm: Die typologische Methode und das Arbeitsrecht, Festschrift für Kunze, 1969 S. 225 ff.

Hengeler, Hans: Versorgungszusagen in fehlerhaften Vorstandsverträgen, Festschrift für Barz, Berlin, New York 1974 S. 129 ff.

Honsell, Heinrich: Die Rückabwicklung sittenwidriger oder verbotener Geschäfte, München 1974

Hübner, Heinz: Zum Abbau von Nichtigkeitsvorschriften, Festschrift für Wieacker, Göttingen 1978 S. 399 ff.

Hueck, Alfred: Der Entwurf eines Gesetzes über das Arbeitsverhältnis, ZAKDR 1938 S. 298 ff.

— Der *Treuegedanke* im modernen Privatrecht, München 1947

— Vertragstheorie und Eingliederungstheorie, RdA 55 S. 323 ff.

Hueck, Alfred / *Nipperdey,* Hans Carl: *Lehrbuch* des Arbeitsrechts, 7. Aufl., Berlin und Frankfurt/Main 1963. Erster Band von Alfred Hueck

Hueck, Alfred / *Nipperdey,* Hans Carl / *Dietz,* Rolf: Gesetz zur Ordnung der nationalen Arbeit, 4. Auflage, München, Berlin 1943 *(AOG)*

Jobs, Friedhelm: Die Bedeutung Otto von Gierkes für die Kennzeichnung des Arbeitsverhältnisses als personenrechtliches Gemeinschaftsverhältnis, ZfA 1972 S. 305 ff.

Kaskel, Walter / *Dersch,* Hermann: *Arbeitsrecht,* 5. Auflage, Berlin 1957

Koller, Arnold: *Grundfragen* einer Typuslehre im Gesellschaftsrecht, Freiburg/Schweiz 1967

Koppensteiner, Hans-Georg: Probleme des bereicherungsrechtlichen Wertersatzes, NJW 71 S. 1769 ff.

Koppensteiner, Hans-Georg / *Kramer,* Ernst-A.: Ungerechtfertigte *Bereicherung,* Berlin, New York 1975

Küchenhoff, Günther: Faktische Vertragsverhältnisse und faktische Arbeitsverhältnise? RdA 58 S. 121 ff.

Lange, Heinrich: Fragen des Eheschließungsrechts, AcP 145 S. 129 ff.

Larenz, Karl: *Kennzeichen* geglückter richterlicher Rechtsfortbildungen, Karlsruhe 1965

Larenz, Karl: Grundsätzliches zu § 138 BGB, JurJb. VII (1966), S. 98 ff.
— Bemerkungen zur Haftung für „culpa in contrahendo“, Festschrift für Ballerstedt, Berlin 1975 S. 397 ff.
— *Methodenlehre* der Rechtswissenschaft, 3. Auflage, Berlin, Heidelberg, New York 1975
— Allgemeiner Teil des Deutschen Bürgerlichen Rechts, 4. Auflage, München 1977 *(AT)*
— Lehrbuch des Schuldrechts, erster Band 11. Aufl. 1976 *(Schuldrecht I)*; zweiter Band 11. Aufl. 1977 *(Schuldrecht II)*
— Zur Bedeutung des „Wertersatzes“ im Bereicherungsrecht, Festschrift für Ernst von Caemmerer, Tübingen 1978

Leenen, Detlef: *Typus* und Rechtsfindung, Berlin 1971

Lehmann, Heinrich: Faktische Vertragsverhältnisse, NJW 58 S. 1 ff.

Lieb, Manfred: Die *Ehegattenmitarbeit* im Spannungsfeld zwischen Rechtsgeschäft, Bereicherungsausgleich und gesetzlichem Güterstand, Tübingen 1970
— *Arbeitsrecht*, Schwerpunkte, Karlsruhe 1975
— Nutzungsmöglichkeiten als Gegenstand von Bereicherungsansprüchen, NJW 71 S. 1289 ff.

Lorenz, Werner: Rechtsfolgen formnichtiger Schuldverträge, JuS 65 S. 429 ff.

Löwisch / Rödig: Besprechung von Wiedemann: Das Arbeitsverhältnis als Austausch- und Gemeinschaftsverhältnis, RdA 1970 S. 55 ff.

Matthes, Hans-Christoph: Die Rechtsstellung des ohne Zustimmung des Betriebsrates eingestellten Arbeitnehmers, DB 74 S. 2007 ff.

Mavridis, Vassili: Eingliederungstheorie, Vertragstheorie und Gemeinschaftsverhältnis, RdA 1956 S. 444 ff.

Mayer-Maly, Theo: Arbeitsrecht und Privatrechtsordnung, JZ 1961 S. 205 ff.
— Das Bewußtsein der Sittenwidrigkeit, Karlsruhe 1971
— Treue- und Fürsorgepflicht in rechtstheoretischer und rechtsdogmatischer Sicht. In: *Treue- und Fürsorgepflicht* im Arbeitsrecht, Hrsg. Theodor Tomandl, Wien, Stuttgart 1975

Medicus, Dieter: Vergütungspflicht des Bewucherten? Festschrift für Larenz, München 1972 S. 60 ff.
— *Bürgerliches Recht*, 7. Auflage, Köln u. a. 1975

Meisel, Peter G. / *Hiersemann*, Walter: *Arbeitszeitordnung*, Kommentar, 2. Aufl. München 1977

Mugdan, B.: Die ges. Materialien zum BGB, Band II, Recht der Schuldverhältnisse, Berlin 1899 - 1900

Neumann, Franz L.: Das Arbeitsrecht in der modernen Gesellschaft, RdA 51 S. 2 ff.

Nikisch, Arthur: Die *Grundform* des Arbeitsvertrages und des Anstellungsvertrages, 1926
— Der *Anstellungsvertrag*, JherJb. 80 (1930) S. 1 ff.
— Die Ordnung der nationalen Arbeit im neuen Deutschland, Dresden 1935
— *Arbeitsvertrag* und Arbeitsverhältnis, Reihe A: Berlin, Leipzig, Wien 1941
— *Arbeitsrecht*, I. Band, Allgemeine Lehren und Arbeitsvertragsrecht, 2. Auflage Tübingen 1955, 3. Auflage Tübingen 1961

Nikisch, Arthur: Über *„faktische Vertragsverhältnisse“*, Festschrift für Dölle 1963 S. 79 ff.

Nipperdey, Hans-Carl: Die privatrechtliche Bedeutung des Arbeitsschutzrechtes, Die RG-Praxis im deutschen Rechtsleben, 4. Band (1929) S. 203 ff.

Oertmann, Paul: Deutsches Arbeitsvertragsrecht, Berlin 1923

Palandt: Bürgerliches Gesetzbuch, Kurzkommentar, 38. Aufl. München 1979 (*Palandt* und Bearbeiter)

Pinger, Winfried: Wertersatz im Bereicherungsrecht, MDR 72 S. 101 ff., 187 ff.

Pinther, Helmut: Ist das Arbeitsverhältnis ein personenrechtliches Gemeinschaftsverhältnis? AuR 1961 S. 225 ff.

Potthoff, Heinz: Ist das Arbeitsverhältnis ein Schuldverhältnis? ArbR 1922 S. 275 ff.

— Arbeitsrecht, Das Ringen um werdendes Recht, Leipzig 1931

— Das Deutsche Arbeitsrecht, Berlin 1935

Ramm, Thilo: Die Anfechtung des Arbeitsvertrages, Karlsruhe 1955

— Die Rechtswirkung der Anfechtung des Arbeitsvertrages, AuR 63 S. 97 ff.

Regnier, Bernhard: Wegfall der Bereicherung, AcP 177 S. 418 ff.

Reinicke, Dietrich: *Rechtsfolgen* formwidrig abgeschlossener Verträge, Bad Homburg v. d. H., Berlin, Zürich 1969

Richardi, Reinhard: Das Widerspruchsrecht des Betriebsrats bei personellen Maßnahmen nach §§ 99, 100 BetrVG, DB 73 S. 378 ff., 428 ff.

— Arbeitsrecht und Zivilrecht, ZfA 5 (1974) S. 3 ff.

— Entwicklungstendenzen der Treue- und Fürsorgepflicht in Deutschland. In: *Treue und Fürsorgepflicht* im Arbeitsrecht, Hrsg. Theodor Tomandl, Wien, Stuttgart 1975

Riezler, Erwin: *Venire* contra factum proprium. Studien im römischen, englischen und deutschen Recht, Leipzig 1912

Sack, Rolf: Der rechtswidrige Arbeitsvertrag, RdA 75 S. 171 ff.

Säcker, Franz-Jürgen: Die Rechtsprechung des Bundesarbeitsgerichts im Jahre 1969, JuRA 1970 S. 165 ff.

Schaub, Günter: Arbeitsrechts*handbuch*, 3. Aufl. München 1977

Schmidt, Hans Wolfgang: Nichtigkeit von Schwarzarbeitsverträgen, MDR 66 S. 463 ff.

Schnorr von Carolsfeld, Ludwig: Arbeitsrecht, 2. Auflage Göttingen 1954

— Die Eigenständigkeit des Arbeitsrechts, RdA 1964 S. 297 ff.

Schwerdtner, Peter: *Fürsorgetheorie* und Entgelttheorie im Recht der Arbeitsbedingungen, Heidelberg 1970

Seiter, Hugo: Die Betriebsübung, Mainz 1967

Siebert, Wolfgang: *Verwirkung* und Unzulässigkeit der Rechtsausübung, Marburg 1934

— Das *Arbeitsverhältnis* in der Ordnung der nationalen Arbeit, Hamburg 1935

— Einige Entwicklungslinien im Individualarbeitsrecht (= Bespr. der 6. Aufl. des Lehrbuchs von Hueck / Nipperdey), RdA 58 S. 367 ff.

— Faktische Vertragsverhältnisse, Karlsruhe 1958

Simitis, Spiros: Die *faktischen Vertragsverhältnisse* als Ausdruck der gewandelten sozialen Funktion der Rechtsinstitute des Privatrechts, Frankfurt/Main 1957

Söllner, Alfred: Besprechung von Wiedemann: Das Arbeitsverhältnis als Austausch- und Gemeinschaftsverhältnis, AuR 1968 S. 242 ff.

— Arbeitsrecht, 6. Auflage, Stuttgart u. a. 1978

Soergel-Siebert: Bürgerliches Gesetzbuch, Kommentar, Band 1 (Allgemeiner Teil), 10. Auflage 1967; Band 3 (Schuldrecht II), 10. Auflage 1969 Stuttgart u. a. (*Soergel* u. Bearbeiter)

Staudinger: Kommentar zum BGB, I. Band Allgemeiner Teil, 11. Aufl. 1957; II. Band Recht der Schuldverhältnisse Teil 1 b § 242, 11. Aufl. 1961; 3. Teil (§§ 611 - 704), 11. Aufl. 1958 (*Staudinger* u. Bearbeiter)

Stoll, Heinrich: Haftung für das Verhalten während der Vertragsverhandlungen, Leipz. Zeitschr. 1923 Sp. 532 ff.

Teubner, Gunther: Gegenseitige Vertragsuntreue, Tübingen 1975

Thiele, Wolfgang: Leistungsstörung und Schutzpflichtverletzung, JZ 67 S. 649 ff.

Wieacker, Franz: Zur rechtstheoretischen Präzisierung des § 242 BGB, Tübingen 1956

Wiedemann, Herbert: Das *Arbeitsverhältnis* als Austausch- und Gemeinschaftsverhältnis, Karlsruhe 1966

Wiedemann, Herbert / *Stumpf*, Hermann: *Tarifvertragsgesetz*, Kommentar, 5. Aufl. München 1977

Wiethölter, Rudolf: Rechtswissenschaft *Funk-Kolleg*, Frankfurt am Main 1968

Wilburg, Walter: Die Lehre von der *ungerechtfertigten Bereicherung* nach österreichischem und deutschem Recht, Graz 1934

— Entwicklung eines beweglichen Systems im Bürgerlichen Recht, Grazer Rektoratsrede 1950

— Zusammenspiel der Kräfte im Aufbau des Schuldrechts, AcP 163 S. 346 ff.

Wolf, Ernst: Das *Arbeitsverhältnis* — Personenrechtliches Gemeinschaftsverhältnis oder Schuldverhältnis? Marburg 1970

Wolff, Hans Julius: Typen im Recht und in der Rechtswissenschaft, Stud. Gen. 52 S. 195 ff.

Woltereck, Frank: Rechtsfolgen fehlender Arbeitserlaubnis bei Beschäftigung ausländischer Arbeitnehmer, DB 65 S. 779

Zöllner, Wolfgang: Die vorvertragliche und die nachwirkende Treue- und Fürsorgepflicht im Arbeitsverhältnis. In: *Treue- und Fürsorgepflicht* im Arbeitsverhältnis. In: *Treue- und Fürsorgepflicht* im Arbeitsrecht, Hrsg. Theodor Tomandl, Wien, Stuttgart 1975

— Arbeitsrecht, *Studienbuch* München 1977